面向 21 世纪电子商务专业核心课程系列教材
全国高等院校电子商务联编教材

新编电子商务概论

卢国志　主　编

刘忠诚　副主编

内容提要

本书是"面向 21 世纪电子商务专业核心课程系列教材"之一,本书的结构为:第 1 章讲电子商务概述、第 2 章讲电子商务技术基础、第 3 章讲电子商务安全、第 4 章讲电子商务网上支付、第 5 章讲网络经济、第 6 章讲网络营销、第 7 章讲电子商务物流、第 8 章讲电子商务法律问题及税收、第 9 章讲电子商务解决方案、第 10 章讲电子商务的发展与展望。

本书适合作高等院校电子商务本专科专业学生、MBA 学生、经济管理类专业硕士生及本科高年级学生的教材;也适合电子商务从业人员使用;还可作为电子商务师的辅助教材。

图书在版编目(CIP)数据

新编电子商务概论/卢国志,刘忠诚等编著. ——北京:北京大学出版社,2005.8
(面向 21 世纪电子商务专业核心课程系列教材)
ISBN 978-7-301-09329-0

Ⅰ. 电… Ⅱ. ①卢…②刘… Ⅲ. 电子商务－高等学校－教材 Ⅳ. F713.36

中国版本图书馆 CIP 数据核字(2005)第 074516 号

书　　　名:	新编电子商务概论
著作责任者:	卢国志　刘忠诚
责 任 编 辑:	王登峰
标 准 书 号:	ISBN 978-7-301-09329-0/F・1147
出　版　者:	北京大学出版社
地　　　址:	北京市海淀区成府路 205 号　100871
电　　　话:	邮购部 62752015　发行部 62750672　编辑部 62765013　出版部 62754962
网　　　址:	http://cbs.pku.edu.cn
电 子 信 箱:	xxjs@pup.pku.edu.cn
印　刷　者:	河北滦县鑫华书刊印刷厂
发　行　者:	北京大学出版社
经　销　者:	新华书店
	787 毫米×1092 毫米　16 开本　14.5 印张　330 千字
	2005 年 8 月第 1 版　2010 年 7 月第 9 次印刷
定　　　价:	24.00 元

未经许可,不得以任何方式复制或抄袭本书之部分或全部内容。

版权所有,侵权必究

举报电话: 010－62752024;电子信箱: fd@pup.pku.edu.cn

前　言

20世纪90年代以来，以互联网（Internet）为代表的网络技术取得飞速发展，为人类社会创造了一个全新的信息空间，对人类经济、社会、科技、文化、生活各个领域都产生了革命性的影响。电子商务作为一种新型的商务运作模式也应运而生。

电子商务使得企业商务活动延伸到虚拟空间，实现了信息流、商流、资金流和物流的高度统一，不仅可以大幅度降低交易成本，增加贸易机会，简化贸易流程，还会进一步使企业的运作模式、组织机构等发生深刻的变革。美国政府把这种影响与200年前的工业革命的影响相提并论，世界各国也都纷纷发展电子商务，把它作为迎接经济全球化的重要手段。人们普遍认为，电子商务是21世纪经济发展的核心，它所带来的机遇与挑战，正受到世界各国政府和企业界的重视和积极的投入。

我国自2001年从13所高校试办电子商务至今，全国已近200所高校开办电子商务专业。电子商务作为一门新学科，正在建设和发展之中，关于电子商务专业建设方面不具有成熟的经验可循。山东科技大学从2002年开始开设电子商务专业，经过近几年的探索，逐步形成了自己独有的以"理论为主、技术为本、文理结合、多学科兼顾"的教学培养体系。为此2004年我们也获得了"易趣杯"首届全国大学生电子商务竞赛的金奖。本教材就是凭借我们对电子商务的理解而编写的一本电子商务专业的入门教程，该教材的主要目的是使大学一年级新生对电子商务专业有一个总体的认识，通过对本课程的学习，不但使学生了解电子商务的基本理论知识，而且掌握使用电子商务基本工具的技能。

该书是集体智慧的结晶，由卢国志负责全书的策划和大纲的制定，刘忠诚负责全书的统撰工作。各章的编写分工如下：第1章由杨磊编写；第2章由孙玉波、刘忠诚编写；第3章由崔振宇编写；第4章由刘忠诚编写；第5章由周长虹编写；第6章由王松编写；第7章由卢国志、袁青文编写；第8章由卢国志、于雷编写；第9章由张福平编写；第10章由候艳辉编写；全书由卢国志、刘忠诚统一修改定稿。

在本书的编写过程中，我们参考了大量的相关文献和研究成果，对所涉及的专家、学者表示衷心的感谢。本书也是山东科技大学经济管理学院电子商务系全体教师多年教学经验和心得的汇聚，在此对所有的贡献者表示真诚的谢意。

由于编者水平和时间所限，书中难免有不妥和疏漏之处，祈望广大读者不吝赐教，以便我们今后对本书作进一步的修改，并使之完善。

编　者
2005年6月

目 录

第1章 电子商务概述 1
1.1 电子商务的由来 1
1.2 电子商务的定义和分类 3
1.2.1 电子商务 3
1.2.2 电子商务交易 4
1.2.3 "E-Business"和"E-Commerce"的区别 5
1.2.4 电子商务的分类 5
1.3 电子商务模型和基本框架结构 6
1.3.1 电子商务的概念模型 7
1.3.2 电子商务的交换模型 8
1.3.3 电子商务的基本框架结构 9
1.4 电子商务的优势和影响 11
1.4.1 电子商务的优势 11
1.4.2 电子商务对思维方式的变革 13
1.4.3 电子商务对企业经营的影响 14
1.4.4 电子商务对企业管理的影响 16
1.4.5 电子商务对企业竞争的影响 17
1.5 制约电子商务发展深层次的原因 18
1.5.1 安全问题 18
1.5.2 法律制度问题 19
1.5.3 标准问题 19
1.5.4 隐私权的保护问题 20
1.5.5 企业信息化程度偏低 20
1.5.6 支付问题 20
1.5.7 物流对电子商务发展的制约 21
1.5.8 人才短缺的制约 21
1.5.9 社会商业信用缺乏 22

第2章 电子商务技术基础 23
2.1 计算机网络和互联网 23
2.1.1 计算机网络概述 23
2.1.2 Internet 技术 24
2.1.3 因特网的功能 27
2.1.4 Intranet 和 Extranet 29

2.1.5	网络操作系统简介	30

2.2 超文本标记语言 Html 和动态网页 32
- 2.2.1 HTML 简介 32
- 2.2.2 动态网站技术 33

2.3 数据库与结构化查询语言 35
- 2.3.1 数据库 35
- 2.3.2 结构化查询语言 SQL 36
- 2.3.3 数据仓库与数据挖掘 36

2.4 电子数据交换（EDI）技术 40
- 2.4.1 EDI 系统概述 40
- 2.4.2 因特网 EDI 42

第 3 章 电子商务安全 45
3.1 电子商务安全基本概念 45
- 3.1.1 安全基本概念 45
- 3.1.2 网络安全概述 47
- 3.1.3 电子商务安全威胁 49
- 3.1.4 电子商务安全的对策 50

3.2 防火墙概述 51
- 3.2.1 防火墙的基本概念 52
- 3.2.2 防火墙的技术 53
- 3.2.3 防火墙的体系结构 55

3.3 数据加密技术 57
- 3.3.1 信息加密技术的基本概念 57
- 3.3.2 对称密钥加密技术 58
- 3.3.3 非对称密钥加密技术 59

3.4 电子商务认证技术 60
- 3.4.1 消息摘要 61
- 3.4.2 数字签名 61
- 3.4.3 数字时间戳 62
- 3.4.4 数字信封 62
- 3.4.5 数字证书和认证中心 63

第 4 章 电子商务的网上支付 69
4.1 银行卡 69
- 4.1.1 信用卡支付的类型 70
- 4.1.2 信用卡的特点 72
- 4.1.3 智能卡 73

4.2 电子现金 73
- 4.2.1 电子现金的属性 74
- 4.2.2 电子现金支付的流程 74

    4.2.3 电子现金的特点 76
    4.2.4 常用的电子现金实用系统 77
  4.3 电子支票 77
    4.3.1 电子支票支付的流程 77
    4.3.2 电子支票支付的特点 78
  4.4 电子钱包 78
    4.4.1 电子钱包的功能 79
    4.4.2 电子钱包的特点 79
  4.5 新兴的网上支付手段 80
    4.5.1 移动支付 80
    4.5.2 中间件 80
第5章 网络经济 81
  5.1 什么是网络经济 81
    5.1.1 网络经济的概念 81
    5.1.2 网络经济的特点 82
  5.2 网络经济的理论探讨和基本规律 83
    5.2.1 网络经济理论探讨 83
    5.2.2 网络经济的基本规律 85
  5.3 网络经济管理 87
    5.3.1 企业管理模式的更新 87
    5.3.2 企业组织构架的变化 89
    5.3.3 对企业文化的冲击 90
    5.3.4 企业人力资源管理的影响 92
  5.4 网络经济的发展前景 93
    5.4.1 网络经济的现状分析 93
    5.4.2 发展趋势 94
    5.4.3 前景展望 95
第6章 网络营销 96
  6.1 网络营销概述 96
    6.1.1 网络营销的内涵 96
    6.1.2 网络营销的特点 97
  6.2 网络营销对传统营销的冲击 99
    6.2.1 对传统营销策略的冲击 99
    6.2.2 对传统营销方式的冲击 100
    6.2.3 对传统营销战略的冲击 100
  6.3 网上市场调查 101
    6.3.1 网上市场调查的优势及方法 101
    6.3.2 网上直接市场调查 103
    6.3.3 网上间接市场调查 104

6.4 网络营销的形式 106
6.4.1 建立网站 106
6.4.2 发布供求信息 108
6.4.3 E-mail 营销 108
6.4.4 网络广告 110
6.5 网络营销策略 111
6.5.1 网页策略 111
6.5.2 产品策略 112
6.5.3 价格策略 113
6.5.4 促销策略 115
6.5.5 渠道策略 116
6.5.6 网络营销的顾客服务 117

第 7 章 电子商务物流 119
7.1 电子商务物流的基本概念 119
7.1.1 物流的产生与发展 119
7.1.2 物流的含义 120
7.1.3 电子商务物流的地位与作用 120
7.1.4 电子商务物流的特点 121
7.1.5 电子商务下的物流模式 123
7.2 电子商务物流研究的主要内容 128
7.2.1 电子商务物流系统 128
7.2.2 电子商务物流过程 128
7.2.3 电子商务物流新兴技术 130
7.2.4 电子商务物流管理 134
7.2.5 电子商务物流费用 135
7.3 中国电子商务物流的发展 135
7.3.1 中国物流业的发展现状 135
7.3.2 中国电子商务物流的总体发展思路 136

第 8 章 电子商务法律问题及税收 140
8.1 电子商务法律问题 140
8.1.1 电子商务对法律的要求 140
8.1.2 电子商务立法现状 142
8.1.3 电子商务立法的原则 144
8.1.4 电子商务立法亟待解决的问题 145
8.1.5 电子商务主要法律机制的构建与完善 146
8.2 电子商务税收 150
8.2.1 电子商务税收的基本概念和特点 150
8.2.2 电子商务引发的税收法律问题 151
8.2.3 我国电子商务税收基本思路 154

第9章 电子商务解决方案 157
9.1 电子商务解决方案概述 157
9.1.1 电子商务解决方案的内涵 157
9.1.2 电子商务解决方案的几个关键问题 158
9.2 电子商务解决方案的基础构架 160
9.2.1 电子商务网络平台 160
9.2.2 电子商务基础平台 161
9.2.3 电子商务应用系统 163
9.3 电子商务应用系统的设计与实现 164
9.3.1 域名申请 164
9.3.2 系统设计 165
9.3.3 网站建立 166
9.3.4 维护与管理 167
9.4 国内外电子商务系统解决方案简介 168
9.4.1 Microsoft 的电子商务解决方案 168
9.4.2 Oracle 电子商务套件 169
9.4.3 IBM 整体解决方案 170
9.4.4 HP 电子服务（E-Services） 172
9.4.5 CA Jasmine 平台 174
9.4.6 康柏 Pro Liant 平台 174

第10章 电子商务的发展与应用 175
10.1 电子商务发展战略 175
10.1.1 电子商务的发展总体战略 175
10.1.2 电子商务发展战略 176
10.1.3 中国发展电子商务的策略 176
10.2 电子商务的发展趋势 178
10.2.1 透视电子商务的走向 179
10.2.2 客户服务的趋势——电子商务带来更快捷、更方便的服务 180
10.2.3 企业趋势——电子商务成为企业发展的新动力 181
10.2.4 网上政府的趋势——电子政务带来什么 182
10.3 电子商务的应用 185
10.3.1 电子商务在信息服务中的应用 185
10.3.2 电子商务在旅游业中的应用 187
10.3.3 电子商务在商贸中的应用 189
10.4 电子商务带来的新型行业 193
10.4.1 网上拍卖 193
10.4.2 网上购物与邮政联手 194
10.4.3 新的贸易中介模式 195
10.5 电子商务发展的新看点 196

10.5.1 栅格电子商务（G-commerce） 196
10.5.2 移动电子商务 196
10.5.3 中间件 198
附录 201
参考文献 220

第1章　电子商务概述

　　电子商务是在计算机技术、网络通讯技术的互动发展中逐步产生和不断完善的，是以 Internet 为依托，并随着 Internet 的广泛应用而迅速发展起来的。电子商务是促进人类信息技术发展并使传统商务活动发生巨大改变的一种方式，将要而且已经使人类的经济生活产生巨大的变革。

1.1　电子商务的由来

　　早在 1839 年，商人们从加快贸易信息传递速度的角度出发，尝试着用电报的方式收发贸易信息，并开始了对运用电子手段这种快捷方式进行商务活动的讨论。应该说，这是运用电子手段进行商务活动的开端。而 1952 年第一台大型计算机系统 IBM701 问世后，很快就被应用在日常管理工作中。经过半个多世纪的发展，昔日需要花费大量的人力、财力、物力的诸如记录、计算、处理数据资料等方面的工作，现在用电子计算机能在很短时间内完成；大大提高了工作效率。

　　最初计算机在商业领域内的应用仅限于提高办事效率，是作为一种辅助性的信息载体，负责处理复杂的统计和运算，而具有一定意义的电子商务活动应该说是产生于 30 多年前，公司之间的信息传输采用了电子数据交换（EDI　Electronic Data Interchange）方式。1968 年美国运输业的许多公司，联合成立了一个运输数据协调委员会（TDCC Transportation Data Coordinating Committee）研究开发电子通讯标准的可行性，他们的方案形成了当今 EDI 的基础，当时比较有代表性的电子商务活动是公司之间运用 EDI 方式传送和接受订单、交货、付款等。

　　然而当时的企业所从事的电子商务活动仅限于在封闭的系统中进行运作。因此，从严格意义上讲，与今天所描述的电子商务相比，EDI 仅仅是新的电子传输技术在商业领域内的早期应用，即新的电子方式的传输代替了以往纸面的处理程序。新的信息技术在这个层次上提供了新的技术手段，但是并没有给商业活动带来根本性的变革，就像电话、电报、传真代替了书信往来。新的信息传输技术的确使商业活动的信息传输速度、方便程度等大大地提高了，这一切对商业运作的影响虽然很大，但是市场的运作方式、产品结构、消费者和生产者在商业活动中的地位等都没有发生实质性的变化。

　　早期以 EDI 方式实现的电子商务活动可以说已经将新的电子技术与商业活动较好地融合起来，但是如果要进行大规模的商业化应用仍然受很多条件的限制，如商业伙伴之间的信息传输需要严格统一的标准、规则等，另外网络的互联效应也没有发挥出来，商业伙伴间的信息传输主要还是通过专用增值网进行的。因此，真正大规模、普及化的电子商务活动是在超文本传输协议的开发和 Internet 技术成熟后才开始的。从企业间利用各种专用增值网和 EDI 技术进行电子化商务活动到逐步普及使用更加开放的 Internet 进行电子商务活动，只不过是顺应科技发展的一种自然结果而已。而激烈的市场竞争是加快电子商务发展的催化剂，电子商务之所以能够在短时间内得以迅速发展并日益成为一种不可抗拒的趋势，原因就在于它对经济生活的效率、覆盖率等方面的深刻影响。因此电子商务的出现和发展，是以科技、经济的巨大发展作为前提的。

其中电子技术、通信技术和信息产业的发展为电子商务提供了重要的物质基础。人类社会从工业化时代进入信息化时代后，信息成为第一生产要素，而现代科学技术的迅速发展，特别是电子计算机的普及应用，使信息的传递出现了一个质的飞跃，因此美国国防部高级研究计划署（Advanced Research Project Agency ARPA）开发了一个计算机通信网络系统——ARPANET，对该系统的设计要求是：

（1）不易遭破坏，因为战争中通讯系统永远是对方破坏的主要目标；
（2）该系统在将来的核战争中也能发挥作用；
（3）网络上的每个节点各具独立功能，地位相同，实现资源共享，并能使不同类型的计算机实现联网通讯。ARPANET 采用了离散结构，没有集中的中央网络控制中心，使得网络渠道具有多样性，减少了系统发生全面瘫痪的可能性。正是由于上述特点，可以使得 ARPANET 能够从单纯用于军事通信目的的实验网络，发展成为世界范围的计算机通信网。1975 年，该网络被移交给美国国防部通讯管理局管理。1984 年，ARPANET 被正式分成两个不同的网络，用于民用通讯的网络，仍被称为 ARPANET；用于军事通讯的专用网络，被称为 MELNET。两年后，国家科学基本网（National Science Foundation Net NSFNET）逐渐取代了 ARPANET，成为 Internet 的主干网络。1990 年，ARPANET 完成了它的使命，宣布解体。NSFNET 的应用使 Internet 进入了以资源共享为中心的实用服务阶段，并得到了迅速发展。仅以与 Internet 主干网 NSFNET 相连的局域网为例，1988 年只有 170 个，1992 年超过了 4500 个。自 1992 年起，Internet 进入了商业化阶段，其用户向全世界迅速扩展，平均每隔几分钟就有一个新的 Web 站点出现在 Internet 上。

而衡量 Internet 增长的主要指标有两个：
（1）互联网主机数量；
（2）互联网域名的数量。

互联网主机指的是与 Internet 联接的具有独立 Internet 协议（Internet Protocol IP）地址的计算机。互联网域名（Domain Name）指的是在域名系统内的一个范围标记，如二级域名：AC（科研机构），COM（工商和金融等企业），EDU（教育机构），ORG（各种非盈利性的组织）。2005 年 1 月 19 日中国互联网络信息中心（CNNIC）在北京发布"第十五次中国互联网络发展状况统计报告"。报告显示，我国上网用户总数为 9400 万；CN 下注册的域名数、网站数分别达到 43 万和 66.9 万；网络国际出口带宽总数达到 74429M，IPv4 地址总数为 59,945,728 个。

如前所述，计算机网络技术早就存在，而且该技术在商业中的应用早已实现，而电子商务成为全球的热点，是基于 Internet 与其他通讯媒体相比的绝对优势。

优势之一：Internet 所提供的信息交流方式是双向的。信息的提供者在发布信息的同时，可以及时收集信息获取者的信息，信息获取者在收集信息的同时，可以对信息提供者的信息进行选择接收。因此，这种信息通讯和人与人之间直接进行面对面的信息交流有些类似。

而传统的信息传播是单向的，如广播、电视等在信息发布出去的同时，并不知道有多少接收者，或者不知道接收者是谁，信息提供者完全无法了解和掌握信息接收者的相关信息。

优势之二：Internet 是建立在开放式信息传输标准上的。国际互联网本身就是网络之间的连接，既无开端也无终点，信息提供者在发布信息时可以采取各种方式，并不局限于复杂的操作性标准。信息接收者在选择信息时，也可以通过方便快捷的方式收集信息，不受技术性操作标准的约束。

以上两种 Internet 的技术优势，为企业提供了新的商务活动的运作模式。双向交互的特点使企业的信息发布可以有更准确的定位，而且可以实时收集信息接收者的信息反馈，以便更快地做出决策调整，实时的交易系统也由于交互式的操作成为可能。开放式的特点可以使 Internet 渗透到社会各个层面，具有广泛的市场效应。

正是由于 Internet 所具备的上述两个优势，才使它在极短的时间内迅速膨胀，被企业认为是开展商务活动的又一新的载体，电子商务才正式被提到全球经济发展的日程上来。因此 Internet 的实现和技术的日益成熟是电子商务发展的标志。

1.2 电子商务的定义和分类

当前有关电子商务的定义很多，其中大多都是从某一个角度来看电子商务。如果说电子商务的主体是企业，那么相关企业提出的"电子商务"定义就最符合实际。美国 IBM 公司从企业电子商务的运作过程中，总结出如下切合实际的电子商务定义。

1.2.1 电子商务

1. 电子商务的定义

电子商务（E-Business）就是企业"商务整合"。它将 IT 技术策略与企业商务策略整合起来，形成企业全新的组织构架、全新的商业模式、全新的业务流程。它是传统企业商务电子化的过程，即传统商务向电子商务转型的过程。它的运作基础是万维网和信息技术。它结合了网络的标准性、简洁性、连通性的特点，形成企业业务的核心流程。所以，也可称"E-Business"为电子化企业。

电子商务强调的是企业电子化的过程，注重研究企业电子化过程中的各种问题：如客户关系管理、供应链管理、企业资源规划、知识管理等一系列涉及到企业运营的问题。

2. 电子商务的基本思想

企业向电子化转型的过程中，为了能持续有效地进行电子商务的运营，必须有以下基本的指导思想：

（1）长远计划，简单入手；
（2）实事求是，建立企业所需要的商务模式；
（3）电子商务是商务，不是技术。

以上进行电子商务的基本思想是企业实施电子商务的务实做法。电子商务不是要企业重新另做一个商务，而是理顺现有企业商务流程，改善企业现有商务操作的效率，使企业可以向客户提供更有价值的东西，而这种价值的优势远远超过竞争对手。

3. 实施电子商务的三个基本问题

企业如何导入电子商务？如何使 IT 技术投资产生效益最大化？电子商务如何帮助企业节约成本，增加收入？

任何企业在导入电子商务的过程中都面临着这三个基本问题，这三个问题的解决对电子商务整体规划有着重大的意义。

4. 电子商务实施的阶段性

IBM 公司认为，电子商务实施过程存在着以下四个部分或阶段，形成了企业电子商务的周期性，这四个阶段是：转换核心商务流程（transforming core business processes）；建立灵活的、可扩展的电子商务应用系统（building flexible, expandable business applications）；运行一个可升级的、灵活的安全环境（running a scalable, available, safe environment）；通过电子商务系统获得起杠杆作用的关键知识和信息（leveraging knowledge and information you've gained through e-business systems）。

以上阶段的实施过程性没有顺序和层级之分，成功的电子商务可以从不同的点开始，但最重要的是要识别好什么是企业核心的商务流程，什么技术是最适合的，什么是最需要首先转入电子商务的，电子商务实施的阶段性是指导构建电子商务系统的一般性原则，其内涵根据不同企业的实际情况不同而不同。

1.2.2 电子商务交易

电子商务交易（E-Commerce）被看成是在线交易的解决方案。它强调如何通过网络进行商业交易，它注重研究的是在线交易过程中所产生的一系列问题，如，在线支付、交易认证等，所以它是"E-Business"的一个组成部分，是电子化企业的一个前端部分。这种电子商务解决方案使买卖双方可以进行在线的业务处理，进行交易或提供服务。

1. 电子商务交易包括的内容

产品和服务的电子展示（electronic presentation of goods and services）；
在线订购和账单的显示（online order and bill presentation）；
自动化的客户询价（automated customer account inquires）；
在线支付和交易处理（online payment and transaction handling）；
自动的供给链管理系统（automated Supply Chain Management（SCM）solutions）。

2. 电子商务交易系统的组成

电子商务交易系统由哪几部分组成，企业要根据自己的市场目标来定。但总体上来讲，电子商务交易系统往往由三层结构组成：

第一层是网络基础平台,它作为信息传递的载体和与用户交互的手段,主要包括各种软件和硬件设施;

第二层是电子商务交易基础平台,它是各种交易应用系统的基础,包括 CA 认证、支付网关(payment gateway)等与电子交易相关的部分;

第三层是各种电子商务应用层,如网上垂直商场等。

3. 成功电子商务交易的要素

良好的网络环境:成功的电子商务交易应有良好的网络环境,主要包括因特网、企业内部网、企业外部网。企业可以根据自己的需要创建良好的网络架构,以达到企业成功进行网上交易的目的。

认证中心:它是承担电子商务安全交易认证服务、负责发放和管理数字证书,并确认用户身份的受法律承认的权威机构。认证中心的主要任务是根据数字证书的申请,签发并对数字证书进行管理。

网上银行:它是应用网络技术提供在线金融服务的银行系统。网上银行利用了因特网的方便性,在线实现某些传统的银行业务。另外,网上银行与信用卡公司合作,发放信用卡、电子钱包、智能卡一类的网上支付工具,为电子商务交易的用户和商家提供在线服务。

完善的配送体系:在完成交易后,需要通过完善的配送系统将商品准确快速送达最终用户手中。

1.2.3 "E-Business"和"E-Commerce"的区别

从商业的整体运作来看,E-Commerce 只是 E-Business 的一个部分。在不同的商业组织中电子商务有不同的侧重点,但总的来说,传统的企业组织电子商务时应该称之为"电子商务"(E-Business)或"电子化企业",它包含了企业流程前端部分即"电子商务交易"(E-Commerce)解决方案。

而新兴的网络公司在进行电子商务时,主要从"电子商务交易"(E-Commerce)入手,它们利用网络提供一种"虚拟的商场"或"虚拟的店面"进行商业活动,因为没有传统的实业基础,也就谈不上核心商务流程向电子化转型的问题,所以只是从网络交易上入手,建立网上商场,创造新的商业交易和服务模式。但是新兴网络公司的电子交易的成功有赖于实体企业的支持,而实体企业由于具有强大的实业支持,电子交易成功率较高。

1.2.4 电子商务的分类

按照参与方式对电子商务进行分类是一种最常见的分类方式,在一般论述中谈到的各类电子商务类型,大多是基于这种分类方式的。

1. 企业—消费者电子商务

企业—消费者电子商务(Business to Consumer,简称 BtoC)是以 Internet 为主要服务提供手段实现公众消费,基本上等同于网络零售。BtoC 是人们最熟悉的一种电子商务类型,也是最吸引媒体关注的一种电子商务形式。目前网上商店提供的商品几乎涵盖了人们日常生活中所需的各类商品，如食品、鲜花、服装、书籍、计算机软硬件、音像制品、家具、汽车等各种消费商品。由于各类商品网上销售的适用性不同，它们的市场表现出很大的区别。BtoC 模式节省了客户和企业双方的时间、空间，大大提高了交易效率，节省了各类不必要的开支，因而，这类模式得到了人们的认同，获得了迅速的发展。该类电子商务的典型代表是 Amazon 书店，作为世界上最大的虚拟书店，它没有固定的店面，但其营业额却超过了美国最老牌的书店 Barnes&Noble。

2. 企业—企业电子商务

企业—企业电子商务（Business to Business，简称 BtoB）是指在 Internet 上企业之间谈判、订货、签约、付款以及索赔处理、商品发送管理和运输跟踪等企业运营全过程的商务活动。尽管 BtoB 电子商务受媒体的关注程度一度不如 BtoC，但它一直是电子商务的主流，也是企业面临激烈的市场竞争，改善竞争条件、建立竞争优势的重要方式。无论从目前电子商务发展的状况看，还是从未来电子商务发展趋势看，BtoB 电子商务市场都会远远大于 BtoC 电子商务市场。

3. 企业—政府电子商务

企业—政府电子商务（Business to Government，简称 BtoG）是企业与政府机构在网上完成原有各种业务。政府可以通过其实现对企业行为的管理和监督，如政府采购、税收、商检以及仲裁等等，就可以介入到电子商务中。

4. 消费者—政府电子商务

消费者—政府电子商务（Consumer to Government，简称 CtoG）是指消费者与政府机构在网上完成二者之间原有各种事务，比如纳税申报、福利发放、社区服务、政策发布、违章处罚等。

5. 消费者—消费者电子商务

消费者—消费者电子商务（Consumer to Consumer，简称 CtoC）类似于网上二手市场，就是通过为个体买卖双方提供一个在线交易平台，使卖方可以主动提供商品上网拍卖，而买方可以自行选择商品进行竞价。从理论上来说，CtoC 模式是最能够体现互联网的精神和优势的，数量巨大、地域不同、时间不一的买方和同样规模的卖方通过一个平台找到合适的对家进行交易，在传统领域要实现这样大的工程几乎是不可想象的。同传统的二手市场相比，它不再受到时间和空间限制，节约了大量的市场沟通成本，其价值是显而易见的，该类模式的典型代表是美国的 eBay。

1.3　电子商务模型和基本框架结构

电子商务是一个市场环境，而任何企业都与市场有着千丝万缕的联系，企业作为市场这个系统中的一个单位,必定同市场系统保持着输入输出关系,进行着物质、劳动力、信息的交换。市场不仅是企业生产经营活动的起点和终点,也是企业与外界建立协作关系、竞争关系的传导和媒介。市场可以分为产业市场和消费者市场,企业在这两个市场的活动也各有侧重,如图1-1所示。

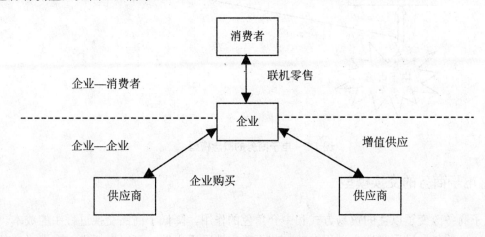

图 1-1 电子商务环境

1.3.1 电子商务的概念模型

电子商务的概念模型是对现实世界中电子商务活动的一般抽象描述,它由交易主体、电子市场 (Electronic Market EM)、交易事务和信息流、资金流、物资流等基本要素构成。在电子商务概念模型中,交易主体是指能够从事电子商务活动的客观对象,它可以是企业、银行、商店、政府机构、科研教育机构和个人等;电子市场是指交易实体从事商品和服务交换的场所,它由各种各样的商务活动参与者,利用各种通信装置,通过网络连接成一个统一的经济整体;交易事务是指交易实体之间所从事的具体的商务活动的内容,例如,询价、报价、转账支付、广告宣传、商品运输等。

电子商务中的任何一笔交易,都包含着几种基本的"流",即信息流、商流、资金流、物流。信息流既包括商品信息的提供、促销行销、技术支持、售后服务等内容,也包括诸如询价单、报价单、付款通知单、转账通知单等商业贸易单证,还包括交易方的支付能力、支付信誉等。商流是指商品在购、销之间进行交易和商品所有权转移的运动过程,具体是指商品交易的一系列活动。资金流主要是指资金的转移过程,包括付款、转账等过程。在电子商务下,以上三种流的处理基本上都可以通过计算机和网络通信设备来实现。物流主要是指商品和服务的配送和传输渠道,对于大多数商品和服务来说,物流可能仍然经由传统的经销渠道,然而对有些商品和服务来说,可以直接以网络传输的方式进行配送,如各种电子出版物、信息咨询服务、有价信息等。对于每个交易主体来说,他所面对的是一个电子市场,必须通过电子市场选择交易的内容和对象。因此,电子商务的概念模型可以抽象地描述为每个交易实体和电子市场之间的交易事务关系,如图1-2所示。

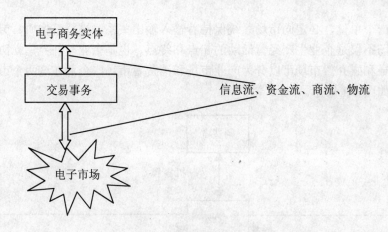

图 1-2 电子商务的概念模型

1.3.2 电子商务的交换模型

电子商务改变了以往的贸易方式和中介角色的作用,降低了商品交换过程中的成本。从商品交换的基本过程和这个过程中的一些不确定性因素出发,可以概括出一个电子商务的基本交换模型,如图 1-3 所示。

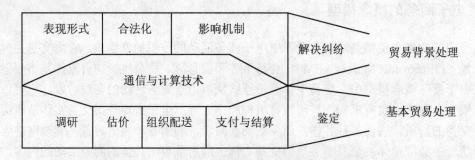

图 1-3 电子商务的交换模型

在电子商务的交换模型中,通信和计算技术成为整个交易过程的基础。同传统的贸易活动相比,电子商务所依赖的贸易基本处理过程并没有变,而用以完成这些过程的方式和媒介却发生了变化。下面首先介绍基本的贸易处理过程,然后介绍贸易处理过程所依赖的贸易背景的处理及其将会减少的未来贸易过程中的不确定性因素,而电子商务对这些处理过程带来的影响将作为主线贯穿其中。

1. 贸易基本处理过程

(1) 调研。电子商务通常减少了买方的调研成本,而相对增加了卖方的调研成本。电子商务活动中常用的调研方式有三种:

① 卖方在电子市场上发放顾客偏好描述文件,向顾客提供产品的信息,同时收集顾客对产品的偏好;

② 从特定的用户群中收集信息,如根据用户对某类产品的偏好来决定卖方产品的买卖

信息；

③ 用户在电子市场上广播他们对产品的需求信息，让产品供应商提供报价。

（2）估价。任何贸易都离不开估价过程。在简单贸易模型中，通常由卖方提供一个非协商性价格，然后逐渐降价，直到有人来买。然而在电子商务模型下，商品和服务的定价过程对顾客来说变得更为透明。网络交易环境下良好的用户交互性、价格低廉的通信费用以及智能软件代理技术，为用户提供了各种不同的动态价格搜索机制，甚至可以为用户提供实时性要求很高的价格搜索，如拍卖活动中的拍卖报价。

（3）产品的组织与配送。在任何商业模型中，实际产品的组织和配送都是一个值得考虑的重要问题，电子商务在这方面为企业提供了一些新的商机。例如，销售商根据库存信息及时方便地同供应商取得联系，调整库存，以减少不必要的库存开支；供应商建立更灵活、更方便的生产系统和产品交付系统，以便能够为更多的零售商服务；信息和软件经营商利用 Internet 交付产品或者进行软件升级。

（4）支付和结算。电子商务的支付和结算采用电子化的工具和手段进行，从而替代了以往贸易模型中的纸张单证。

（5）鉴定。这主要包括检验产品的质量、规格、确认贸易伙伴、监督贸易伙伴是否严格遵守贸易条款等内容。电子商务给鉴定机制带来了挑战，例如，如何检验一家设立在 Internet 上的电子商店是合法的以及如何确保自己所购买的商品的质量。

2. 贸易背景处理

（1）表现形式。表现形式决定了卖方如何向买方表达产品的信息和贸易协议。实施了多年的 EDI 已经形成了一些企业与企业之间或者不同的行业和部门之间传递报文的文字化模版，但是对于范围更广的电子商务，尤其是对基于 Internet 的电子商务来说，需要更为严格、更为专业化的、统一的标准。

（2）合法性的确认。它决定了在电子商务世界里，如何声明一项贸易协议才算是有效的，关系到在电子世界里如何立法才能保证贸易活动的顺利开展。

（3）影响机制。影响机制能够刺激交易双方履行义务，以减少交易双方的风险。声誉影响是一种常见的影响机制，大多数企业总是希望保持自己的声誉。然而，电子商务却向声誉影响的作用提出了挑战，因为在网络环境下，企业甚至个人都可以随意地利用这种影响机制来影响一个企业的声誉，而且他们所产生的影响并不一定客观公正。

（4）解决纠纷。解决纠纷的手段主要有直接谈判、诉诸法律或者采用武力等。传统的纠纷解决机制和纠纷所带来的影响是局部的，而在电子商务环境下，尤其是在 Internet 环境下，纠纷的解决将是世界范围的，其影响范围也很广泛。

1.3.3 电子商务的基本框架结构

电子商务的基本框架结构是指实现电子商务从技术到一般服务层所应具备的完整的运作基础，它在一定程度上改变了市场构成的基本结构。传统的市场交易链是在商品、服务和货币交换过程中形成的。如今电子商务的应用强化了一个重要因素——信息，于是就有了信息服务、信息商品和电子货币等等。人们进行商品交易的实质虽没有改变，但在贸易过程中的一些环节因为所依附的载体发生了变化，也就相应地改变了形式。为了更好地了解电子商务的基本框架结构，下面简要地描述一下电子商务环境中的主要层面，如图1-4。

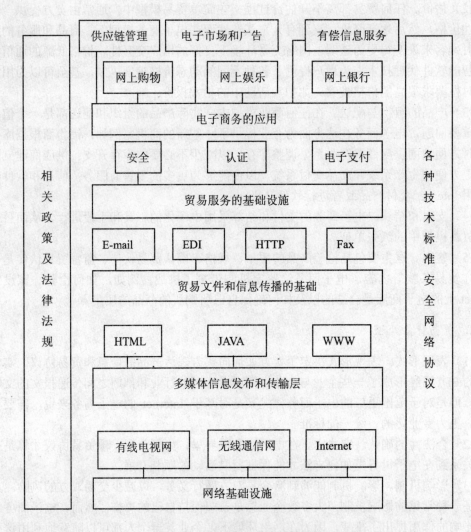

图 1-4　电子商务的基本框架结构

第一层，网络基础设施，是实现电子商务的最低层的硬件基础设施，是信息传输系统，包括远程通信网（Telecom）、有线电视网（CableTV）、无线通讯网（Wireless）和互联网（Internet）。这些网络都在不同程度上提供电子商务所需的传输线路，但是大部分的电子商务运作还是基于 Internet。

第二层，在网络层提供的信息传输线路上，通过 Internet 传输信息的内容，如文本、声音、图像等。最常用的信息发布所应用的是利用 HTML（HyperText Makeup Language，超文本标记语言）将信息内容发布在 WWW 上，再通过传输协议将发布的信息内容传送到接收者的计算机里。

第三层，交易文件和信息传播的基础设施。文件传输一般有以下几种方式：一种是非格式化的数据交流，如 Fax、E-mail，它主要是面向人的；另一种是格式化的数据交流，如

EDI，它的传递和处理过程一般都是自动化的，无须人工干涉，主要是面向机器的，定单、发票、装运单都比较适合格式化的数据交流。

第四层，服务的基础设施。这一层之所以被称为服务的基础设施，是因为所有的企业和个人在进行交易时都需要它的服务。主要包括标准的商品目录服务、建立价目表、电子支付工具的开发、保证商业信息安全传送的方法、认证买卖双方合法性的方法等。对于电子商务来说，为了确保交易的安全性，使传递的信息可靠、不可篡改、不可抵赖，在有争议的时候能够提供适当的证据，真正的交易完成应该是在卖方收到货款，买方得到货物时。因此，网上支付安全是保证交易顺利进行的关键。目前的做法通常使用 CA 认证来提供端到端的安全保障。

第五层，是电子商务的实际应用层。电子商务的具体应用范围较广，包括电子市场及电子广告、网上购物、网上娱乐、有偿信息服务及网上银行。

电子商务的两个支撑点是框架结构得以存在并能应用的基础。相关的政策及法律法规是电子商务框架的第一个支撑点。但是由于各国的不同体制和不同国情与 Internet 和电子商务的跨国界性有一定冲突，这就要求加强国际间的合作开发研究。另外电子商务的应用加快了全球贸易一体化步伐，消费者能很容易地通过网络购买到外国的产品，这时就会出现矛盾，诸如海关怎样应付，跨国贸易怎样付税等。这些都需要有相应的法律法规作保障，而法律法规的不完善势必阻碍电子商务的发展。

电子商务的第二个支撑点是各种技术标准及相应的协议。技术标准定义了用户接口、传输协议、信息发布标准、安全协议等。就电子商务的网络环境而言，各项标准对于保证兼容性和通用性是十分重要的。已制定出的标准如 UN/EDIFACT，美国 X12 标准及一些国际组织同业界合作制定的用于电子商务安全支付的 SET（Secure Electronic Transactions，安全电子交易）已经在这方面发挥了很大的作用。但基于电子商务活动必然是跨国界的活动这一特点，仍要求法律、法规更详尽、更适中、更完善。因此，建立全球性的法律法规环境及相应的技术标准是保证电子商务能够顺利实施的根本所在。

1.4 电子商务的优势和影响

电子商务具有对市场变化反应迅速、成本低、高效等传统商务所无可比拟的优势，它加速了企业内部和外部的信息交换，突破了交易和交货形式的时空限制，大幅度提高了企业管理水平和运作效率，降低了运作成本，有效提高了市场竞争力和影响力，为消费者提供了更多、更灵活的选择和实惠。同时，电子商务在企业的商业运作、企业管理、内部行业结构的重组中都具有重要的作用。

1.4.1 电子商务的优势

1. 时空优势

传统的商务是以固定不变的销售地点和固定不变的销售时间为特征的店铺式销售。

Internet 上的销售则是通过网上商店进行，它的销售空间随网络体系的延伸而延伸，没有任何地理障碍，它的零售时间是由消费者即网上用户自己决定的。因此，Internet 上的销售相对于传统销售模式具有全新的时空优势，这种优势可在更大程度上、更大范围内满足网上用户的消费需求。事实上 Internet 上的购物已没有了国界，也没有了昼夜之别。

2. 速度优势

电子商务具有极大的速度优势。首先，电子商务可以加快生产流通速度。例如，一个产品的生产是许多企业相互协作的结果，因此产品的设计开发和生产销售可能涉及许多关联的企业，通过电子商务可以改变过去的信息封闭的分阶段合作方式为信息共享的协同工作，从而最大限度地减少因信息封闭而出现等待的时间。其次，电子商务提供了更快捷的服务，通过浏览网页，就可以获得产品信息，接受企业提供的服务，其速度优势是传统商务所不能相比的。

3. 成本优势

与传统的商务相比，利用 Internet 渠道可避开传统商务渠道中许多中间环节，降低流通费用、交易费用和管理成本，并加快信息流动的速度。事实上，任何制造商都可以充当网上零售业中商品的提供者，能以基本价格向消费者提供商品。当投资传统商店所需要的建材和商品库存费用越来越贵时，投资电子商务商店所需的计算机和通信设备价格却日益降低。

4. 个性化优势

由于 Internet 具有实时互动式沟通的特点，并且不受任何外界因素干扰，消费者更容易表达出自己对产品及服务的评价，这种评价一方面使网上的零售商们可以更深入了解用户的内在需求，更好地提供产品和服务；另一方面使得为用户提供个性化服务成为可能。个性化的服务和产品将成为新一代电子商务的重要特点，并成为电子商务普及发展的内部推动力。

5. 信息优势

传统的销售在店铺中虽然可以把真实的商品展示给消费者，但对一般消费者而言，对所购商品的认识往往是很肤浅的，也无法了解商品的内在质量，往往容易被商品的外观、包装等外在因素所困惑。利用电子商务技术，可以全方位展示产品及服务功能的内部结构，从而有助于消费者完全地认识商品及服务。另外，信息优势还体现在通过对企业内部信息的整合和优化，改善企业信息的组织结构，加快信息流动，为企业的生产和决策提供更快、更好的数据。

6. 便捷优势

在某种意义上说，今后消费者花在购物上的时间会愈来愈少，但购物次数却会愈来愈频繁。特别是某些特定的商品，如原料、个人用品等，而电子商务所能提供的便利性将与日俱增。消费者只需要在网站上搜寻相关产品信息，进行质量和价格的比较之后，就可以方便地在家中完成交易。总之，快捷方便的查询功能、人性化的商品目录、价格比较的功能，将促进某些商品转向网上交易，特别是那些运送成本低廉、标准化、缺乏购物乐趣的商品。

1.4.2 电子商务对思维方式的变革

回顾历史，每次新技术的出现与应用，总会带来一系列的变革。Internet 的出现与迅速发展，电子商务的逐渐成熟也不例外，它不仅改变了我们记录和传播知识的符号，也改变了人们的交易方式，而且将对人们的思维方式产生根本性的影响。

社会由低级向高级发展的过程中，人类的思维方式也由低级向高级发展。在这个过程中，技术的进步创造出新的思维方式，而新的思维方式又反过来影响人类社会的发展，形成一个发展的良性循环。从人类信息处理技术的发展历程来看，其间经历了语言的产生、文字的出现、印刷术的发明、广播电视的应用和网络技术的应用五次飞跃，每一次都促进了人类文明的发展与进步，也大大地促进了人类思维方式的变革，使人类的思维方式从简单型思维发展到智能型思维。从前的观念和思维方式，总是有一定的限制，或局限于地域问题，或局限于时代问题，而与以往的变革相比，这次变革的特别之处在于它突破了时空限制。

信息化社会的结构是网状的，它具有整体性、综合性、开放性、动态性、非线性和互补性的特征，这些特征决定了电子商务的思维方式是智慧型思维，智慧型思维具有创造性和整体性两个特性。

1. 创造性

创新是知识经济中企业生存和发展的惟一方式。电子商务本身就是前所未有的开创性事业，就更需要创造性思维。电子商务中的创造性思维方式是开放的、动态的。Internet 给了人们一个极大的想像空间和创造空间，也给了人们一个相当复杂的操作环境。现在，很多从事 Internet 服务的公司没有盈利，就算是电子商务的模范——亚马逊书店，经营一直没有赚过钱，自 1995 年 7 月亚马逊书店卖出第一本书起，它的销售总额直线上升，1997 年销售额即达 1.48 亿美元，1998 年猛增到 5.4 亿美元，增幅达 365%。不过，由于较高的投入，使得亚马逊仍然处于亏损阶段。但是，它的股价却在一路飚升，1997 年 5 月初上市时，每股仅 9 美元左右，至 1998 年底亚马逊股票突破 300 美元大关，1999 年 1 月更是突破 400 美元大关，其市价总值达 180 亿美元，比拥有 1000 余家分店的美国最大的庞诺书店（Barnes&noble）的市值高出 8 倍多，这本身就是一种知识创新。创新思维和意识改变了经营书店的传统观念，通过经营活动，获得社会的认可，从而在商业领域中生存下来，而且具有绝对的竞争优势，使企业的无形资产不断增值。这是知识创新的典型范例，也是知识经济的产物。

创造性思维要求企业在多样化和快节奏的电子商务交易活动中求变、求新、敢于面对风险、承担风险。广阔的视野、活跃的思维是创造性思维的基础，与众不同是创造性思维的典型特点。一个电子商务战略方案的推出，一个网站的建设，一件产品的推出，都必须具有自己的思想、自己的特色，都必须有"网络竞争力"。先进的技术、崭新的生产模式、独特的表现方式和富有开拓精神是知识经济的真谛所在。

当然，在电子商务领域下的创造性思维并不是一味地求高，而是要符合实际情况。目前，电子商务的技术性问题已经基本解决，关键是如何将这些技术创造性地应用到商业领域。在当前中国电子商务的推广中，以下几个方面是值得思考的：银行的加入、标准的制定、物流行业发展、法律的规范化等。

2．整体性

由于网络和电子商务打破了时空限制，使得整个体系变得异常复杂，又由于市场一体化的出现，要求人们的思维方式必须具有整体性的特点，能以全局的眼光去看待各种复杂问题。由于电子商务思维是创立在网络思维的基础上，而网络思维是非线性的、多维互补的，非线性的变化可能导致接触到意想不到的现实和从事意想不到的活动，所以人们的思维也必须是动态的、非线性的，而且必须是整体的、全局的，否则，就不能适应网络的发展，就不符合电子商务的发展趋势。它要求必须以整体的思维方式去适应它；思考环状因果的互动关系而不是线段似的因果关系；思考一连串的变化过程而不是片断的、一幕一幕的个别事件。

总而言之，电子商务下的思维方式具有创造性和整体性，只有在充分地了解它的特性后，在制定 Internet 战略时，才能考虑得更为周全、更为完善。

1.4.3　电子商务对企业经营的影响

电子商务为企业参与国际、国内经济贸易活动带来机遇，企业从 Internet 庞大的信息资源库中获得开展各种商业活动前所需要的信息；利用 Internet 发布产品信息，进行广告宣传和促销；充分利用 Internet 为企业提供的网上交易环境，为企业商品的流通提供了全新的流通渠道。除此之外，电子商务的应用还使传统的商业企业、生产企业面临着一个全新的经营模式，电子商务正悄悄地改变着传统的市场模式，影响着人类的经济活动，促进人类从间接经济向直接经济、从工业经济向信息经济的转变。

1．对传统商业企业的影响

在传统的商品流通情形下，中间商在商品从生产者转移到消费者的过程中起到桥梁和纽带作用，有效推动了商品广泛进入目标市场。但是中间商的出现，提高了商品的最终价格，还在一定程度上加大了消费者与生产者之间的距离，不利于生产者对产品情况做出迅速的回应，加上有的中间商趁机压低产品售价，哄抬零售价格，既损害了生产者的利益，也损害了消费者的利益，从而影响了商品的流通。电子商务缩短了供应链上生产厂家与最终用户之间的距离，改变了传统商品流转的结构，拉近了厂商与客户的距离，企业可以绕过传统的经销商而直接与客户沟通，客户的需求将直接转化为企业的生产指令，这不仅可以大大增强企业与消费者的联系，并且可以因减少许多中间环节，使企业大幅度降低经营管理成本，从而改变传统市场的结构。这表明在网络环境下，电子商务使市场变得更加直接，省去了流通中的许多中间环节，改变了传统市场的模式，即从生产厂家到商场再到消费者的市场模式。更主要的是，在网络上价格高度透明，顾客只需要通过现成的价格检索对同类产品的价格进行比较后，确认自己要买的商品即可。

通过 Internet，企业能直接向消费者出售商品，实现昼夜服务，省去了大量的中间环节，降低了销售成本，进而降低了产品最终销售价格，这既有助于企业扩大产品销路，改善与贸易伙伴之间的关系，最终消费者也会受益匪浅，除了价格上的实惠，消费者还能得到更加迅速和周到的服务，概括说来，电子商务的应用，将会逐步弱化商业企业的作用。当然，也不能一概而论，不能绝对地说电子商务将取代传统的商业中介机构，因为某些大型的工业产品在网上销售是不方便的。

2. 对传统生产企业的影响

处于生产领域的传统生产企业，其生产流程大致如下：

市场需求调查——原材料采购——组织生产——商品销售——货币结算——产品交割。但生产企业一旦以电子商务的方式组织生产，传统的生产流程会相应地有所变化，大致可描述为：以电子调查的方式进行市场需求调查——以电子单证的形式调查原材料信息，确定原材料采购方案，组织生产——通过电子广告促进电子销售——以电子货币的形式进行资金结算——同电子银行进行货币结算——产品交割。

首先，生产企业以电子调查的形式对国内外市场进行需求调查，即通过请消费者参与访问、抽样调查或专访等电子商务活动，得到市场需求中对拟开发商品提出的有关价格、性能、消费量、顾客群特点、优缺点等的预期信息。电子调查对生产企业来说，既可以发挥不受地域远近限制的特点，又可以提高获得国际市场资料的效率。更重要的是，电子调查比传统市场调查具有更好的信息记录、收集、归类和统计能力，不仅数据信息不容易丢失，而且调查效率也有很大的提高。

生产企业在得到有关被调查商品市场需求的初步资料后，需要进一步对这些资料进行分析。因此，企业要事先根据各自实际情况和需要确定分析关系，接受参数以及最终结果，设计好数理统计分析所用的程序，储存在计算机内。一旦获得有关数据资料进行分析时，直接调用此程序即可对其加以自动统计、分析了。凭借电子分析的结果，企业大致可以确定市场需求对所生产产品的反映，包括有利和不利因素及其原因，改进意见等有用信息，从而为下一步有针对性的设计和决策做好准备。由于电子分析改善了人工统计分析的不足，使统计分析在很大程度上不受规模、时间等因素的限制，也不会像人工处理那样因复杂性和重复性高而容易出错，故可以达到高速、准确的效果。

需求分析之后，生产企业开始进行生产材料的电子采购，生产企业在对电子订货单进行分析、确定决策后，完全可以利用在开展电子商务中所建立起来的供应商网络来进行。各供应商通过计算机网络把有关材料价格、质量和规格等完整的信息传递过来，企业从平衡成本和提高质量的目标出发，借助生产管理程序进行比较分析，筛选得出最优方案，向供应商发出定货单，实现材料采购。因此，从某种角度看，电子采购是一种被简化的电子商务活动，只是范围通常限于生产企业及其供应商之间。

最后，生产企业已得到了有关产品的电子订货单，即已经解决了生产什么，为谁生产的问题，接下来就需要利用电子工具管理生产活动，以解决如何生产的问题。由于库存的最优化管理是企业生产所面临的重要问题，所以结合库存管理利用电子决策来制定生产计划，以达到效率最高、成本最低的目的。通过快速查看有关库存情况，自动处理计划生产量及计算剩余库存量,制定出生产计划,并做出材料采购决策。与传统方式下企业需要预先准备足够多的存货不同,在电子商务方式下,企业可以最大限度地利用电子技术带来的巨大时间优势,大量缩减库存。这是因为企业在从接受订单、采购原材料到生产商品、发出商品的整个过程中,各个环节都大大缩短了所需时间,使消费需求能更快地得到满足,所以企业可以在一定程度上改变原来先生产,后接订单,再交换的模式,从而可以在满足消费需求的前提下,尽可能地降低存货量,从而实现降低存货成本,甚至达到零库存生产。

1.4.4 电子商务对企业管理的影响

企业是经济领域中最小也是最重要的组织,电子商务对经济活动的影响,最终还是反映到企业的经营管理上来。

1. 网状管理模式的产生和优势

以 Internet 为基础的电子商务给传统的企业组织形式带来了很大的冲击。它打破了传统职能部门通过分工与协作完成整个工作的过程,形成了并行工程的思想。在电子商务的构架里,除了市场部门和销售部门可以与客户打交道外,企业其他的职能部门也能够通过电子商务网络与客户频繁接触,从而改变了过去间接接触的状况。在电子商务的条件下,原有的工作单元间的界限被打破,所有的工作单元重新组合形成了一个直接为客户服务的工作组。这个工作组直接与市场接轨,以市场的最终效果衡量自己的生产流程的组织状况和各组织单元之间的协作。企业间的业务单元不再是封闭式的金字塔式层次结构,而是一种新型的相互沟通、相互学习的网状结构,这种结构打破了原来的业务单元之间的壁垒,业务单元之间广泛进行信息交流,共享信息资源,减少内部摩擦,提高工作效率。在这种信息管理模式下,电子商务主要具有两个特点:首先电子商务构造了企业的内部网、数据库,所有的业务单元可以很快地通过网络直接快捷地交流,管理人员之间沟通的机会大大增加,组织结构处于分布化和网络化结构,其次电子商务使得中间管理人员获得更多的直接信息,大大强化了他们在企业管理决策中的作用,从而实现了扁平化的组织结构。

2. 企业分权转换的优势

电子商务模式下的企业结构变革的特点即是由集权制向分权制的转换。电子商务的推行,使企业由过去高度集中的决策中心组织改变为分散的多中心决策组织。在传统组织结构下单一决策中心的许多缺点在多中心的组织模式下不再存在。企业的决策由跨部门、跨职能的多功能型的组织单元来制定,这种多组织单元共同参与、共担责任,并由共同利益驱动的决策过程使员工的参与感大大提高,充分发挥了员工的主观能动性,从而提高了整个企业的决策能力。

此外,在电子商务的模式下,企业的经营活动打破了时间和空间的限制,出现了一种新型企业——虚拟企业。这种虚拟企业打破了企业之间、产业之间、地域之间的一切界限,把现有的资源组合成为一种超越时空、利用电子手段传输信息的经营实体。虚拟企业的管理由原来的相互控制转向相互支持,由监视转向激励,由命令转向指导。

1.4.5 电子商务对企业竞争的影响

1. 电子商务改变企业的竞争方式

与传统的商业结构相比，现代信息技术使企业的竞争方式发生了变化。信息技术与管理相结合发展的本质是实现高效率、自动化的流程管理，以信息流动促进物质和能量的流动。总体来说，电子商务对企业的竞争方式的改变主要体现在：

（1）电子商务给消费者提供了更多的消费机会选择，并给了企业更多的开拓市场的机会，而且也提供了更加密切的信息交流场所，从而提高了企业把握市场和消费者需求的能力。

（2）电子商务促进了企业开发新产品和提供新型服务的能力。电子商务使企业决策者能及时地了解消费者的爱好、需求和购物习惯，从而促进了企业开发新产品的能力，缩短了企业开发新产品的周期。

（3）电子商务扩展了企业的竞争领域，使竞争从常规的广告、促销、产品设计与包装等扩大到无形的虚拟市场的竞争。

（4）电子商务消除了企业竞争的无形壁垒。主要表现在降低了中小型企业和新型企业进入市场的初始成本。

2. 电子商务改变企业的竞争基础

电子商务作为信息产业的一个模块，使企业的竞争基础也发生了改变。

（1）这种改变首先体现在信息化的程度上。电子商务是以信息为基础的，企业信息化程度的高低决定了企业的市场竞争力。信息化的程度越高，竞争力越强。美国硅谷的高科技企业在这一点上尤为突出。高技术含量、高技术人才、信息的高速处理与创新使它们的竞争力大大增强。未来企业对信息的处理、接纳能力的高低是企业竞争力高低的一种体现。电子商务改变了企业的生产、交易成本，使得产品的价格竞争异常激烈。通过网上交易，原材料的采购成本降低、中间渠道的缩短、广告促销费用的降低、管理成本的降低，都使企业的成本大大降低。

（2）由于网上客户的挑选余地较大，企业之间也开始了新的价格战。网上交易，除掉服务外，价格是最重要的一环。例如，如果亚马逊的图书价格较高，访问者有可能在阅读完亚马逊书店精彩的书评后，一走了之，去亚马逊的竞争对手那里购买图书。另外电子商务的开展，消除了时空限制，所以企业需要随时做好准备，为客户提供即时服务。企业有可能在凌晨 3 点接到客户的需求订单，所以，每星期 7 天，每天 24 小时的客户支持，是企业竞争力的另一种体现。

（3）电子商务也使企业规模的影响力发生了变化。只有两个人管理的在线书店与传统的两百人管理的书店没有什么区别，而且两个人管理的在线书店还可能给客户提供更多的图书信息。只要服务好，价格合适，没有哪位客户会在意公司的规模。

3. 电子商务改变企业的竞争形象

电子商务为企业提供了一种全面展示自己产品和服务的虚拟空间，制造良好的网络广告方案有利于提高企业的知名度和商业信誉，达到提高企业竞争形象的目的。据调查表明，能够提供品种齐全的产品、灵活的折扣条件、可靠的安全性能、友好的用户访问界面、完善的技术支持是一个网络公司取得竞争优势的成功奥秘。电子商务破除了时空的壁垒，使消费者很容易接近名牌、名店，使企业在采购其所需要的原材料和零部件时有更多的选择余地。因此，很可能出现"胜者通吃"的现象，即少数名牌厂商将拥有大部分的顾客资源。在电子商务时代，一个企业如果不改进自己的竞争形象，没有自己的特色，将很难生存与发展。

1.5 制约电子商务发展深层次的原因

电子商务尽管已经取得了很大的成绩，但还存在着一系列瓶颈，阻碍和限制了电子商务的飞速发展，这涉及到许多方面。

根据联合国贸易和发展会议（UNCTAD）发布的《2004年电子商务及其发展状况》的报告，在发展中国家，已有越来越多的企业开始使用国际互联网。但时至今日，他们的电子商务依然处在一个较低的水平。对于中小型企业而言，如果将互联网作为一种商业工具，将在很大程度上提高企业的生产力。但目前的状况是，这些企业因为安全、资金和技术等方面的原因而对此望而却步。统计结果显示，在加纳，2002年有85%的企业具备互联网接入条件，35%的企业拥有自己的网站，但只有16%的企业使用过电子商务。哥斯达黎加使用过电子商务的企业为59%，墨西哥为16%。联合国同时呼吁，发展中国家政府应该帮助企业克服上述困难，从而营造一个良好的电子商务氛围。

从2003年6月到2004年6月，全球网站数猛增26%，总数超过5160万个。从2003年4月到2004年4月，全球使用SSL协议（Secure Socket Layer，安全套接字层）以保障交易安全的网站数量猛增56.7%，达到30万个。报告认为，美国的电子商务正稳步发展。2004年第一季度，美国零售业网上销售额占零售总额的1.9%，比2001年翻了一番；从2003年第一季度到2004年第一季度，美国网上销售额增长了28.1%，远高于整个零售业同期8.8%的增长幅度。但就整体而言，中国电子商务仍处于初级发展阶段，交易额仅占国民生产总值的0.879%，规模仅为美国的0.23%，电子商务还没有进入寻常百姓生活，没有被大众普遍接受。那么，是什么原因制约了我国电子商务的进一步发展呢？

1.5.1 安全问题

安全问题是企业应用电子商务最担心的问题，而如何保障电子商务活动的安全，将一直是电子商务研究的核心内容。作为一个安全的电子商务系统，首先必须具有一个安全、可靠的通信网络，以保证交易信息安全、迅速地传递；其次必须保证数据库服务器绝对安全，防止黑客闯入网络盗取信息。目前，阻碍电子商务广泛应用的首要的也是最大的问题就是安全问题。从整体上看，电子商务的安全问题包括计算机网络安全和商务交易安全两大部分。计算机网络安全是指利用网络管理控制和技术措施，保证在一个网络环境里，信息数据的机密性、完整性及可使用性受到保护。对网络安全技术的研究，始于20世纪70年代中后期，由于出现了较严重的计算机犯罪和其他安全问题，才有少数国家开始研究和采取一些措施。所以，网络安全技术远远落后于网络应用技术的发展水平。2004 年，病毒、蠕虫和特洛伊木马等恶意程序共给全球造成了 1690 亿美元的经济损失。

借助网络实现商务交易对安全性的考虑就更多了，包括保证数据的保密性、完整性和不可否认性。因为 Internet 的诞生并不是出于商业的目的，而是为了能方便地共享计算机资源；Internet 的协议及源代码的开放与共享对于要借助它进行的电子商务活动造成了潜在的危害；一些安全技术措施，如防火墙、加密、数字签名、身份认证等技术，或多或少都存在缺陷，或者没有成熟的标准。因此电子商务安全的研究日趋重要。

1.5.2 法律制度问题

在贸易活动中难免会产生纠纷，而电子商务中的纠纷又有其独特性。Internet 是一个缺乏权威管理者的信息公路，它缺少统一的协作和管理，信息的跨地区和跨国界的传输又难以公证和仲裁，而如果没有一个成熟的、统一的法律系统进行仲裁，纠纷就不可能解决。

信息工业的发展史告诉我们，相关的法律制度的制定远远滞后于信息工业的发展。Internet 发展了这么多年，电子商务也开展了几年时间，可世界各国至今都没有有关 Internet 的完整的法律体系，在中国这一点尤为突出。2005 年 4 月 1 日我国首部真正意义上的信息化法律《电子签名法》正式施行。这部法律将建立良好的网络信用机制和高效的网上交易途径，对我国电子商务、电子政务的发展以及网络经济繁荣起到极其重要的促进作用。但是仅有一部《电子签名法》对于我国电子商务发展是远远不够的，目前一个迫切需要解决的问题是制定一系列相关的电子商务法律，以解决电子商务领域发生的各种纠纷，防止诈骗等案件的发生。另外，还要制定相关的电子支付制度、电子商务规约，以规范贸易的顺利进行，同时也要制定相关的进出口关税的法律制度。

1.5.3 标准问题

在信息化时代，企业依靠越来越多的管理信息系统实现运营。面对各种各样的系统交互，企业首先要解决的就是数据交换问题。20 世纪 60 年代，随着欧美大公司之间专用 EDI 系统的出现，按照各行业内部的 EDI 应用需要而制定的行业标准相继诞生，这促进了早期的电子商务的发展，例如，美国运输数据协调委员会（TDCC）在运输业所通用的电子报文格式标准。1989 年，UN/EDIFACT 标准的诞生进一步确立了 EDI 技术在简化国际贸易过程中所扮演的重要角色，这在全球掀起了"无纸贸易"的浪潮。1998 年诞生的可扩展标记语言（XML　Extended Makeup Language）为 EDI 提供了基于 Internet 的解决方案，它将商业规则从商业信息中分离出来，保留商业信息原有的结构和内容，在各应用系统间进行存储和处理。XML 的灵活性在为各企业制定信息交换规则提供便利的同时，也带来了企业间各种不同交换规则间相互转换的麻烦。有关公司、行业协会和国际标准化组织相继推出了各自的基于 XML 的电子商务标准框架。其中比较典型的标准规范有 OBI、IOTP、BizTalk、RosettaNet、cXML、xCBL 等，这些新兴的事实标准向传统标准发起了有力挑战。

1.5.4 隐私权的保护问题

对于消费者而言，网上交易对个人资料带来的潜在威胁是阻碍消费者上网购物的一个重要因素。其中，最主要的是经营者不合理地收集消费者个人资料。这主要是指经营者收集多于实际所需的资料或者将收集到的资料用于消费者未曾预料的用途。在实际世界中，没有一个商店会要求欲进店内浏览的顾客提供自己的个人信息，但几乎所有的网上经营者都要求消费者登记自己的个人资料，包括姓名、性别、电话、住址等，有些还要求提供身份证号码、收入状况等。

此外，现代科技的发展使消费者受到的侵害不仅仅限于其在网站上登记的个人资料。人们在网上的各种活动都在不知不觉之中被记录存储，通过对消费者在网络上访问网站、查看产品广告、购买产品等行为的跟踪，结合网络注册系统，商家就可以得出消费者的个人兴趣爱好，购物习惯等资料，就可以有的放矢地抢夺并挖掘客户，同时一些黑客也会把黑手伸进客户的账户。

1.5.5 企业信息化程度偏低

电子商务所要求的是相对均衡的运行环境，而不是一两个企业信息水平提高了就可以实现电子商务。它要求企业不仅仅是链接到 Internet 上，而是要求通过电子商务应用技术来整合企业前后台业务，统筹内外部资源，管理、优化并增值顾客、分销商、合作伙伴、核心企业到供应商所有的环节，实现供应链联盟业务协同、信息共享、管理集中，体现协同和多赢的商业目标，全面提升企业的核心竞争力与服务对象的满意度。如果企业信息化水平达不到所需的标准，就会出现一方有需求而另外一方无法响应的局面，虽然集合式电子平台可以为信息化水平低端的企业提供可供交易的界面，但它却因无法提供有效的后台支持，而更多的只是流于形式，无法实现真正的电子商务。

我国有 1000 多万个企业，上网企业尚属少数，开展网络营销、网上采购的更少，大部分中小企业及小部分大中型企业尚未上网开展电子商务，企业信息化水平低，企业尚未成为电子商务的主力。中国企业普遍存在着信息管理水平低、信息机构不健全、信息化建设投入不足与建设成本过高、经营管理中运用计算机网络不充分等问题。由此看来，多数企业信息化水平显然达不到标准，这已成为制约中国电子商务发展的主要因素。

1.5.6 支付问题

目前，电子商务交易的支付方式还显得很繁杂，直接在网上支付的只占极少数，企业间 BtoB 交易多采用信用证、传统的支票转账的方式进行支付，而个人在网上交易的支付方式有现汇、货到付款、网上支付等。由于支付形式的不统一，所以极大地影响了电子商务的交易效率，这与银行本身信息化程度不高有很大的关系，相关法规的不完善也是制约网上支付的关键因素。

中国的商业银行通过 Internet 提供网上支付还处在初级阶段，其覆盖面小，还远远不能适应网上商务支付的要求。据调查显示，通过网上直接支付的仅占国内电子商务总交易额的 17%左右,目前国内银行大多还只是提供一些基础性的支票、电话转账及信用证业务,网上主动支付业务能力有限,并且还仅仅是在一些大中城市中提供此类业务,这远远不能满足电子商务所需要的网上支付流程。虽然各大商业银行都在做相应努力与调整,但短期内很难突破这种局限性。很显然,这些都是急需改进的,一方面要加快银行的信息建设工作,另一方面就是要尽快完善网上交易的相关安全规范,只有真正地实现了电子支付,电子商务的优势才会显现出来。

1.5.7 物流对电子商务发展的制约

在电子商务中,除一些电子出版物,如软件、CD 等可以通过网络以电子方式送给购买者以外,绝大多数商品仍要通过传统方式完成从供应商到购买者的物流过程。物流是电子商务现实交易的载体,是实现高效率低成本优势的力量所在,也是电子商务的核心竞争力量。

(1)物流管理是保证企业生产经营持续进行的必要条件,企业的生产经营活动,表现为物质资料的流入、转化、流出过程,一旦某一环节不能及时获取所需物资,企业正常的经营活动秩序将被扰乱。

(2)物流管理决定着企业的销售情况与市场份额。企业能以何种价格提供多少品种和数量的物质产品,体现了企业满足消费者需要的能力,这一能力正是决定企业销售数量和市场占有率的关键所在。在电子商务交易中,所要求的不仅是局限在内部的物流管理分配上,对外部的协同配合有更高的要求,从而形成整体价值链的优化。

我国目前国内的物流状况与电子商务交易所需的配送服务要求还有很大的差距。由于缺乏专业的管理及运作经验,中国物流市场一直没有形成闭环式的网络链条,传统的邮政部门在某个层面上充当着这个角色,但是远远不能满足电子商务所要求的配送流程;另外小型配送公司实力小,运作不规范,多是各自为政又受到极大的地域限制,很难提供完整的服务请求。

1.5.8 人才短缺的制约

高级信息管理人才的短缺,制约着电子商务的发展。电子商务要求信息管理人员能够运用现代管理思想把信息技术与企业的营运组织有机地整合起来,并对电子商务的支持系统进行应用协调,其中包含企业资源计划(ERP Enterprise resource planning)、供应链管理(SCM Supply Chain Management)、客户关系管理(CRM Customer Relationship Management)、企业应用门户(EAP Enterprise Application Portal)等若干子系统,对企业价值链进行全面的优化,从而提高企业的总体管理水平、运营效益和服务质量。它涉及到企业采购、生产、营销、服务各个工作流程,加大这方面人才的培养已成为发展电子商务的先决因素。根据有关调查显示,80%的企业急需引进高级信息管理人才,以促进企业的电子商务规划、管理与建设,只有真正解决了人才制约的先决条件,电子商务才可能真正实现与传统产业的融合与升级。

1.5.9 社会商业信用缺乏

社会商业信用直接影响电子商务运行的效率。虽然中国逐步建立起信用制度管理网络平台，但由于各个部门分割管理，存在着信息疏漏和查询困难的弊病。鉴于当前的信用状况，一些企业为了保证财务的稳健已经基本取消了对客户的信用额度，还有一些企业则通过会员制对客户进行审核和考察，自己建立一套信用管理体系。商业信用的缺乏严重制约着中国电子商务的进一步发展。据有关部门统计，中国的信用结算使用很少，而现汇支付高达 80%；相反，发达国家的信用结算可达 90%，现汇支付只有 10%左右。

第 2 章　电子商务技术基础

从技术角度讲，电子商务是一种多技术学科的集成，技术是电子商务产生、发展的基础和前提。电子商务的实现技术主要有计算机技术、网络技术、金融信息处理技术等。本章简单介绍计算机网络、超文本语言和动态网站、数据库、结构化查询语言、数据仓库等技术。

2.1　计算机网络和互联网

2.1.1　计算机网络概述

1. 网络的概念

什么是计算机网络，不同的角度有不同的解释。目前比较公认的观点是：计算机网络是指将若干地理位置不同并具有独立功能的多个计算机，通过通信设备和传输线路连接起来，实现信息交换和资源共享的系统。在电子商务应用中，计算机网络作为基础设施，将分散在各地的计算机系统连接起来，使得计算机之间的通信在商务活动中发挥重要的作用。

建立计算机网络的主要目的是实现资源共享。也就是说，网络中的所有用户都可以有条件地利用网络中的全部或部分资源。网络资源主要包括以下几种：

（1）硬件资源。网络硬件是指构成的物质实体。网络硬件资源主要包括大型主机、大容量磁盘、光盘库、打印机、不间断电源系统、网络通信设备、通信线路和服务器硬件等。

（2）软件资源。软件是指控制和管理网络运行的程序系统以及在网络中装载和应用的各种计算机程序。网络软件资源主要包括网络操作系统、数据库管理系统、网络管理系统、应用软件、开发工具和服务器软件等。

（3）数据资源。数据是指网络中各种设备所存储的以及在网络中传输的各类信息，是用二进制码表示的，其外在表现形式为文字、数字、声音、图形、图像等。网络数据资源主要包括数据文件、数据库和光、磁盘所保存的各种数据。

2. 计算机网络的分类

计算机网络的分类方法很多，通常按照网络所覆盖的范围不同，将其分为局域网、城域网和广域网三类。

（1）局域网。局域网覆盖范围通常在数千米之内，传输速率在 10mbit/s～10000mbit/s 的范围内。局域网主要用来构建一个单位几乎独立的内部网络。例如校园网、企业网等。局域网通常属建设单位所有，单位拥有自主管理权，以共享网络资源为主要目的，其内部通信不受外界制约，而与外界交换信息则可能受到某种形式的管理。

（2）城域网。城域网的覆盖范围通常在几千米到几十千米之间，习惯上人们把一个城市范围内的计算机网络称为城域网。城域网主要指大型企业集团、因特网服务提供商、电信部门、有线电视台、市级政府专用网络和公用网络。

（3）广域网。广域网的覆盖范围很大，几个城市、一个国家、几个国家甚至全球都属于广域网的范畴。距离从几十千米到数万千米。广域网主要是指使用公用数据网络所组成的计算机网络，如我国的公用互联网、全国性行业网络等。

3. 网络协议

在计算机网络中，不同计算机之间的信息交换，必须按照通信双方预先共同约定好的规则进行，这些约定就是网络协议。网络协议主要是由以下几部分组成：

（1）语义：规定通信双方彼此"讲什么"，即确定协议元素的类型，包括用于协调同步、差错控制处理等控制信息。

（2）语法：规定了通信双方彼此"如何讲"，即确定协议元素的格式，如数据和控制信息的格式、编码等。

（3）同步关系：规定事件执行的顺序，即确定通信过程中的通信状态的变化，包括速度匹配、排序和介质访问控制等。

计算机网络是一个极其复杂的系统，为了简化设计，通常采用结构化设计方法，即在协议中划分层次，将计算机网络划分为若干功能模块，形成层次分明的网络体系结构。其中每一个层次都有相对独立的明确功能；每一层的功能都依靠它下一层提供的服务，又为它的上一层提供服务；相邻的两层之间通过接口进行通信；而每一层内部的处理对于其他任何层次则是未知的。

国际化标准组织在 1979 年提出了一个网络体系结构模型的国际标准，称为开放系统参考模型（OSI/RM），该模型将某个完整的计算机网络划分成七个层次，分别对它们定义功能和服务。

2.1.2 Internet 技术

1. Internet 的含义

Internet，音译为因特网、英特网，又名国际互联网、互联网。通常是指全球最大的、开放的、基于 TCP/IP 协议的，由众多网络相互连接而成的计算机网络。因此，因特网也可以说是网络之间的网，是全球计算机网络的互联系统。我们可以从网络互联、网络通信、网络资源、网络管理等不同的角度来认识它。

从网络互联的角度看，因特网可以说是成千上万个具有特殊功能的专用计算机通过各种通信线路，把分散在各地的网络在物理上连接起来。

从网络通信的角度看，因特网是一个用 TCP/IP 协议把各个国家、各个部门、各种机构的内部网络连接起来而形成的数据通信网。

从提供信息资源的角度看，因特网是将各个国家、各个部门、各个领域的不同信息资源连为一个整体的超级信息资源网。凡是接入因特网的用户，都可以通过各种信息查询工具访问所有的信息资源，查询各种信息库、数据库，获取所需的各种信息资源。

从网络管理的角度看，它是一个不受任何政府或某一个管理机构管理和约束的，而是用户互相协作的组织和集合体，从某种程度上讲，因特网是处于无政府状态之中，每一个接入因特网的用户都是自愿承担网络的管理和控制，自觉遵守网络道德标准，并且共同遵守 TCP/IP 协议的一切规定。

从信息服务的提供上看，现代因特网是能够提供广泛、多层次的，从文本信息到声音图像信息的综合信息网络。它为现代社会的信息交流提供了全新的空间和途径。

综上所述，因特网实际上是把全世界各个地方已有的各种不同类型和规模的网络，如各种计算机网络、数据通信网络以及电话交换网络等通过 TCP/IP 协议相互连接，组成一个全球性的综合信息网络。它包含着如下几个重要特征：

（1）连接的计算机众多，且覆盖全球；
（2）信息资源丰富，用户从中几乎可以获得任何需要的信息，而且多数是免费的；
（3）基于 TCP/IP 协议，使因特网具有灵活多样的入网方式，也使用户能很方便地进入；
（4）把网络技术、多媒体技术和超文本技术融为一体，体现了当代信息技术互相融合的发展趋势；
（5）信息安全问题是因特网的主要问题。

2. 因特网协议

在因特网上使用的协议包括很多种，如网间协议（IP）、用户数据报文协议（UDP）、传输控制协议（TCP）、点到点协议（PPP）、互联网控制报文协议（ICMP）、远程登录协议（Telnet Protocol）、文件传输协议（FTP）、简单邮件传输协议（SMTP）、域名系统（DNS）、超文本传输协议（HTTP）、超文本标记语言（HTML）、邮件存取协议（POP3）等。这其中，TCP 和 IP 是两个最重要的协议，它们共同组成了传输控制协议/网间协议（TCP/IP）。

TCP/IP 协议是指一整套数据通信协议，其名字是由这些协议中的两个协议组成的，即传输控制协议和网间协议。TCP/IP 协议的数据传输过程如下：

（1）由传输控制协议把数据分成若干数据包，每个包由以下几部分组成：标明了发信主机地址的包头，重新组合的数据信息以及数据包不被中断的信息，并给每个数据包写上序号，以便接收端把数据还原成原来的格式。

（2）网间协议给每个数据包写上发送主机和接收主机的地址，一旦写上源地址和目的地址，数据包就可以在物理网上传送数据了。网间协议确定每个包从发送者到接收者的路由。

（3）这些数据包可以通过不同的传输途径（路由）进行传输，由于路径不同，加上其他的原因，可能出现顺序颠倒、数据丢失、数据失真甚至重复的现象。这些问题都由传输控制协议来处理，它具有检查和处理错误的功能。

3. 因特网接入方式

让一台计算机连入因特网一般有两种方式：拨号方式和专线方式。

（1）拨号方式

一台计算机可通过一个调制解调器、标准电话线、拨号通信管理软件，通过因特网服务提供商（ISP）连接到地区网从而进入因特网主干网，享受互联网提供的各种服务。尽管调制解调器速度不断加快，已达到56Kbps，但由于电话线带宽的限制，网络通信速度仍显得很慢。因此，出现了新的拨号方式：

① 通过综合服务数字网（Integrated Services Digital Network，简称 ISDN）以 128Kbps 的速度连接到因特网服务提供商（ISP）；

② 通过电缆调制解调器（cable modem），以 10M 的速度通过有线电视网连接到因特网服务提供商（ISP）。这种方式对于普通用户来说，较为经济和方便，比较适合于个人、家庭及小型企业使用。

(2) 专线方式

专线方式是与因特网服务商，或连接因特网的局域网之间通过专线连通。所谓专线主要是指以下几种物理介质：

① 电话专线（或数字专线 DDN、模拟专线）；

② 电缆或双绞线；

③ 光纤；

④ 卫星通信设备等。

使用这种方式时，连入因特网的局域网或主机与因特网之间必须由路由器连接，所用的路由器必须支持 TCP/IP 协议。专线方式的优势在于网络的传输速度非常快，但是它需要一定的人员进行维护，而且还需要支付专线的费用。所以专线方式主要应用于一些大的机构、科研单位和大型企业。这些方案都是利用已有的电话线、电视线来"附带"传送数字信号，无论如何难以解决高速数据传送所需的带宽问题。当条件成熟时，最后的解决方案必然是光纤到户。光纤可以在作为数据线的同时，还将取代现在的电话线和电视线。关键的问题是需要计算机、电话、电视几个不同行业进行联手建设，并要研究出一般家庭能接受的廉价的光纤网接入设备。可以肯定的是，电话、电视也将走数字化之路，成为 IP 电话、IP 电视，像计算机数据一样统一在网上传送。各种因特网接入技术比较如表 2-1 所示。

表 2-1 各种因特网接入技术比较

技术种类	接入速率（bps）	主要优点	主要缺点	基础设施	费用
Modem	56K	成熟、标准化	速率太低，不能与电话并用	电话网	最低
ISDN	128K~144K	较成熟、标准化，可与电话并用	速率较低，不宜做长远方案	电话网	低
Cable Modem	2.46M~30M	下行速率很高，不用电话线，不需 ISP	不够成熟，标准化不够，用户增加，性能下降	有线电视网	较高
ADSL	1M~8M	速率高，用现有电话线，可与电话并用	已有一定标准	电话网	较高
低轨卫星	400K	覆盖范围广	上行速率低	空间卫星网	初始投入大

2.1.3 因特网的功能

因特网不同于传统的网络之处在于它提供了丰富的信息资源和最先进的信息交流手段，也提供了各种各样的服务方式。最常用的服务有电子邮件（E-mail）、文件传输（File Transfer Protocol，简称 FTP）、远程登录（Telnet）、电子公告板（BBS）和新闻组（Newsgroup）、在线交谈、信息检索（Information Retrieval）和万维网（World Wide Web，简称 WWW）等。

1. 电子邮件（E-mail）

电子邮件采用电子化的方式收发消息，是网上最基本，也是应用最早、使用最多的一种服务。使用电子邮件，条件是必须有电子邮件地址，它是由提供电子邮件服务的机构分配的，实质上是在该机构与因特网联网的计算机（电子邮件服务器）上为用户分配一个专门用于存放往来邮件的磁盘存储区域。通过电子邮件不仅可以发送文本文字，而且可以将图形、图像和声音等多媒体数据信息作为邮件的附件传送。电子邮件为人们提供了一种快速便捷、高效而经济的现代化通信手段。

2. 文件传输（FTP）

文件传输的功能是在因特网上的两台计算机之间进行文件的传输。它可以方便地将文件从一台计算机传递到另一台计算机上。我们通常所说的"从网上下载"或"Download"实际上就是使用的文件传输服务或者其他方式实现的服务（如 HTTP）。

FTP 能够传输 ASCII 文件或者二进制文件。目前有两种类型的 FTP，一种是普通的，另一种是匿名的。普通 FTP 服务需要获得对方 FTP 服务器的账号和口令，才能"下载"和"上传"文件。匿名的 FTP 不需要账号和口令，任何人都可以用"anonymous"作为账号（用户名），以自己的电子邮件地址作为口令或者空口令登录 FTP 服务器。

3. 远程登录

远程登录是在网络通信协议"Telnet"的支持下使自己的计算机暂时成为远程计算机仿真终端的过程。要实现远程登录，
（1）应成为远程计算机系统的合法用户并拥有相应的账号和口令；
（2）应给出远程计算机的域名或 IP 地址。

一旦登录成功，用户就可以与远程计算机交互，实时使用远程计算机对外开放的功能和资源，如执行各种命令、编制程序等等。

4. 电子公告板（BBS）和新闻组（Newsgroup）

电子公告板和新闻组都是在网络上进行信息交流和讨论的一种方式。BBS 允许用户将自己的作品放入 BBS 站点，供别人使用，也允许用户在 BBS 上发表自己的观点，对预定的讨论话题进行讨论。目前，BBS 一般用作网络论坛、电子会议等。新闻组是由有共同兴趣爱好的网络用户为了交换意见组成的一种无形的用户网络，它是按照不同的专题组织的。志趣相投的用户借助网络在一些被称为新闻服务器的计算机上展开各种类型的专题讨论。

新闻组允许用户自由参加，用户的计算机只要具备一种称为"新闻阅读器"的程序，就可以通过新闻服务器阅读和发送信息。

5. 在线交谈（即时通信）

在线交谈是因特网为用户提供的一种以计算机网络为媒介的实时对话服务。用户通过终端和键盘在网上可与世界各地的朋友进行交谈、互通信息、讨论问题、交流思想。目前有一对一交谈（Talk）和多用户交谈（Internet Relay Chat，简称 IRC）两种方式。

6. 信息检索

因特网又被称为"信息的海洋"，人们可以很方便地在其中查找和利用信息。为此，人们开发设计了一系列功能强大的网络信息自动存储和查询工具，这里主要介绍使用最广泛的四种。

（1）Archie 信息查询服务

Archie 信息查询服务是帮助用户寻找因特网上匿名 FTP 服务器上的文件和目录的一种服务。它周期性地连接世界各地的匿名 FTP 服务器，将这些服务器提供的可下载的文件名和路径收集在一起组成 Archie 数据库，并通过检索程序义务为因特网用户提供检索服务。Archie 信息查询服务提供 FTP 地址及其相关文件的查询路径，是一种目录服务。用户只要给出所需查找的文件类型及文件名，文件查询服务器（Archie Server）就会指出哪些 FTP 服务器存放着这样的文件。

（2）Gopher 信息查询服务

Gopher 是基于菜单驱动的因特网信息查询工具，它可以将用户的请求自动转换成 FTP 或远程登录命令，依据服务器的目录结构，在菜单的指引下，用户通过选取所需的信息资源，对因特网上的远程联机系统进行实时访问而不必知道所访问机器的地址。这对于不熟悉网络资源、网络地址和网络查询命令的用户是十分方便的。Gopher 可以访问 FTP 服务器，查询校园名址服务器，计算机中的电话号码，以及基于远程登录的信息查询服务。

（3）WAIS 广域信息服务

WAIS（Wide Area Information Servers）是供用户查询分布在因特网上种类数据库的一个通用软件，与 Gopher 服务器相似，它也用于标引、整理和检索散布在因特网上的信息资料。WAIS 服务器收集网上的文档，通过统计分析形成索引数据库。用户只要在 WAIS 服务器给出的数据库列表中用光标选取希望查询的所有记录，并根据查询词在每条记录中出现的频度进行评分，也可以进一步选择是否读取感兴趣的记录内容。

（4）搜索引擎

随着网络技术的发展，上面三种方式的搜索现在已经很少使用了。取而代之的是基于 WWW 技术的搜索引擎。互联网上的搜索程序不完全等同于普通的文件检索或者关键字匹配程序。按照信息搜集方法和服务提供方式的不同，搜索引擎系统可以分为三大类：

① 目录式搜索引擎：以人工方式或半自动方式搜集信息，由编辑员查看信息之后，人工形成信息摘要，并将信息置于事先确定的分类框架中。信息大多面向网站，提供目录浏览服务和直接检索服务。该类搜索引擎因为加入了人的智能，所以信息准确、导航质量高，缺点是需要人工介入、维护量大、信息量少、信息更新不及时。这类搜索引擎的代表是：

Yahoo、LookSmart、Open Directory、Go Guide 等。

② 元搜索引擎：这类搜索引擎没有自己的数据，而是将用户的查询请求同时向多个搜索引擎递交，将返回的结果进行重复排除、重新排序等处理后，作为自己的结果返回给用户。服务方式为面向网页的全文检索。这类搜索引擎的优点是返回结果的信息量更大、更全，缺点是不能够充分利用搜索引擎的功能，用户需要做更多的筛选。这类搜索引擎的代表是 WebCrawler、InfoMarket 等。

③ 机器人搜索引擎：由一个称为蜘蛛（Spider）的机器人程序以某种策略自动地在互联网中搜集和发现信息，由索引器为搜集到的信息建立索引，再根据用户的查询输入检索索引库，并将查询结果返回给用户。服务方式是面向网页的全文检索服务。该类搜索引擎的优点是信息量大、更新及时、毋需人工干预，缺点是返回信息过多，有很多无关信息，用户必须从结果中进行筛选。这类搜索引擎的代表是 Google、百度等。如国内的"百度"搜索引擎由四部分组成：蜘蛛程序、监控程序、索引数据库和检索程序。门户网站只需将用户查询内容和一些相关参数传递到百度搜索引擎服务器上，后台程序就会自动工作并将最终结果返回给网站。

百度搜索引擎使用了高性能的"网络蜘蛛"程序自动地在互联网中搜索信息，可定制、扩展性强的调度算法使得搜索器能在极短的时间内收集到最大数量的互联网信息。百度在中国各地和美国均设有服务器，搜索范围涵盖了中国大陆、香港、台湾、澳门、新加坡等华语地区以及北美、欧洲的部分站点。百度搜索引擎拥有目前世界上最大的中文信息库，总量达到 1 亿 2 千万页以上，并且还在以每天几十万页的速度快速增长。

7. WWW 信息服务

WWW（World Wide Web，也称为 Web）译为"万维网"，是一种基于超级文本的多媒体信息查询工具。Web 服务是通过将位于全球因特网上不同地区的相关信息有机地编辑在一起，通过浏览器提供一种友好的查询界面；用户只需使用鼠标，选择超文本或输入搜索关键字，WWW 就会按照信息链提供的线索，为用户寻找所需的信息。另外，WWW 仍可提供传统的因特网服务：Telnet、FTP、Gopher、New、E-mail 等。通过浏览器，一个不熟悉网络的用户可以很快成为使用因特网查询信息的行家。

2.1.4 Intranet 和 Extranet

1. Intranet 和 Extranet 的联系与区别

Intranet/Extranet 是英文"Intra/Extra-company network"的缩写，其原意是用于组织内部或外部的因特网。Intranet 是将因特网技术应用于组织内部的信息管理和信息交换平台，它基于因特网的网络协议、技术和设备来构造成可提供信息服务以及数据库访问等其他服务的企业内部网。用户使用浏览器进行操作，完成数据处理和企业管理的各项功能。Extranet 是将因特网技术应用于组织外部的信息管理和对外信息交换的平台，通常多用于企业对外宣传、介绍、产品广告或供求信息的发布过程，它是企业与其客户和其他企业相联完成其共同目标和交互合作的网络。

由此可见，它们都是因特网的具体应用，都是基于 TCP/IP 通信协议和 WWW 技术规范，通过简单的浏览界面，方便地集成各类系统，如电子邮件传输、电子公告牌和新闻、数据库查询、文献检索等等。它们是一个开放、分布、动态的双向多媒体信息交换环境，是对现有网络平台、应用技术和信息资源的重组和集成。

Intranet 与 Extranet 的区别并不是网络覆盖范围的大小。因为在一些大的跨国集团内部，其分组织和成员可能遍布世界各地，这样 Intranet 的范围也就是世界性的了。所以 Intranet 与 Extranet 无所谓大小之分。它们的主要区别是在对应用对象的限制上。Intranet 仅限于组织内部成员的开放互联、资源共享，从而达到改善组织内部信息服务，增强各部门之间信息交流与合作，提高企业整体效益。而 Extranet 对组织的主要作用是加强对外联系，提供社会化的信息服务，宣传企业形象及产品等，是网络营销的技术基础。因此，从这个意义上来说，Intranet 就是企业利用因特网技术所建立的组织内部信息系统；Extranet 就是企业在其上建立的一扇信息窗口。而这内外两者之间的界线是通过人为的对网络上某些信息和功能设置一道屏障（俗称防火墙，Firewall）来实现的。

2. Intranet/Extranet 的技术特点

作为信息系统在组织中的应用分支，Intranet/Extranet 具有如下技术特点：
（1）基于 ICP/IP 协议和 WWW 规范，在技术上同源；
（2）主要功能是加强组织内/外信息通信，共享资源，协同信息处理能力；
（3）双向、全面，而且是不分地域，不限时间的信息沟通；
（4）对内可全面支持组织的经营管理决策和日常办公事务处理工作，对外可成为组织信息发布和产品宣传及营销策略的工具。

2.1.5 网络操作系统简介

1. 简介

网络操作系统（NOS，Network Operating System）是网络的心脏和灵魂，是向网络计算机提供服务的特殊的操作系统，它在计算机操作系统下工作，使计算机操作系统增加了网络操作所需要的能力。网络操作系统运行在被称为服务器的计算机上，并由连网的计算机用户共享，这类用户称为客户。

网络操作系统与运行在工作站上的单用户操作系统或多用户操作系统由于提供的服务类型不同而有差别。一般情况下，网络操作系统是以使网络相关特性最佳为目的的。如共享数据文件、软件应用以及共享硬盘、打印机、调制解调器、扫描仪和传真机等。一般计算机的操作系统，如 DOS 和 OS/2 等，其目的是让用户与系统及在此操作系统上运行的各种应用程序之间的交互作用达到最佳。

为防止一次由一个以上的用户对文件进行访问，一般网络操作系统都具有文件加锁功能。如果没有这种功能，将不会正常工作。文件加锁功能可跟踪使用中的每个文件，并确保一次只能一个用户对其进行编辑。文件也可由用户的口令加锁，以维持专用文件的专用性。

网络操作系统还负责管理网络用户和网络打印机之间的连接。网络操作系统严密跟踪每一个可供使用的打印机以及每个用户的打印请求等，并对如何满足这些请求进行管理，使每个发送请求的用户操作系统感到所使用的打印机犹如与其计算机直接相连。

网络操作系统还对每个网络设备之间的通信进行管理，这是通过网络操作系统中的媒体访问控制方法来实现的。计算机网络中的任何组成部分都有通信自由的权力，但行使这个权力的时候必须遵循网络操作系统的审查和控制。

不同于独立的计算机系统，连接到网络中的计算机系统的安全要进行必要的保护，而网络操作系统的各种安全特性可用来管理每个用户的访问权利，确保数据的安全保密。

因此，网络操作系统从根本上说就是一种管理机制和管理行为的执行机构，用来管理连接、资源和通信量的流向等，在提供功能以及保证秩序的同时，又对这些功能的使用者进行保护和约束。

2．网络操作系统的种类

网络操作系统是整个网络的核心，也是整个网络服务和管理的基础。目前局域网中主要存在以下几类网络操作系统：

（1）Windows 类。这类操作系统是由全球最大的软件开发商——Microsoft 公司开发的。不仅在个人操作系统中占有绝对优势，也是最常见的网络操作系统。但由于它对服务器的硬件要求较高，且稳定性能不是很高，所以微软的网络操作系统一般只是用在中低档服务器中，高档服务器通常采用 Unix、Linux 或 Solaris 等非 Windows 操作系统。在局域网中，微软的网络操作系统主要有：Windows NT 4.0 Server、Windows 2000 Server/Advance Server，以及最新的 Windows 2003 Server/Advance Server 等，工作站系统可以采用任一 Windows 或非 Windows 操作系统，包括个人操作系统，如 Windows 9x/ME/XP 等。

（2）NetWare 类。目前这种操作系统的市场占有率呈下降趋势。但仍以对网络硬件的要求较低而受到一些设备比较落后的中、小型企业，特别是学校的青睐。且因为它兼容 DOS 命令，其应用环境与 DOS 相似，经过长时间的发展，具有相当丰富的应用软件支持，技术完善、可靠。目前常用的版本有 3.11、3.12、4.10、V4.11、V5.0 等中英文版本，NetWare 服务器对无盘站和游戏的支持较好，常用于教学网站和游戏厅。

（3）Unix 系统。目前常用的 Unix 系统版本主要有：Unix SUR4.0、HP-UX 11.0、SUN 的 Solaris8.0 等。支持网络文件系统服务，提供数据等应用，功能强大，由 AT&T 和 SCO 公司推出。这种网络操作系统的稳定和安全性能非常好，但由于它多数是以命令方式来进行操作的，不容易掌握，特别是初级用户。正因如此，小型局域网基本不使用 Unix 作为网络操作系统，Unix 一般用于大型的网站或大型的企、事业局域网中。

（4）Linux。这是一种新型的网络操作系统，它的最大的特点就是源代码开放，可以免费得到许多应用程序。目前也有中文版本的 Linux，在国内得到了用户充分的肯定，主要体现在它的安全性和稳定性方面，它与 Unix 有许多类似之处。但目前这类操作系统仍主要应用于中、高档服务器中。

以上介绍的几种网络操作系统都是完全可以实现互联的，也就是说在一个局域网中完全可以同时存在以上几种类型的网络操作系统。实际上在全世界互联的网络中这些不同的操作系统是并存的。

3、网络的工作模式

网络的工作模式是根据网络中各计算机的位置来决定的。目前网络中主要存在着两种工作模式，分别是客户/服务器和点对点通信模式。

（1）客户/服务器模式（C/S）。这是一种基于服务器的网络，在这种模式中，其中一台或几台较大的计算机集中进行共享数据库的管理和存取，称为服务器；而将其他的应用处理工作分散到网络中其他微机上去做，构成分布式的处理系统，服务器控制管理数据的能力已由文件管理方式上升为数据库管理方式，因此，C/S 网络模式的服务器也称为数据库服务器。这类网络模式主要注重于数据定义、存取安全、备份及还原、并发控制及事务管理，执行诸如选择检索和索引排序等数据库管理功能。它有足够的能力做到把通过其处理后用户所需的那一部分数据而不是整个文件通过网络传送到客户机去，减轻了网络的传输负荷。

（2）对等式网络（Peer-to-Peer）。在拓扑结构上与专用服务器的 C/S 不同，在对等式网络结构中，没有专用服务器。在这种网络模式中，每一个工作站既可以是客户机也可以是服务器。有许多网络操作系统可应用于点对点网络，如微软的 Windows for Workgroups、Windows NT WorkStation、Windows 9X 和 Novell Lite 等。

点对点对等式网络有许多优点，如它比上面所介绍的 C/S 网络模式造价低，允许数据库和处理机分布在一个很大的范围里，还允许动态地安排其他需求。当然它的缺点也是非常明显的，那就是提供较少的服务功能，并且难以确定文件的位置，使得整个网络难以管理。

2.2 超文本标记语言 Html 和动态网页

2.2.1 HTML 简介

HTML（超文本标记语言：Hyper Text Markup Language），是一种专门用于网络浏览器使用，用特定标识符描述文档的语言，专门用于编写网页。其主要语法是元素和标签。组成 HTML 文件的元素有许多种，绝大多数元素是"容器"，有起始标记和结尾标记。元素的起始标记叫做起始链接签，元素结束标记叫做结尾链接签。HTML 用标签来规定元素的属性和它在文档中的位置。标签是 HTML 中的主要语法，分单独标签和成对标签两种。成对标签用于界定元素的范围。大多数标签是成对出现的，由首标签和尾标签组成。例如：<title>和</title>是一对标签，用来界定标题的范围。<title>是首标签，</title>是尾标签。单独标签的作用是在相应位置插入元素。如：
标签表示在该标签所在的位置插入一个换行符。

现在，很多著名的软件公司都发明了专门用来生成超文本文档的工具软件，利用这些工具软件，能更有效率地制作出优秀的网页。这些工具软件使得用户不需要掌握太多的有关超文本语言的知识就可以动手书写自己的网页。目前使用最多的是 Micromedia 公司的 Dreamweaver 和 Microsoft 公司的 Frontpage。

2.2.2 动态网站技术

目前呈几何增长的互联网网站中,有相当一部分仍固守"静态",无形中已大大落后于时代的步伐。所谓"静态"指的就是网站的网页内容"固定不变",当用户浏览器通过互联网的 HTTP 协议向 Web 服务器请求提供网页内容时,服务器仅仅是将原已设计好的静态 HTML 文档传送给用户浏览器。其页面的内容使用的仅仅是标准的 HTML 代码,最多再加上流行的 GIF89A 格式的图片来增加动画效果。若网站维护者要更新网页的内容,就必须人工来更新其所有的 HTML 文档,从而增加了维护工作的难度。

而真正的动态网站应具备以下几个特点:

(1)交互性,即网页会根据用户的要求和选择而动态改变和响应,这将是今后 Web 发展的大势所趋;

(2)自动更新,即由程序自动生成新的页面,可以大大节省工作量;

(3)因时因人而异,即当不同的时间、不同的人访问同一网址时会产生不同的页面。

将网站动态化的方法很多,下面仅对 DHTML 技术和三种动态网页编程语言做简单的介绍。

1. DHTML

DHTML 就是当网页从 Web 服务器下载时无须再经过服务器的处理,而在浏览器中直接动态地更新网页的内容、排版样式、动画。比如,当鼠标移至文章段落中,段落能够变成蓝色,或者当你点击一个超链接后会自动生成一个下拉式的子超链接目录。它是近年来网络飞速发展进程中最振奋人心也是最具实用性的创新之一。DHTML 所使用的技术包括 JavaScript,VBScript,Document Object Model(文件目标模块),Layers 和 Cascading Style Sheets(CSS 样式表)等。但目前仍没有一个对 DHTML 支持的统一标准。

2. 常用的三种动态网页语言

目前,最常用的三种动态网页语言有 ASP(Active Server Pages)、JSP(Java Server Pages)、PHP(Hypertext Preprocessor)。

(1)ASP。使用 VBScript、JavaScript 等简单易懂的脚本语言,结合 HTML 代码,即可快速地完成网站的应用程序。它无须编译,容易编写,可在服务器端直接执行;使用普通的文本编辑器,如 Windows 的记事本,即可进行编辑设计;ASP 所使用的脚本语言均在 Web 服务器端执行,与浏览器无关,用户端只要使用可执行 HTML 码的浏览器,即可浏览 ASP 所设计的网页内容。

(2)PHP。PHP 可以编译能够与许多数据库相连接的函数。还可以编写外围的函数去间接存取数据库,通过这样的途径当更换使用的数据库时,可以轻松地更改编码以适应这样的变化。另外,PHP 还提供了类和对象,对基于 Web 的编程工作提供了非常强大的面向对象的编程能力。

(3)JSP。将内容的生成和显示进行分离。使用 JSP 技术,Web 页面开发人员可以使用 HTML 或者 XML 标识来设计和格式化最终页面,使用 JSP 标识或者小脚本来生成页面上的动态内容。生成内容的逻辑被封装在标识和 JavaBeans 组件里,并且捆绑在小脚本中,所有的脚本在服务器端运行。在服务器端，JSP 引擎解释 JSP 标识和小脚本，生成所请求的内容，并且将结果以 HTML（或者 XML）页面的形式发送回浏览器。这有助于作者保护自己的代码，而又保证任何基于 HTML 的 Web 浏览器的完全可用性。作为 Java 平台的一部分，JSP 拥有 Java 编程语言"一次编写，各处运行"的特点。

3. 三种技术的比较

（1）应用范围

ASP 是 Microsoft 开发的动态网页语言，也继承了微软产品的一贯传统，只能运行于微软的服务器产品 IIS 和 PWS 上。Unix 下也有 ChiliSoft 的插件来支持 ASP，但是 ASP 本身的功能有限，必须通过 ASP+COM 的组合来扩充，Unix 下的 COM 实现起来非常困难。

PHP3 可在 Windows、Unix、Linux 的 Web 服务器上正常运行，还支持 IIS、Apache 等通用 Web 服务器，用户更换平台时，无需变换 PHP3 代码便可以使用。

JSP 同 PHP3 类似，几乎可以运行于所有平台。如 Windows NT、Linux 和 Unix。NT 下 IIS 通过一个插件，例如 JRUN 或者 ServletExec，就能支持 JSP。著名的 Web 服务器 Apache 也已经能够支持 JSP。由于 Apache 广泛应用在 Windows NT、Unix 和 Linux 上，因此 JSP 有更广泛的运行平台。虽然现在 Windows NT 操作系统占了很大的市场份额，但是在服务器方面 Unix 的优势仍然很大，而新崛起的 Linux 更是来势不小。从一个平台移植到另外一个平台，JSP 和 JavaBean 甚至不用重新编译。

（2）性能比较

有人做过试验，对这三种语言分别做循环性能测试及存取 Oracle 数据库测试。

在循环性能测试中，JSP 只用了令人吃惊的 4 秒钟就结束了 20000×20000 的循环。而 ASP、PHP 测试的是 2000×2000 循环，却分别用了 63 秒和 84 秒。

数据库测试中，三者分别对 Oracle 8 进行 1000 次 Insert、Update、Select 和 Delete：JSP 需要 13 秒，PHP 需要 69 秒，ASP 则需要 73 秒。

（3）前景分析

目前在国内 PHP 与 ASP 应用最为广泛。而 JSP 由于是一种较新的技术，国内采用得较少。但在国外已经比较流行，尤其是电子商务类的网站，多采用 JSP。

国内采用 PHP 的网站有新浪网（Sina）、中国人（Chinaren）等，但由于 PHP 本身存在的一些缺点，使得它不适合应用于大型电子商务站点，而更适合一些小型的商业站点。

首先，PHP 缺乏规模支持。其次，缺乏多层结构支持。对于大负荷站点，解决方法只有一个：分布计算。数据库、应用逻辑层、表示逻辑层彼此分开，而且同层也可以根据流量分开，组成二维阵列。而 PHP 则缺乏这种支持。另外，PHP 提供的数据库接口支持不统一，这就使得它不适合运用在电子商务中。

ASP 和 JSP 则没有以上缺陷，ASP 可以通过 Microsoft Windows 的 COM/DCOM 获得 ActiveX 规模支持，通过 DCOM 和 Transcation Server 获得结构支持；JSP 可以通过 SUN Java 的 Java Class 和 EJB 获得规模支持，通过 EJB/CORBA 以及众多厂商的 Application Server 获得结构支持。

三者中，JSP 应该是未来发展的趋势。世界上一些大的电子商务解决方案提供商都采用 JSP/Servlet。比较出名的如 IBM 的 E-Business，它的核心就是采用 JSP/Servlet 的

WebSphere。

2.3 数据库与结构化查询语言

2.3.1 数据库

1. 概念

什么是数据库呢？当人们从不同的角度来描述这一概念时就有不同的定义。例如，称数据库是一个"记录保存系统"；又如称数据库是"人们为解决特定的任务，以一定的组织方式存储在一起的相关的数据的集合"；更有甚者称数据库是"一个数据仓库"，当然，这种说法虽然形象，但并不严谨。严格地说，数据库是"按照数据结构来组织、存储和管理数据的仓库"。在经济管理的日常工作中，常常需要把某些相关的数据放进这样"仓库"，并根据管理的需要进行相应的处理。有了这个"数据仓库"，我们就可以根据需要随时查询包含在数据库中的信息了。这些工作如果都能在计算机上自动进行，就可以极大地提高人们的工作效率。

J.Martin 给数据库下了一个比较完整的定义：

（1）数据库是存储在一起的相关数据的集合，这些数据是结构化的，无有害的或不必要的冗余，并为多种应用服务；

（2）数据的存储独立于使用它的程序；

（3）对数据库插入新数据，修改和检索原有数据均能按一种公用的和可控制的方式进行。当某个系统中存在结构上完全分开的若干个数据库时，则该系统包含一个"数据库集合"。

使用数据库可以带来许多好处：

（1）如减少了数据的冗余度，从而大大地节省了数据的存储空间；

（2）实现数据资源的充分共享等等。

此外，数据库技术还为用户提供了非常简便的使用手段，使用户易于编写有关数据库应用程序。

2. 网络数据库

数据库技术目前是计算机处理与存储数据的最有效、最成功的技术，而计算机网络的特点则是资源共享。"数据+资源共享"这两种技术结合在一起即成为在今天广泛应用的网络数据库。

网络数据库就是以后台数据库为基础，加上一定的前台程序，通过浏览器完成数据存储、查询等操作的系统。简单地说，一个网络数据库就是用户利用浏览器作为输入接口，输入所需要的数据，浏览器将这些数据传送给网站，而网站再对这些数据进行处理，例如，将数据存入数据库，或者对数据库进行查询操作等，最后网站将操作结果传回给浏览器，通过浏览器将结果告知用户。

网络数据库可以实现方便廉价的资源共享,数据信息是资源的主体,因而网络数据库技术自然而然地成为了互联网的核心技术。

2.3.2 结构化查询语言 SQL

1. SQL 简介

SQL（Structured Query Language,结构查询语言）是一个功能强大的数据库语言。ANSI（美国国家标准学会）声称,SQL 是关系数据库管理系统的标准语言。SQL 语句通常用于完成一些数据库的操作任务,比如在数据库中更新数据,或者从数据库中检索数据。但是,不像其他的语言,如 C、Pascal 等,SQL 没有循环结构以及函数定义等功能,而且 SQL 只有一个数据类型的固定设置,即不能创建自己的数据类型,而这只能在使用其他编程语言的时候才能做到。

2. 基本 SQL 语法

SQL 功能强大,但是概括起来,可以分为以下三个方面：
（1）DML（Data Manipulation Language,数据操作语言）。用于检索、添加、修改或删除数据；
（2）DDL（Data Definition Language,数据定义语言）。用于定义数据的结构,比如创建、修改或者删除数据库；
（3）DCL（Data Control Language,数据控制语言）。用于定义数据库用户的权限。

2.3.3 数据仓库与数据挖掘

电子商务的运营过程中,将会有大量的电子数据产生。这些数据包括产品目录、顾客信息、交易信息、供应商与售后服务有关的数据。数据的表现形式也是多样化的,既有文本数据与字符数据,又有数值型数据和图形数据。这些数据不但能对企业的信息流和整个交易过程进行有效的控制,而且也将在分析交易行为、了解顾客、了解供应商、了解自身的优劣势,以及进行各种决策,发现企业中的隐患等多方面发挥重要的作用。

1. 数据仓库技术

数据仓库不是简单的数据库产品,而是一种解决方案。它是对原始的操作数据进行各种处理并转换成有用信息的处理过程,用户可以通过分析这些信息做出策略性的决策。W.H.Inmon 对数据库的定义是：支持管理决策过程的、面向主体的、集成的、随时间变化的、但信息本身相对稳定的数据集合。

从数据仓库的定义中,我们不难看出数据仓库有如下主要特征：
（1）主题与面向主题。主题是一个抽象的概念,是指用户使用数据仓库辅助决策时所关心的问题,每一个主题对应一个客观分析领域,如成本、销售、利润等。所谓"面向主题"是指数据仓库中的信息按主题组织的,能完整、统一地刻画各个分析对象所涉及的企业的各项数据,以及数据间的关联关系。主题之间的重叠是逻辑的重叠,而不是同一数据内容的重复物理存储，并且重叠仅是细节级上的重叠。面向主题的数据组织可以独立于数据的处理逻辑，因而可以在这种数据环境上方便地进行新的开发。

（2）数据的集成性。集成性是指数据仓库的数据是从原有的分散的数据库中经过分析抽取出来的，不是业务数据的简单拼凑与汇总。在数据进入数据仓库之前，必然要经过统一与综合，这一步是数据仓库建设中最关键、最复杂的一步，要统一源数据中所有矛盾之处，如字段的同名异义、单位不统一、字段不一致等，还要进行数据综合的计算。

（3）数据是随时间不断变化的。数据仓库中存储的是一个时间段的数据，而不仅仅是某一时刻的数据。可变性主要体现在三个方面：

① 数据仓库随时间变化不断增加新的内容；

② 数据仓库中包含有大量的综合数据，这些综合数据中有很多跟时间有关，比如数据经常按照时间段进行综合，或隔一定的时间段进行抽样等。

③ 这些数据要随时间的不断变化进行重新综合。

（4）数据的相对稳定性。稳定性是指数据一旦进入数据仓库将长期保留，很少变更。数据仓库的数据主要供企业决策分析之用，所涉及的数据操作主要是数据查询，一般情况下并不进行修改。数据仓库的数据反映的是在相当长的一段时间内的历史数据，是数据仓库中重要数据的集合，以及基于这些重要数据进行统计、综合和重组而导出的数据，而不是联机处理的数据。因为数据仓库只进行数据查询操作，而且查询的数据量往往很大，所以就对数据查询提出了更高的要求，要求采用各种复杂的索引技术。

数据仓库组织和管理数据的方法和普通数据库不同，主要体现在三个方面：

① 数据仓库是多维的，即数据仓库的数据组织是多层次的；

② 数据仓库支持决策处理，不同于普通的事务处理；

③ 数据仓库中的数据来源于普通数据库，但数据是依据决策要求精选的，并经过一定的处理。

数据仓库中还有一部分重要数据是元数据。元数据是"关于数据的数据"。在数据仓库环境中，主要有两种元数据：

① 从操作型环境向数据仓库环境转换而建立的数据；

② 在数据仓库中是用来和终端用户的多维商业模型/前端工具建立映射。

2. 数据挖掘技术

数据挖掘的基本思想是从数据中抽取有价值的信息，其目的是帮助决策者寻找数据间潜在的关联，发现被忽略的要素，而这些信息对预测趋势和决策行为也许是十分有用的。

从决策支持的角度看，数据挖掘是一种决策支持的过程，主要基于人工智能、机器学习、数据库技术等多种技术，能高度自动地分析企业原有的数据，进行归纳推理，从中挖掘出潜在的模式，预测客户行为，帮助决策者调整市场决策，从而减少风险，辅助做出正确决策。

从数据库的角度，数据挖掘就是从数据集中识别出有效的、新颖的、潜在有用的以及最终可理解的信息的高级处理过程。从定义中可以看出，数据挖掘是一个高级的处理过程，它从数据集中识别出用模式表示的知识。高级的处理过程是指一个多步骤的处理过程，多步骤之间相互影响、反复影响，形成一种螺旋式上升过程。

数据挖掘的模式有很多种，按功能可分为两大类：预测型模式和描述型模式。预测型模式是可以根据数据项的值精确确定某种结果的模式。挖掘预测型模式所使用的数据也都是可以明确知道结果的。例如，根据各种动物的资料，可以建立这样的模式：凡是胎生的动物都是哺乳类动物。当有新的动物资料时，就可以根据这个模型判断此动物是否是哺乳动物。描述型模式是对数据中存在的规则做一种描述，或者根据数据的相似性把数据分组。描述型模式不能直接用于预测。例如，在地球上，70%的表面被水覆盖，30%是陆地。在实际应用中，往往根据模式的实际作用细分为以下六种：

（1）分类模式。分类模式是一个分类函数（分类器），它能够把集中的数据映射到某个给定的类上。分类模式往往表现为一棵分类树，根据数据从树根开始搜索，沿着数据满足的分支往上走，走到树叶就能确定类别。

（2）回归模式。回归模式的函数定义与分类模式相似，它们的差别在于分类模式的预测值只是离散的，而回归模式的预测值是连续的。比如给出客户的特征，可以用分类模式判定这个客户是给企业带来效益的客户，还是给企业带来隐患的客户。

（3）时间序列模式。时间序列模式根据数据随时间变化的趋势预测将来的值。这里要考虑时间的特殊性质，像一些周期性的时间定义，如星期、月、季节、年等；不同的日子如节假日可能造成的影响；日期本身的计算方法；还有一些需要特殊考虑的地方，如时间前后的相关性等。只有充分考虑时间因素，利用现有数据随时间变化的一系列的值，才能更好地预测将来的值。

（4）聚类模式。聚类模式把数据划分到不同的组中，组之间的差别尽可能大，组内的差别尽可能小。与分类模式不同，进行聚类前并不知道将要划分成几个组和什么样的组，也不知道根据哪个数据项来定义组。一般来说，业务知识丰富的人应该可以理解这些组的含义，如果产生的模式无法理解或不可用，则该模式可能是无意义的，需要回到前一阶段重新组织数据。

（5）关联模式。关联模式是数据项之间的关联规则。例如，"在无力偿还贷款的人当中，60%的人的月收入在3000元以下"就是一种关联规则。

（6）序列模式。序列模式与关联模式相仿，但它把数据之间的关联性与时间联系起来。为了发现序列模式，不仅需要知道数据是否发生，而且需要确定数据发生的时间。例如，在购买彩电的人中，60%的人会在未来的三个月内购买影碟机。

在解决实际问题时，经常要同时使用多种模式。分类模式和回归模式是使用最普遍的模式。分类模式、回归模式、时间序列模式也被认为是受监督模式，因为在建立模式前数据的结果是已知的，可以直接用来检测模式的准确性，模式的产生是在受监督的情况下进行的。一般在建立这些模式时，使用一部分数据作为样本，用另一部分数据来检验、校正模式。聚类模式、关联模式、序列模式则是非监督模式，因为在模式建立前结果是未知的，模式的产生不受任何监督。

在数据挖掘技术日益发展的同时，许多数据挖掘的商业软件工具也逐渐问世。数据挖掘工具主要有两类：特定领域的数据挖掘工具和通用的数据挖掘工具。特定领域的数据挖掘工具针对某个特定领域的问题提供解决方案。在设计算法的时候充分考虑到数据、需求的特殊性，并作了优化。在任何领域，都可以开发特定的数据挖掘工具。

IBM 公司的 DB2 Intelligent Miner for Data 就是为企业电子商务系统开发的数据挖掘工

具。它采用成熟的并行挖掘技术为数据挖掘提供了单一的结构。该工具提供了对客户行为以及其他商业活动的洞察力,这样就可以用来提高销售量和更好地满足客户的需求。DB2 Intelligent Miner Scoring 主要进行实时数据挖掘分析,允许各公司通过从主要客户、供应商以及职员信息中获取数据挖掘智能,来更快地做出决定以及加强与客户的联系。

3. 数据仓库技术与数据挖掘技术的关系

建立数据仓库的目的是能够按主题存放海量数据,从大量数据中寻找有用信息。数据仓库是有效进行数据挖掘的基础。

数据仓库与数据挖掘有自然的联系。数据挖掘在数据中寻找有积极意义的形式并对数据的正确性和集成性有严格的要求。一个数据挖掘的尝试过程包括发现、获得、整理数据的努力。当有一个与之相关的设计好的数据仓库时,这个数据仓库可以提供必要的数据。

更为理想的是,如果数据仓库的设计中包含对数据挖掘的支持,那么这个数据仓库就会促进数据挖掘的进行。数据挖掘可以将原本呆板的数据转换成有实际意义的信息,这就实现了很多数据仓库化所要实现的功能。

4. 数据仓库、数据挖掘与电子商务

数据仓库和数据挖掘技术为电子商务环境下的企业提供了强大的信息处理工具,这些工具对电子商务的支持概括为以下几个方面:

(1)收集、存储和组织。电子商务的运营过程中要产生大量的数据,这些数据的分布分散,再加上数据内容和数据特征的多样性都给企业进行数据存储和数据分析带来了很大的困难。随着经济的全球化,企业与外部环境的联系越来越紧密,客观上要求企业既要对内部数据进行收集,还要积极主动地去收集外部微观和宏观环境的数据,为企业的诊断、经营决策做准备。另外,在电子商务环境下,对变化的快速反应成为企业生产和发展的一个必要条件,这也要求企业能够获得基础性数据、生产力数据、竞争性和资源配置方面的数据,并能高效率地对数据进行组织和分析,从而制定策略,采取行动。

面对这些问题,企业就必须采用新的存储工具来解决这些棘手的问题。而数据仓库作为一种新兴的、实用的、功能强大的解决方案,将数据分主题的、有组织的、系统地进行存储,在较高的层次上对分析对象进行了完整、统一的描述,保证了数据的完整性和一致性。

(2)数据分析和知识挖掘。企业运营过程中,积累的数据将越来越多。数据中隐藏着许多重要的信息,管理者希望能够对其进行更高层次的分析,以便更好地利用这些数据。由于传统的数据库缺乏挖掘数据中隐藏知识的手段,交易数据形式的复杂多样以及数据规模的庞大更使传统的决策支持系统无能为力。为了提高数据的利用率,企业急需一种技术能从数据集中识别出有效的、新颖的、潜在有用的以及最终可理解的知识,这些知识可以指导企业制定营销策略,帮助管理人员发现企业隐患,降低企业的经营成本等。

(3)决策支持。随着我国电子商务的不断发展,经营环境也发生了巨大变化。了解自身、了解客户、了解竞争对手、了解合作伙伴,成为企业进入市场、进行有效决策的必修课。数据仓库和数据挖掘技术的应用可以帮助企业提高决策水平,这主要表现在以下三个方面:

① 由于电子商务交易的全球化，某地区或厂商的价格变化就会影响其他地区乃至全球市场，从而使得电子商务市场变化频繁。这样就加大了企业预测市场动向和规划经营管理策略的难度。在这样的环境中，电子商务的决策就变得更加重要。企业可以利用数据仓库和数据挖掘技术对电子商务的海量数据进行分析，并根据分析结果做出正确的决策，随时调整经营策略，以适应市场的需求。

② 通过数据仓库技术，收集、整理和存储涉及网上客户消费行为的大量信息，然后再利用数据挖掘技术对数据进行加工和处理，从而确定特定消费群体或个体兴趣、消费习惯、消费倾向和消费需求，进而推断出相应消费群体或个体下一步的消费行为。然后以此为基础，对不同的消费群体进行特定内容的定向营销的营销策略，这与传统的不区分消费者对象特征的大规模营销手段相比，大大节省了营销成本，提高了营销效果。

③ 利用数据仓库和数据挖掘技术进行虚假行为管理，避免损失，提高企业的信誉。在电子商务交易的主体中，难免会存在一些不诚实的交易方，这些人会给企业带来很大的损失，而对其进行有效管理和控制一直是企业比较头痛的问题。数据仓库和数据挖掘技术可以通过交易方特征，及时地发现虚假行为现象，避免此类不良行为的发展，既提高企业的经济效益，又提高了客户的满意度。

2.4 电子数据交换（EDI）技术

从20世纪70年代末开始，企业间的电子贸易就是通过电子数据交换（EDI）来实现的。传统EDI的发展，导致了今天基于因特网电子数据交换（EDI）的广泛应用，EDI在电子商务的发展历程中起着举足轻重的作用。

2.4.1 EDI系统概述

1. EDI的基本概念

关于EDI（Electronic Data Interchange，以下简称为EDI）的定义，联合国国际贸易法委员会、国际标准化组织和国际电报电话咨询委员会都分别给出了各自的定义，根据国际标准化组织的定义，EDI是"将商业或行政事务处理，按照一个公认的标准，形成结构化的事务处理或信息数据结构，从计算机到计算机的数据传输方法"。

EDI被广泛应用于商业贸易伙伴之间，随着EDI应用于WWW，EDI将得到更广泛的应用，目前人们正在开发适用于政府、教育、娱乐和司法等领域的EDI标准。因此，仅仅把EDI理解为"无纸贸易"是片面的。

2. EDI的特点

EDI的特点可以概括为以下四个方面：
（1）EDI所传送的资料是一般业务资料，如发票、订单等，而不是指一般性的通知；
（2）EDI的使用对象是具有经常性业务联系的单位；

(3) 采用共同的标准化格式,这也是与电子邮件的本质区别;
(4) 数据由双方的计算机系统自动地传输和处理,而不需要人工的介入操作。

3. EDI 的作用

采用 EDI 的目的是实现票据传送的电子化,为票据的传送提供了一个快速高效、低成本和减少错误的途径。公司采用 EDI 能更快、更便宜地传送订单、发票、顾客文件和其他商业单证,这增加了快速处理单证的能力。由于数据的自动传输,没有人为的干涉,可以避免原来反复人工录入而出现的不一致的错误,从而实现企业数据传输的高效率管理。

4. EDI 的工作方式

EDI 的工作方式是用户在现有的计算机应用系统上进行信息的编辑处理,然后通过 EDI 转换软件(mapping)将原始单据格式转换成中间文件(Flat File),再通过翻译软件(translator)变成 EDI 标准格式文件。最后在文件外层加上通信交换信封,通过通信软件发送到增值服务网络或直接传送给对方用户,对方用户则进行相反的处理过程,最后以用户应用系统能够接受的文件格式进行收阅处理。

5. EDI 系统的构成要素

EDI 系统的构成要素包括 EDI 软件、硬件和通信网络。

(1) EDI 软件

EDI 软件能够将用户数据库系统中的信息,翻译成 EDI 的标准格式,以供传输交换。虽然 EDI 标准具有足够的灵活性,可以适应不同行业的众多需求,但每个公司有其规定的信息格式,因此,当需要发送 EDI 报文时,必须用某些方法从公司的专有数据库中获取信息,并把它翻译成 EDI 标准格式进行传输,这就需要 EDI 相关软件的帮助。

① 转换软件:转换软件可以帮助用户将原有计算机系统的文件转换成翻译软件能够理解的平面文件,或者是将从翻译软件接收来的平面文件转换成原计算机系统中的文件;

② 翻译软件:将平面文件翻译成 EDI 标准格式,或将接收到的 EDI 标准格式翻译成平面文件;

③ 通信软件:将 EDI 标准格式的文件外层加上通信信封,再送到 EDI 系统交换中心的邮箱,或从 EDI 系统交换中心内将接收到的文件取回。

(2) EDI 硬件

EDI 所需的硬件设备大致有:计算机、调制解调器及电话线。

① 计算机:企业现有的 PC 机、工作站、小型机和大型机等,均可利用,不必特地为应用 EDI 而购买新的设备;

② 调制解调器:由于使用 EDI 来进行电子数据交换需要通过通信网络,采用电话网络进行通信是很普通的方法,因此,调制解调器是必备的硬件设备。应根据实际需要来决定和选择调制解调器的功能与传输速度;

③ 通信线路:一般最常用的是电话线路。如果对传输时效及传输流量有较高要求,可考虑采用租用专线。

（3）EDI 通信网络

EDI 通信方式有两种形式：直接连接和增值网络。

在贸易伙伴数量较少的情况下，我们可以选择使用点对点方式的通信网络，但是随着贸易伙伴数量的增多，当多家企业直接用电脑通信时，会出现由于计算机厂家不同、通信协议相异以及工作时间不易配合等问题造成的困难。为了克服这些问题，许多应用 EDI 的公司逐渐采用第三方网络与贸易伙伴进行通信，即增值网（VAN）方式。它类似于邮局，为发送者与接收者维护邮箱，并提供存储转送、记忆保管、通信协议转换、格式转换、安全管制等功能。

6. EDI 标准

EDI 标准实际就是报文在国际网络和各系统之间传递的标准协议。通常我们所说的 EDI 标准是指以联合国有关组织颁布的 UNTDID、UNCID 和 UN/EDIFACT 等文件的统称。有时我们也直接将其称为是 UN/EDIFACT。

其中 UNTDID 为"United Nations Trade Data Interchange Directory"（联合国贸易数据交换手册）的缩写；UNCID 为"Uniform Rules of Conduct For Interchange of Trade Data by Tele-transmission"（以电子传递方式进行贸易数据交换所应遵循的统一规则）的缩写；UN/EDIFACT 为" Uniform Rules of Conduct For Electronic Data Interchange For Administration, Commerce and Transport"（适用于行政、商业、运输等部门的电子数据交换的联合国规则）的缩写。

根据联合国及国际贸易促进会在 1990 年 3 月对 UN/EDIFACT 给出的定义，UN/EDIFACT 是"适用于行政、商业、运输等部门的电子数据交换的联合国规则。它包括一套国际协定标准、手册和结构化数据的电子交换指南，特别是那些在独立的、计算机化的信息系统之间所进行的交易和服务有关的其他规定"。

2.4.2 因特网 EDI

EDI 自 20 世纪 60 年代产生以来，经过 30 多年的发展，各项技术都比较成熟，EDI VAN（EDI 增值网）服务安全可靠，贸易伙伴管理交易与确认仲裁技术成熟，在国际贸易、海关通关、交通运输、政府招标、公共事业管理中得到广泛的应用。但是 EDI 只适于大企业之间进行商务活动的电子数据交换，而不适宜于中小企业，以及企业与消费者之间进行的电子商务活动。20 世纪 90 年代出现了基于因特网的 EDI 并发展迅速，EDI 作为企业之间商业数据交换的标准格式将继续存在，并随着因特网的发展而进一步发展，因特网为 EDI 在企业的推广，特别是中小企业的应用创造了很好的条件。

1. 因特网与 EDI 的结合方式

因特网与 EDI 结合有四种方式：Internet Mail、标准翻译、Web-EDI、XML/EDI。

（1）Internet Mail 方式

Internet Mail 是利用 ISP 代替增值网（VAN）实现商业数据和信息的电子交换。因特网和增值网相比要便宜得多。但是在因特网上用这种方式做电子交易，其转换问题、翻译问题还没有得到很好的解决。

（2）标准执行协定

在使用 EDI 的过程中，不同的企业或行业，常常根据自己的需要对标准进行一定的选择，去掉一些根本不使用的部分，从而产生多个版本的标准，不同版本之间的报文不能相互处理。标准执行协定着重解决在使用因特网进行 EDI 时存在的多个版本之间的翻译问题，它是一种特殊的跨行业的针对特定应用的国际标准。但是又不同于以前制定的行业标准和国家标准，也不同于以前的国际标准，它使用起来相对简单，没有过多的可选项，并且考虑了以前的翻译需求。从而使得 EDI 能够在因特网的环境下方便地使用。

（3）Web-EDI

Web-EDI 是目前使用最为广泛的 EDI 与因特网相结合的方式。EDI 实现的是企业数据的安全交换，Web 实现的是企业的信息共享，如果把两者结合起来，则能够同时实现数据交换与资源共享。标准执行协定的 EDI 的目标则是减少中小企业实现 EDI 的费用，即允许中小企业只通过浏览器和因特网连接来执行 EDI 交换。Web 是 EDI 报文的接口，HTML 语言提供了一种在 Web 上实现商务事务处理的工具，它允许用户创建表格，并提供一种方法能将表格中信息传递到商务应用中。在电子商务中，一个参与者针对每个 EDI 报文开发或购买相应的 Web 表单，然后把它们放在 Web 站点上，此时表单就成为 EDI 系统的接口。另一个电子商务活动的参与者登录到 Web 站点上，选择所感兴趣的表单填写。把填写结果提交给 Web 服务器，通过服务器进行合法性检查，把它变成通常的 EDI 报文。此后，报文处理就同传统的 EDI 报文处理完全一样了。为了能够保证报文信息从 Web 站点返回给它的参与者，报文还能够转变成 Web 表单或电子邮件的形式。因此，对于所有的交易，EDI 相关的费用转换只发生一次，而且是由建立 EDI 接口的参与方承担所有实现 EDI 的费用，这些参与方一般是比较大的企业，当然这些企业可享受 EDI 带来的所有好处；而另一方参与 EDI 交换，但是不能从 EDI 中得到好处。很明显，这个解决方案对中小企业来说是负担得起的，只需要一个浏览器和因特网连接就可完成。EDI 软件和转换的费用花在服务器端。另外，大企业享受到 EDI 带来的全部好处，包括在交易中的低出错率和每次交易中的低花费。

（4）XML/EDI

XML/EDI 方式同 Web-EDI 的区别是它的目标不同，即所有参与者都从 EDI 得到好处。为了达到这个目的，XML/EDI 着重解决 EDI 最主要的问题——转换。其原理是引进模板的概念，模板描述的不是报文的数据，而是报文的结构以及如何解释报文，做到无需编程就可以实现报文的转换。在客户端的计算机上，安装一个模板的软件代理，它用最佳方式解释模板并处理报文，自动完成转换，产生正确的报文。同时，可以给用户一个 Web 表单。

目前，XML/ED 的技术已经基本成型，得到了工业界的广泛支持。但是，许多实现的细节还要定义，即这一语言的标准还在制定中。

毫无疑问，从未来的发展看，因特网将成为 EDI 传输的主要平台。为此，EDI 的软件开发商会将 EDI 软件与因特网格式的软件结合起来，由软件本身将相应的交易信息自动转换或翻译成 EDI 格式，用户根本就不会意识到 EDI 格式的翻译过程。以后的浏览器可能会自带 EDI 翻译器，到那时，EDI 的应用水平将会得到极大的提高。

2. 因特网 EDI 的优势

以因特网为基础的 EDI 与传统的封闭式 EDI 相比，有以下几点优势：

（1）比传统封闭式 EDI 节省投资和运营成本。VANS 服务商是按照每一笔生意或每千字节来收取费用的，而因特网的链接一般则只需每月付固定的费用。节省初始投资和运营成本更是多数企业转向以因特网为基础的 EDI 的主要原因。由于投资和运营成本相对减少，相对进入的障碍减少。因此，以因特网为基础的 EDI 吸引了不少中小企业，这样 EDI 交易伙伴的范围就相应扩大了。

（2）使电子商务的参与形式多样化。传统的 EDI 相对缺少灵活性，因为计算机本身更擅长于高效率地处理标准化、程序化和重复性的事务。以因特网为基础的 EDI 使得企业可以与新的贸易伙伴通过电子邮件进行谈判交流。随着因特网信息传输速度的提高，可视会议、网上同步谈话等会逐步代替国际长途电话，在有些情况下可以代替面对面的谈判。

（3）比传统 EDI 的接入灵活方便、速度快。传统 EDI 的网络接入需要特殊的传输协议和接入方式，缺乏灵活性。而以因特网为基础的 EDI 是用因特网传输交易信息，所以网络接入方便，可以通过专用网，也可以通过电话线直接接入。另外，传统的 EDI 在传输时有长达 12 小时至 14 小时的时滞，而以因特网为基础的 EDI 比传统 EDI 的传输速度要快得多。

3. 影响因特网 EDI 应用的障碍

以因特网为基础的 EDI 的优势是明显的，但是，目前存在的一些问题影响了它的广泛应用。

（1）安全问题

由于因特网是开放性的信息传输网络，因此，企业交易信息虽然被加密，但安全仍然是要考虑的重要实际问题。对于许多大公司来讲，一般解决的方案之一，是在接入因特网时设立防火墙。

（2）网络运营的可靠性

不管是在哪个国家和地区，因特网的使用者与日俱增，网络运营中传输出现故障或信息丢失的现象常会发生。相对于专用网络，公共网络无法提供完善的服务保证。因此，企业在利用因特网时，往往考虑与第二个因特网服务商建立接入因特网的第二通道，以防第一通道出现问题。

（3）第三方认证问题

电子商务要求交易的所有参与者有效保留传递的交易信息，在必要时要求提供有力的证据来证实信息传递的内容、传输方式和传输时间。目前，提供 EDI 服务的专营私营网络往往都相应提供第三方认证的服务，即以公正方的名义证实信息及传递的有效性。然而，目前以因特网为基础的 EDI 方式在这方面仍存在局限性。

总而言之，权衡利弊，相对封闭的专用 EDI 增值网络在一段时间内仍然起主要作用，但是以因特网为基础的 EDI 却为中小企业提供了与大公司之间建立 EDI 关系的一个最佳途径。从长远发展看，以因特网为基础的 EDI 方式的缺陷会随着技术的不断进步而被有效地克服，从而为企业提供可靠、安全和有效的技术环境。此外，投资成本和运营的方便程度也会支持大公司趋向于使用以因特网为基础的 EDI。

第 3 章 电子商务安全

在因特网的早期应用中，电子邮件是最常用的服务之一。不过，人们一直担心电子邮件的信息会被竞争对手获取，从而对企业不利；另外一个担心是与工作无关的邮件（如谈及周末的聚会）被上司读到后会对员工不利。这些都是很现实的问题。今天这些问题更严重了。随着因特网的成熟发展，人们使用它的方式也发生了变化。竞争者未经授权而访问到公司的信息所带来的后果要比以前严重得多。电子商务出现后，对信息安全的要求就更加迫切了。

首次在因特网上购物的顾客所关心的典型问题是他们的信用卡号在网络上传输时可能会被上百万的人看到。这个担心和 30 多年前对在电话购物过程中申报信用卡号时的担心是一样的：我怎么能相信在电话那边记录我的信用卡号的人呢？现在人们对在电话中把自己的信用卡号告诉陌生人已不太在意了，但很多消费者还是不放心用计算机来传输信用卡号。

电子商务是互联网应用发展的必然趋势，也是国际金融贸易中越来越重要的经营模式，以后它还会逐渐地成为经济生活中一个重要部分。但如果没有了安全保证，电子商务就不可能健康有序地发展，在电子商务网站上影响交易的最大阻力是交易安全，使用者担心在网络上传输的个人资料信息被截取，或是不幸遇到"黑客"，信用卡资料被不正当运用。另一方面，特约商店也担心收到的是被盗用的信用卡号码，或是交易不认账等。如 2000 年，基地设在俄罗斯和乌克兰的一些黑客组织袭击了上千个美国电子商务网站，窃取了大量的机密材料，其中包括 200 多万个信用卡的号码。黑客了解这些网站的技术弱点，并利用这些弱点下载了大量的客户资料。然后，黑客联系这些被袭击的公司，告诉他们网站已经被侵入，并提出有偿地为他们解决这些存在的技术弱点。如果这些公司不答应，黑客就发出威胁，扬言要从信用卡中提出巨款。以上种种，令不少有兴趣的 Internet 购物者因担心而犹豫不前，因此，电子商务顺利开展的核心和关键问题是保证交易的安全性，这是网上交易的基础，也是电子商务技术的重点所在。

本章从电子商务角度详细介绍计算机安全方面的问题。计算机安全涉及面很广，又非常复杂，而且其研究还在不断深入，本章主要概述一些比较重要的安全问题及目前的解决办法。

3.1 电子商务安全基本概念

3.1.1 安全基本概念

1. 基本概念

安全就是保护企业资产不受未经授权的访问、使用、篡改或破坏。迄今主要有两大类的安全：物理安全和逻辑安全。物理安全是指使用可触及的保护设备，如警铃、保卫、防火门、安全栅栏、保险箱、防暴建筑物等对资产进行保护。使用非物理手段对资产进行保护称为逻辑安全。

对计算机资产带来危险的任何行动或对象都称为安全威胁。安全威胁的例子有欺诈、窃听和盗窃，这里的窃听者是指能听到并复制因特网上传输内容的人或设备。实施好的安全计划必须识别出风险、确定对受到安全威胁的资产的保护方式并算出保护资产的成本。本章的重点不是保护的成本或资产的价值，而是识别安全威胁并保护资产免受这些安全威胁的方法。

安全措施是指识别、降低或消除安全威胁的物理或逻辑步骤的总称。

2. 安全风险管理模型

根据资产的重要性不同，相应的安全措施也不同。如果保护资产免受安全威胁的成本超过所保护资产的价值，我们就认为这种资产的安全风险很低或不可能发生。例如，经常发生龙卷风的俄克拉荷马市，对计算机网络进行防龙卷风的保护是有意义的；若在很少发生龙卷风的洛杉矶市就不需要对计算机进行防龙卷风保护。

图 3-1 所示为根据安全威胁的影响程度和发生的概率而采取不同行动的风险管理模型。象限一表示如果一种安全威胁发生的概率较高，而控制这种风险的成本很低，那么就采取安全措施完全消除这种威胁。象限二表示对于那些发生概率高而完全防范的成本很大的威胁，合理的措施是尽可能有效预防。象限三表示不用理会发生概率低并且发生后造成的影响很小的安全威胁。象限四提示我们，对于概率低但是影响巨大的威胁，有效的方案是做备份或买保险。这一模型对我们思考采取什么安全措施，以及保护到什么程度有重要指导意义。

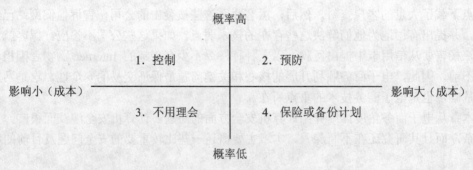

图 3-1 风险管理模型

3. 计算机安全的分类

安全专家通常把计算机安全分成三类：保密、完整和即需。
（1）保密是指防止未经授权的数据暴露并确保数据源的可靠性；
（2）完整是防止未经授权的数据修改；
（3）即需是防止延迟或拒绝服务。计算机安全中最知名的领域是保密，新闻媒体上每个月都会有非法进入政府计算机或用偷来的信用卡号订购商品的报道。相对来说，完整安全威胁的报道就不那么频繁,因此大众对这个领域比较陌生。如果一封电子邮件的内容被篡改成完全相反的意思,我们就说发生了对完整性的破坏。对即需性破坏的案例很多,而且频繁发生。延迟一个消息或消除它会带来灾难性的后果。例如,你在上午 10 点向一家在线的股票交易公司发一个电子邮件委托购买 1000 股 IBM 公司的股票,假如这个邮件被人延迟了,股票经纪商在下午 2 点半才收到这个邮件,这时股票已涨了 15%。这个即需性被破坏邮件就使你损失了交易额的 15%。

  4. 安全策略和综合安全

  为了保护自己的电子商务资产,所有组织都要有一个明确的安全策略。安全策略是用书面明确描述所需保护的资产、保护的原因、谁负责进行保护、哪些行为可接受、那些不可接受等。安全策略一般要陈述物理安全、网络安全、访问授权、病毒保护、灾难恢复等内容,这个策略会随时间而变化,公司负责安全的人员必须定期修改安全策略。

  制定安全策略时,应考虑到:
  ① 要确定保护的内容;
  ② 要确定谁有权访问系统的哪些部分、不能访问哪些部分;
  ③ 确定哪些资源可用来保护这些资产。安全小组了解了上述信息后制定出书面的安全策略。最后要提供资源保证来开发或购买实现企业安全所需的软件和物理保护措施。例如,如果安全策略要求不允许未经授权访问顾客信息(包括信用卡号和信用历史),这时就必须开发一个软件来为电子商务客户提供端到端的安全保证,或采购一个可实现这个安全策略的软件或协议。

  虽然很难实现或根本不可能实现绝对的安全,但完全可以构造一些障碍来阻止绝大多数的入侵者。如果一个电子窃贼进行未经授权活动的成本超过了进行这个非法活动所获得的价值,这就大大降低了非法活动发生的概率。综合安全意味着将所有安全措施协同起来以防止未经授权的资产暴露、破坏或修改。

  安全策略一般要包含以下内容:
  (1) 认证:谁想访问电子商务网站?
  (2) 访问控制:允许谁登录电子商务网站并访问哪些部分?
  (3) 保密:谁有权力察看特定的信息?
  (4) 数据完整性:允许谁修改数据,不允许谁修改数据?
  (5) 审计:在何时由何人导致了何事?

3.1.2 网络安全概述

  网络安全是一个关系国家安全和主权、社会的稳定、民族文化的继承和发扬的重要问题。其重要性正随着全球信息化步伐的加快而愈加明显。

  网络安全所遭受到的攻击可以分为四类:
  (1) 中断:指系统的部分组件遭到破坏或使其不能发挥作用,例如切断系统主机对外的网络连线使其无法使用,这是对系统的可用性做攻击。
  (2) 介入:指未经授权者取得系统的资源,其中的未经授权者可以是一台计算机、一个人，或是一组程序，例如，上网利用软件窃取网络上传送的机密数据，是对数据机密性的攻击。

（3）篡改：指系统资源被未经授权的人所取得，乃至篡改内容，例如在网络上传送的订单遭到不法人士任意改变，是对数据的正确性的攻击。

（4）假造：指未经授权者将假造数据放入系统中，是对数据的真实性的攻击，如在网络上假造身份证明文件以假冒他人。

网络安全的隐患主要表现在以下4个方面：

（1）开放性

开放性和资源共享是 Internet 最大的特点，也是其优点，但它的问题却不容忽视。因为，当甲用户可以轻易地访问乙用户的计算机时，如果不采取任何安全措施，乙用户也可以同样方便地访问甲用户的计算机。Internet 上连接的计算机是如此之多，这种开放性所带来的隐患确实不容忽视。

（2）传输协议

Internet 采用 TCP/IP 传输协议，这种协议本身并没有采取任何措施来保护传输内容不被窃取。TCP/IP 协议是一种包交换网络，各个数据包在网络上都是透明传输的，可能经过不同的网络，并由那些网络上的路由器转发，才能到达目的计算机。而 TCP/IP 协议本身没有考虑安全传输，很多应用程序，如 Telnet、FTP 等，甚至使用明文来传输非常敏感的口令数据。

与传输协议有关的具体攻击手段有：

① IP 窥探：这种方式通常是进行网络攻击的第一步，通过 IP 窥探来截获网络上的各种业务流量，可以找到进行网络攻击的入手点，如获得通信双方的 MAC 地址、IP 地址、TCP 连接的会话信息、Telnet 的用户名及密码、正在传送的数据等。如果被窥探的主机处于窥探者的同一网段或同一子网内，窥探会相对容易一些；如果处于不同网段内，则相对困难一些。

② 同步信号淹没：同步信号淹没是针对 TCP 的攻击方式，TCP 是面向连接的数据传输协议。当主机要利用 TCP 进行数据传输时，首先要通过著名的三次握手机制建立连接，这种机制主要是通过 TCP 报头中的控制标志位（control flags）实现的。同步信号（SYN）淹没的攻击方式就是通过不断向被攻击主机的某一 TCP 端口发出 SYN 请求，造成被攻击主机收不到建立连接的应答信号而使被攻击主机对应 TCP 端口的 TCB 处于半连接状态。在发出的 SYN 攻击报文足够多时，可以使被攻击主机对应的 TCP 端口可利用的半连接 TCB 资源耗尽，而使合法用户对被攻击主机的该 TCP 端口的建立连接请求遭到拒绝。

③ TCP 会话劫持：这种方法可以对基于 TCP 的任何应用发起攻击，如 HTTP、FTP、Telnet 等。对于攻击者来说，所必须要做的就是窥探到正在进行 TCP 通信的两台主机之间传送的报文，这样攻击者就可以得知该报文的源 IP、源 TCP 端口号、目的 IP、目的 TCP 端口号，从而可以得知其中一台主机对将要收到的下一个 TCP 报文段中 seq 和 acheq 值的要求。

④ 复位与结束信号攻击：在 TCP 报头和控制标志位（control flags）中，RST（复位）和 FIN（结束）标志用于复位和结束已经建立的 TCP 连接。用这两个标志可以使被攻击主机与另一台主机之间的 TCP 链路断开。

（3）操作系统

Internet 底层的操作系统是 Unix，Unix 的诞生并不是出于商业目的，所以其源代码是公开的，这样就很容易被发现漏洞，给 Internet 用户带来安全问题。例如，广泛使用的 FTP 中发现的"特洛伊木马"。"特洛伊木马"是指一个程序表面上在执行一个任务，实际上却在执行另一个任务。黑客的"特洛伊木马"程序事先已经以某种方式潜入你的机器，并在适当的时候激活，潜伏在后台监视系统中运行，它同一般程序一样，能实现任何软件的任何功能。例如，拷贝、删除文件、格式化硬盘、甚至发电子邮件。典型的"特洛伊木马"可以窃取别人在网络上的账号和口令，它有时在用户合法的登录前伪造一登录现场，提示用户输入账号和口令，然后将账号和口令保存至一个文件中，显示登录错误，退出"特洛伊木马"程序。用户还以为自己输错了，再试一次时，已经是正常的登录了，用户也就不会有怀疑。其实，"特洛伊木马"已完成了任务，躲到一边去了。更为恶性的"特洛伊木马"则会对系统进行全面破坏。

（4）信息电子化

与传统的书面信函相比，电子化信息的固有弱点就是缺乏可信度，因为电子信息是否正确完整是很难由信息本身鉴别的。电子信息还存在着难以确认信息的发出者以及信息是否被正确无误地传递给接收方的问题。

3.1.3 电子商务安全威胁

要了解电子商务的安全需求，需要考察从客户机到电子商务服务器的整个过程。在考察"电子商务链"上每个逻辑链条时，为保证电子商务的安全所必须保护的资产包括客户机、在通信信道上传输的消息、WWW 和电子商务服务器。在传统电影中商业间谍主要是窃听各种通信设备，如电话线和卫星通信线路。虽然电信通道是需要保护的主要的资产之一，但并不是计算机和电子商务安全所考虑的惟一因素。例如，如果通信连接是安全的，而客户机上有一个病毒，这个病毒就会污染要安全传输到 WWW 或电子商务服务器上的信息，这时电子商务交易的安全就象客户机一样没法保证了。下面对客户机、通信信道及服务器三个方面所面临的安全威胁进行简要介绍。

1. 对客户机的安全威胁

最初的 WWW 页面是静态的。静态页面是以 WWW 标准页面描述语言 HTML 编制的，其作用只是显示内容并提供到其他页面的链接。这样的使用模式安全是有保证的。但在活动内容广泛应用后，这个情况发生了变化。

活动内容是指在页面上嵌入的对用户透明的程序。活动内容有多种形式，最著名的活动内容形式包括 Java 小程序、ActiveX 控件、JavaScript 和 VBScript 等。在 WWW 页面里加入活动内容，就为电子商务带来了多种安全威胁。例如通过 WWW 页面嵌入的有恶意的程序可使通常存储在 cookie 里的信用卡号、用户名和口令等信息泄密。

不可信的 Java 小应用程序是指尚未被证明是安全的 Java 小应用程序。当 Java 小应用程序在 Java 运行程序安全区限制的范围内运行时，他们不会访问系统中安全规定范围之外的程序代码。JavaScript 是一种脚本语言，它支持页面活动者创建活动界面。JavaScript 受到各种流行浏览器的支持，它和 Java 语言有同样的结构。当下载一个嵌有 JavaScript 代码的页面，此代码就在客户机上运行。同其他活动内容的载体一样，JavaScript 会侵犯保密性和完整性，他会破坏硬盘，把电子邮件的内容泄密或将敏感信息发给某个 WWW 服务器。同 Java 程序或 Java 小程序不同的是：JavaScript 程序不能自行启动。

ActiveX 是一个对象控件，它含有由页面设计者放在页面来执行特定任务的程序。ActiveX 控件的安全威胁是：一旦下载后，他就能象计算机上的其他程序一样执行，能访问包括操作系统代码在内的所有系统资源，这一特点如果被别有用心的人利用是非常危险的。

2．对通信信道的安全威胁

在因特网上传输电子邮件都会受到对保密、完整与即需的侵犯。

保密是在大众媒体上最常提及的一种安全威胁。它和隐私密切相关。保密是防止未经授权的信息泄漏，而隐私是保护个人不被曝光的权利。保密是要求繁杂的物理和逻辑安全的技术问题。隐私则需要法律的保护。完整性的安全威胁也叫主动搭线窃听。当未经授权改变了信息流时就构成了对完整性的安全威胁。即需安全威胁也叫延迟安全威胁或拒绝服务安全威胁，其目的是破坏正常的计算机处理或完全拒绝处理。破坏即需性后，计算机的处理速度会非常低。

3．对服务器的安全威胁

客户机、因特网和服务器组成的电子商务链上第三个环节是服务器。对企图破坏或非法获取信息的人来说，服务器有很多弱点可以利用。

对 WWW 服务器的安全威胁是，如果 WWW 服务器不更改目录显示的缺省设置，它的保密性就会大打折扣，如果服务器的文件名能让浏览器看到，就会破坏保密性。当 WWW 服务器要求你输入用户名和口令时，其安全性也会受到威胁。WWW 服务器上最敏感的文件之一即是存放用户名和口令的文件。如果此文件没有得到保护，任何人就能使用他人身份进入敏感区域。

对数据库的安全威胁，电子商务系统用数据库存储用户数据，数据库除存储产品信息外，还可能保存有价值的信息或隐私信息，现在大多数大型数据库都使用给予用户名和口令的安全措施，一旦用户获准访问数据库，就可察看数据库中相关内容。

3.1.4 电子商务安全的对策

1．完善各项管理制度

系统安全管理制度是用文字形式对各项安全要求所作的规定，企业在参与电子商务初期，就应当形成一套完整的、适应于网络环境的安全管理制度，这些制度应当包括：

（1）人员管理制度。保障计算机系统的安全，首先要从体制和管理上下功夫，要建立完善的安全管理的体制和制度，建立一套行之有效的安全管理措施和手段。

（2）保密制度。建立完善的保密体系，提出相应的保密措施，加强对密钥的管理。

（3）跟踪审计制度。跟踪是指企业建立网络交易系统日志机制，记录系统运行的全过程，审计包括对系统日志的检查、审核，以便及时发现故意入侵系统行为的记录和违反系统安全功能的记录等等。

（4）系统维护制度。包括软硬件的日常维护工作，做好数据备份工作。

（5）病毒防范制度。要有较强的病毒防范意识，要安装防病毒软件，注意不打开陌生地址的电子邮件，建立病毒的定期清理制度等。

（6）应急措施。在紧急事故发生时，利用各项应急措施来保障计算机信息系统继续运行或紧急恢复，如采用瞬时复制技术、远程磁盘镜像技术和数据库恢复技术等。

2. 技术对策

技术对策指通过各种产品和技术来保证网络的安全。如:

（1）网络安全检测设备，SAFEsuite 是一个较为广泛的网络安全监控系统，SAFEsuite 可找出安全隐患，提供堵住安全漏洞所必须的校正方案。它还能监控各种变化情况，从而使用户可以找出经常发生问题的根源所在;

（2）开发各种具有较高安全性的访问设备，如安全磁盘、智能卡等;

（3）建立认证中心，并进行证书的认证和发放;

（4）建立安全的防火墙体系，使企业能确定什么人在什么条件下可以进入它们的 Intranet 环境，比较著名的防火墙产品有 FireWall-1、Gauntlet3.0、ANS 的 Interlock 等;

（5）保护传输线路安全，传输线路应有露天保护措施或埋于地下，并要求远离各种辐射源，以减少由于电磁干扰引起的数据错误;

（6）要有较强的防入侵措施，利用报警系统检测违反安全规程的行为，对在规定次数内不正确的安全密码使用者，网络系统可以采取行动锁住该终端并报警;

（7）加强数据加密的工作，网络中的数据加密方式有链路加密、节点加密和端对端加密等方式;

（8）进行严格的访问控制，当一主体试图非法使用一个未经授权的资源时，访问控制机制将拒绝这一企图;

（9）建立合理的鉴别机制，包括报文鉴别、数字签名和终端识别技术，以便查明某一个实体身份;

（10）进行通信流的控制，使网络中的数据流量比较平衡，以防止敌方通过分析网络中的某一路径的信息流量和流向来判断某事件的发生;

（11）数据完整性的控制，包括数据是否来自正确的发送方而非假冒，数据接收的内容与发送时是否一致等;

（12）端口保护是网络安全的一个重点，利用端口保护设备进行专门的保护，这在利用电话拨号交换网的计算机网络中尤为重要。

3.2 防火墙概述

防火墙的概念是借用了建筑学上的一个术语。在建筑学中的防火墙是用来防止大火从建筑物的一部分蔓延到另一部分而设置的阻挡机构。计算机网络的防火墙是用来防止互联网的损坏,如黑客攻击、病毒破坏、资源被盗用或文件被篡改等波及到内部网络的危害。它是指一个由软件和硬件设备组合而成的、在内部网和外部网之间、专用网和公共网之间的界面上构造的保护屏障。

对于电子商务安全来讲,防火墙无疑仍然是非常重要的综合安全技术,本节对此做较为具体的介绍。

3.2.1 防火墙的基本概念

1. 什么是防火墙

防火墙,是用来防范非授权的访问,保护信息安全的一个或一组系统。一般意义上的防火墙用于对非授权访问的防范,并非用于计算机病毒的防治,因此,防火墙仅用于防止"黑客"攻击,非用于病毒防治。防火墙是一种防范技术,是访问控制机制、安全策略和防入侵措施。从狭义上来讲,防火墙是指安装了防火墙软件的主机或路由器系统;从广义上讲,防火墙还包括了整个网络的安全策略和安全行为。

网络防火墙技术是一种用来加强网络之间访问控制和防止外部网络用户以非法手段进入内部网络、访问内部网络资源,从而保护内部网络操作环境的特殊网络互联设备。它对两个或多个网络之间传输的数据包,按照一定的安全策略来实施检查,决定网络之间通信的权限,并监视网络的运行状态。

它是通过在网络边界上建立起来的相应的网络安全监测系统来隔离内部和外部网络,以确定哪些内部服务允许外部访问,以及允许哪些外部服务访问内部服务,阻挡外部网络的入侵。防火墙是在两个网络通信时执行的一种访问控制尺度,它能允许"同意"的人和数据进入内部网络,同时将"不同意"的人和数据拒之门外,最大限度地阻止网络中的黑客来访问内部网络。如果不通过防火墙,内部网络的人就无法访问 Internet,Internet 上的人也无法和内部网络的人进行通信。

2. 防火墙的特点

(1)把安全网络连接到不安全网络上,保护安全网络最大程度安全地访问不安全网络。

(2)所有风险可集中到防火墙系统上,安全管理者可针对网络的某个方面进行管理,而采取的安全措施对网络中的其他区域并不会有多大影响。

(3)内部网络与外部网络的一切联系都必须通过防火墙系统进行,防火墙系统能够监视与控制所有的联系过程。

(4)广泛的服务支持,通过将动态的、应用层的过滤能力和认证相结合,可实现对 WWW 浏览器、HTTP 服务器、FTP 等的安全服务支持。

(5)对私有数据的加密支持,保证通过 Internet 进行虚拟私人网络和商务活动不受影响。

(6)反欺骗,欺骗是从外部获取网络访问权的常用手段,它使数据包好似来自网络内部,防火墙能监视这样的数据包并能扔掉它们。

3. 防火墙的优点

采用防火墙的系统的优点是显而易见的，主要有以下几点：

（1）防止易受攻击的服务

防火墙可以大大提高网络安全性，并通过过滤天生不安全的服务来降低子网上主系统所冒的风险。因此，子网网络环境可经受较少的风险，因为只有经过选择的协议才能通过Firewall。防火墙还可以防护基于路由选择的攻击。

（2）控制访问网点系统

防火墙还有能力控制对网点系统的访问。例如，某些主系统可以由外部网络访问，而其他主系统则能有效地封闭起来，防止有害的访问。除了邮件服务器或信息服务器等特殊情况外，网点可以防止外部对其主系统的访问。

（3）集中安全性

如果一个子网的所有或大部分需要改动的软件以及附加的安全软件能集中地放在防火墙系统中，而不是分散到每个主机中，这样防火墙的保护就相对集中一些，也相对便宜一点。尤其对于密码口令系统或其他的身份认证软件等等，放在防火墙系统中更是优于放在每个 Internet 能访问的机器上。

（4）增强保密性、强化私有权

对一些站点而言，私有性是很重要的，因为，某些看似不甚重要的信息往往会成为攻击者灵感的源泉。使用防火墙系统，站点可以防止 finger 以及 DNS 域名服务。finger 会列出当前使用者名单，他们上次登录的时间，以及是否读过邮件等等。但 finger 同时会不经意地告诉攻击者该系统的使用频率，是否有用户正在使用，以及是否可能发动攻击而不被发现。防火墙也能封锁域名服务信息，从而使 Internet 外部主机无法获取站点名和 IP 地址。通过封锁这些信息，可以防止攻击者从中获得另一些有用信息。

（5）有关网络使用、滥用的记录和统计

如果对 Internet 的往返访问都通过防火墙，那么，防火墙可以记录各次访问，并提供有关网络使用率的有价值的统计数字。如果一个防火墙能在可疑活动发生时发出音响报警，则还提供防火墙和网络是否受到试探或攻击的细节。采集网络使用率统计数字和试探的证据是很重要的，这有很多原因，最为重要的是可以知道防火墙能否抵御试探和攻击，并确定防火墙上的控制措施是否得当。网络使用率统计数字也很重要，因为它可作为网络需求的研究和风险分析活动的输入数据。

3.2.2 防火墙的技术

实现防火墙的技术包括四大类：网络级防火墙（也叫包过滤型防火墙）、应用级网关、电路级网关和规则检查防火墙。它们各有所长，具体使用哪一种或是否需要混合使用，要看具体情况。

1. 网络级防火墙（包过滤型防火墙）

网络级防火墙一般是基于源地址和目的地址、应用或协议以及每个 IP 包的端口来做出通过与否的判断。这是一种基于路由器的技术，由分组过滤路由器对 IP 分组进行选择，允许或拒绝特定的分组通过。过滤一般是基于一个 IP 分组的有关域（IP 源地址、IP 目的地址、TCP/UDP 源端口或服务类型和 TCP/UDP 目的端口或服务类型）进行的。基于 IP 源/目的地址的过滤，即根据特定组织机构的网络安全规则，过滤掉具有特定 IP 地址的分组，从而保护内部网络；基于 TCP/UDP 源/目的端口的过滤，因为端口号区分了不同的服务类型或连接类型（如 SMTP 使用端口 25，Telnet 使用端口 23 等），所以为分组过滤提供了更大的灵活性。通过防火墙系统中分组过滤路由器对特定端口 IP 分组的禁止，可以防止黑客利用不安全的服务对内部网络进行攻击。

网络级防火墙简便、速度快、费用低，对用户透明，但是对网络的保护很有限。首先，它没有访问记录，不能发现黑客的攻击记录，它可以阻止非法用户进入内部网络，但不会告诉我们究竟都有谁来过，也没有内部进入了国际网络的记录；其次，定义包过滤器比较复杂，对于非常复杂的过滤，过滤规则集合会非常大，从而难以管理和理解；再次，对于采用动态分配端口的服务，很难进行有效地过滤；最后，难以验证过滤规则的正确性。

2. 应用级网关（又称代理服务器）

代理服务技术是由一个高层的应用网关作为代理服务器，接受外来的应用连接请求，进行安全检查后，再与被保护的网络应用服务器连接，使得外部服务用户可以在受控制的前提下使用内部网络的服务。同样，内部网络到外部的服务连接也可以受到监控。应用网关的代理服务实体将对所有通过它的连接作出日志记录，以便对安全漏洞进行检查和收集相关的信息。使用应用网关的高层代理服务实体有以下的优点：

（1）隐蔽信息，内部受保护子网的主机名称等信息不为外部所知；

（2）日志记录，便于网络安全管理；

（3）可以由应用网关代理有关 RPC 的服务，进行安全控制。

代理服务器缺陷在于，

① 每增加一种新的媒体应用，就必须对代理服务器进行设置，而且只要应用程序一升级，原来的代理服务就不再适用了；

② 处理通信量方面存在瓶颈，比简单的包过滤型防火墙要慢得多。

3. 电路级网关

电路级网关又称线路级网关，它工作在会话层。它在两个主机首次建立 TCP 连接时创立一个电子屏障。它作为服务器接受外来请求，转发请求；与被保护的主机连接时则担当客户机角色，起代理服务的作用。

电路级网关的防火墙的安全性比较高，但它仍不能检查应用层的数据包以消除应用层攻击的威胁。

4. 规则检查防火墙

该防火墙结合了包过滤型防火墙、电路级网关和应用级网关的特点。同包过滤型防火墙一样，规则检查防火墙能够在 OSI 网络层上通过 IP 地址和端口号，过滤进出的数据包。它也像电路级网关一样，能够检查 SYN 和 ACK 标记和序列数字是否逻辑有序。当然它也像应用级网关一样,可以在 OSI 应用层上检查数据包的内容,查看这些内容是否符合公司网络的安全规则。

规则检查防火墙虽然集前三者的特点,但是不同于一个应用级网关的是,它并不打破客户机/服务机模式来分析应用层的数据,它允许受信任的客户机和不受信任的主机建立直接连接。规则检查防火墙不依靠与应用层有关的代理,而是依靠某种算法来识别进出的应用层数据,这些算法通过已知合法数据包的模式来比较进出数据包,这样从理论上就能比应用级代理在过滤数据包上更有效。

目前在市场上流行的防火墙大多属于规则检查防火墙,因为该防火墙对于用户透明,在 OSI 最高层上加密数据,不需要去修改客户端的程序,也不需对每个需要在防火墙上运行的服务额外增加一个代理。如现在最流行的防火墙之一 OnTechnology 软件公司生产的 OnGuard 和 CheckPoint 软件公司生产的 FireWall 防火墙都是一种规则检查防火墙。

未来的防火墙将位于网络级防火墙和应用级防火墙之间,也就是说,网络级防火墙将变得更加能够识别通过的信息,而应用级防火墙在目前的功能上则向"透明"、"低级"方面发展。最终防火墙将成为一个快速注册稽查系统,可保护数据以加密方式通过,使所有组织可以放心地在节点间传送数据。

3.2.3 防火墙的体系结构

防火墙的体系结构一般有以下三种:多宿主机体系结构、被屏蔽主机体系结构、被屏蔽子网体系结构。

1. 多宿主机体系结构

在 Internet 和企业内部网之间接续多宿主机,作为代理中继,可以构成多宿主机型防火墙。多宿主机体系结构是围绕具有多宿主机的计算机而构筑的,该计算机至少有两个网络接口。有两个网络接口的多宿主机结构也称为双重宿主主机体系结构。可以利用多宿主机建立防火墙,将多宿主机的一部分端口与 Internet 连接,另一部分端口与企业内部网连接,同时屏蔽 TCP/IP 的信息传递功能。在 Internet 和内部网之间禁止信息直接流通,流通的信息要经过防火墙的控制和检查。

2. 被屏蔽主机体系结构

被屏蔽主机体系结构使用一个单独的路由器提供来自仅仅与内部的网络相连的主机的服务。如图 3-2 所示,在这种体系结构中,主要的安全由数据包过滤来完成。这种体系结构涉及到堡垒主机,堡垒主机是内部网络上惟一能连接到 Internet 上的主机。任何外部的系统要访问内部的系统或服务都必须先连接到这台主机。因此堡垒主机要保持更高等级的主机安全。在屏蔽的路由器中数据包过滤配置可以按下列之一执行:允许其他的内部主机为了某些服务与 Internet 上的主机连接;不允许来自内部主机的所有连接。用户可以针对不同的服务混合使用这些手段,某些服务可以被允许直接经由数据包过滤,而其他服务可以被允许仅仅间接地经过代理。这完全取决于用户实行的安全策略。

一般情况下,被屏蔽的主机体系结构提供比多宿主机体系结构具有更好的安全性和可用性。但如果路由器被损害,整个网络对侵袭者是开放的,那将是非常危险的。

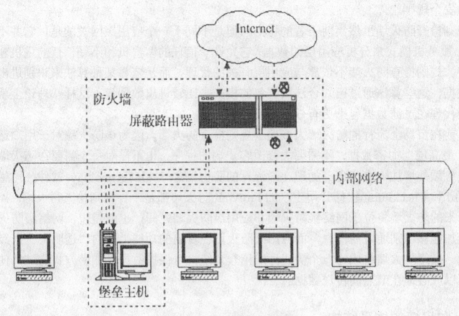

图 3-2 被屏蔽主机体系结构

3. 被屏蔽子网体系结构

被屏蔽子网体系结构添加额外的安全层到被屏蔽主机体系结构,即通过添加周边网络更进一步地把内部网络和外部网络(通常是 Internet)隔离开,如图 3-3 所示。堡垒主机是用户的网络上最容易受侵袭的机器。如果有人成功地侵入被屏蔽主机体系结构中的堡垒主机,那就毫无阻挡地进入了内部系统。通过在周边网络上隔离堡垒主机,能减少在堡垒主机上侵入的影响。它只给入侵者部分访问的机会。

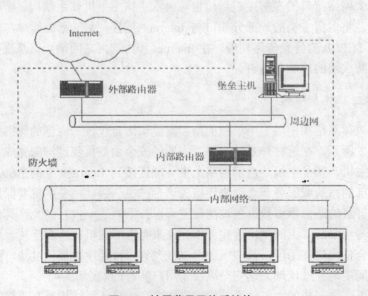

图 3-3 被屏蔽子网体系结构

被屏蔽子网体系结构最简单的形式为：两个屏蔽路由器，一个位于周边网与内部的网络之间，另一个位于周边网与外部网络之间（通常为 Internet）。为了侵入用这种类型的体系结构构筑的内部网络，侵袭者必须要通过两个路由器。即使侵袭者设法侵入堡垒主机，他仍然必须通过内部路由器。周边网络是另一个安全层，是在外部网络与用户的被保护的内部网络之间的附加的网络，如果侵袭者成功地侵入用户的防火墙的外层领域，周边网络在那个侵袭者与用户的内部系统之间提供一个附加的保护层。内部路由器为用户的防火墙执行大部分的数据包过滤工作，它允许从内部网到 Internet 有选择的出站服务。外部路由器保护周边网和内部网使之免受来自 Internet 的侵犯，阻止从 Internet 上伪造源地址进来的任何数据包。随着 Internet/Intranet 技术的飞速发展，网络安全问题必将愈来愈引起人们的重视。防火墙技术作为目前用来实现网络安全措施的一种主要手段，它主要是用来拒绝未经授权用户的访问，阻止未经授权用户存取敏感数据，同时允许合法用户不受妨碍地访问网络资源。如果使用得当，可以在很大程度上提高网络安全。但是没有一种技术可以百分之百地解决网络上的所有问题，比如防火墙虽然能对来自外部网络的攻击进行有效的保护，但对于来自网络内部的攻击却无能为力。事实上 60%以上的网络安全问题来自网络内部。因此网络安全单靠防火墙是不够的，还需要有其他技术和非技术因素的考虑，如信息加密技术、身份验证技术、制定网络法规、提高网络管理人员的安全意识等等。

3.3 数据加密技术

数据加密技术是网络中最基本的安全技术，主要是通过对网络中传输的信息进行数据加密来保障其安全性。所谓加密，就是将有关信息进行编码，使它成为一种不可理解的形式。加密后的内容叫做密文。加密技术能避免各种存储介质上的或通过 Internet 传送的敏感数据被侵袭者窃取。加密技术也适用于检查信息的真实性与完整性。这是一种主动安全防御策略，用很小的代价即可为信息提供相当大的安全保护。

3.3.1 信息加密技术的基本概念

一般的数据加密模型如图 3-4 所示，它是采用数学方法对原始信息（明文）进行再组织，使得加密后在网络上公开传输的内容对于非法接收者来说成为无意义的文字（密文），而对于合法的接收者，因为掌握正确的密钥，可以通过解密过程得到原始数据。在图 3-4 中，E 为加密算法，ke 为加密密钥，D 为解密算法，Kd 为解密密钥。如果按照收发双方密钥是否相同来分类，可以将加密技术分为对称密钥加密技术和非对称密钥加密技术，两种技术最有名的代表分别为 DES 和 RSA。

数据加密技术与密码编码学和密码分析学有关。密码编码学是密码体制的设计学，密码分析学则是在未知密钥的情况下，从密文推演出明文或密钥的技术，这两门学科合起来称为密码学。在加密和解密的过程中，都要涉及到信息（明文和密文）、密钥（加密密钥和解密密钥）和算法（加密算法和解密算法）。解密是加密的逆过程，加密和解密过程中依靠

"算法"和"密钥"两个基本元素,缺一不可。

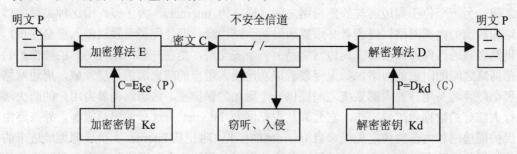

图 3-4　数据加密的一般模型

如果不论截取者获得了多少密文,在密文中都没有足够的信息来惟一地确定出对应的明文,则这一密码体制称为无条件安全的,或称为理论上不可破的。在理论上,目前几乎所有使用的密码体制都是可破的,人们关心的是要研制出在计算机上是不可破的密码体制。如果一个密码体制的密码不能被可以使用的计算资源所破译,则这一密码体制称为在计算机上是安全的。

由于受历史的局限,20 世纪 70 年代中期以前的密码学研究基本上是秘密进行的,而且主要应用于军事和政府部门。密码学的真正蓬勃发展和广泛应用是从 20 世纪 70 年代中期开始的。

1977 年,美国国家标准局颁布了用于非国家保密机关的数据加密标准 DES,该系统完全公开了加密、解密算法。此举突破了早期密码学的信息保密的单一目的,使得密码学得以在商业等民用领域被广泛应用,从而给这门学科以巨大的生命力。数据加密标准 DES (Data Encryption Standard)和公开密钥体制(Public Key Crypt-system)的诞生,是密码学中两个重要的事件,它们成为近代密码学发展史上两个重要的里程碑。整个密码学的发展过程是从简单到复杂,从不完美到完美,从具有单一功能到具有多种功能的过程,密码学的发展受到其他学科如数学、计算机科学的极大推动。

3.3.2　对称密钥加密技术

对称密钥加密技术利用一个密钥对数据进行加密,对方接收到数据后,需要用同一密钥来进行解密。对称密钥加密技术中最具有代表性的算法是 IBM 公司提出的 DES 算法,该算法于 1977 年被美国国家标准局 NBS 颁布为商用数据加密标准。近 20 多年来 DES 算法得到了广泛的应用。

DES 综合运用了置换、代替、代数等多种密码技术,把消息分成 64 位大小的块,使用 56 位密钥,加密算法的迭代轮数为 16 轮。DES 密码算法输入的是 64 位 bit 的明文,在 64bit 密钥的控制下产生 64bit 的密文;反之输入 64bit 的密文,输出 64bit 的明文。64bit 的密钥中含有 8 个 bit 的奇偶校验位,所以实际有效密钥长度为 56bit。DES 算法加密时把明文以 64bit 为单位分成块,而后用密钥把每一块明文转化成同样 64bit 的密文块。DES 提供 72×10^{15} 个密钥,用每微秒可进行一次 DES 加密的机器来破译密码需两千年。

在破译 DES 方面取得了许多进展。1997 年 1 月，美国 RSA 数据安全公司在 RSA 安全年会上举办了一个密钥挑战竞赛，分别悬赏 1000 美元、5000 美元和 1 万美元用于攻破不同密钥长度的 RC5 密码算法，同时还悬赏 1 万美元破译长度为 56bit 的 DES 算法。美国克罗拉多州的一个程序员用了 96 天的时间，在 Internet 数万名志愿者的协同工作下，成功地找到了 DES 的密钥，获得了 RSA 公司颁发的 1 万美元的奖励。这一事件表明依靠 Internet 的分布式计算能力，用穷举搜索法破译 DES 已成为可能，从而使人们认识到随着计算能力的增长，必须相应地增加算法的密钥长度。

DES 设计精巧，实现容易，使用方便，最主要优点在于加解密速度快，并且可以用硬件实现，其主要弱点在于密钥管理困难，密钥的传输过程必须绝对地安全，一旦密钥泄露则直接影响到信息的安全性。

自 DES 算法公布以来，出于 DES 算法本身的弱点以及各国政治上的考虑，而出现了许多 DES 的替代算法，这些算法中比较有影响的有 AES 算法（Advanced Encryption Standard）和欧洲数据加密标准 IDEA。

3.3.3 非对称密钥加密技术

1. 概念与产生

对称密码技术的缺陷之一是通信双方在进行通信之前需通过一个安全信道事先交换密钥。如果事先约定密钥，则进行网络通信的每个人都要保留其他所有人的密钥，这就给密钥的管理和更新带来了困难。在 Internet 环境下，由于参与通信的有关各方数量不小，上述两个困难很难解决。

针对这些问题，1976 年，美国学者 Diffre 和 Hellman 提出一种新的密钥交换协议，允许通信双方在不安全的媒体上交换信息，安全地达成一致的密钥，这就是"公开密钥系统"。这种算法需要两个密钥：公开密钥（public key）和私有密钥（private key）。因为加密和解密使用的是两个不同的密钥，所以这种算法也叫做非对称加密算法。这对密钥中的任何一把都可作为公开密钥通过非保密方式向他人公开，而另一把则作为专用密钥加以保存。私有密钥只能由生成密钥对的交易方掌握；公开密钥可广泛发布。虽然私有密钥在理论上可由公开密钥推算出来，但这种算法设计在实际的机器运行上是不可行的。

在公开密钥系统中，公开密钥 ke 是公开的，加密算法 E 和解密算法 D 也是公开的，只有私有密钥 Kd 是需要保密的。虽然 Kd 是由 ke 决定的，但却不能根据后者计算出前者。用 ke 对明文 M 加密后，再用 Kd 解密，即可恢复明文，而且，加密和解密的运算可以对调，即，用公开密钥加密的密文可以用私有密钥解开，用私有密钥加密的密文可以用公开密钥解开。

2. 实现信息交换过程

交易双方利用该方案实现机密信息交换的基本过程如下：
（1）交易方甲生成一对密钥，将其中的一把作为公开密钥向其他交易方公开。
（2）得到了该公开密钥的交易方乙使用该密钥对机密信息进行加密后再发送给交易方

甲。

（3）交易方甲再用自己保存的另一把专用密钥对加密后的信息进行解密。

（4）交易方甲只能用其专用密钥解密由其公开密钥加密后的信息。

3. RSA 算法简介

非对称加密算法主要有 RSA、DSA、Diffie-Hellman、PKCS、PGP 等。

RSA 算法是由 Rivest、Shanir 和 Adlerman 于 1978 年在麻省理工学院研制出来的，是建立在数论中大数分解和素数检测的理论基础上的。两个大素数相乘在计算上是容易实现的，但将该乘积分解为两个大素数因子的计算量却相当巨大，大到在计算机上在可接受的时间内不可能实现。RSA 运作来自于以下三个数学原理：尤拉函数、费马定理和尤拉定理。

RSA 算法将公开密钥和私有密钥分开，使得密钥分配更为方便。它特别符合计算机网络环境。对于网上的大量用户，可以将公开密钥用电话簿的方式印出。如果某用户想与另一用户进行保密通信，只需从公钥簿上查出对方的公开密钥，用它对所传送的信息加密发出即可。对方收到信息后，用仅为自己所知的私有密钥将信息脱密，了解报文的内容。由此可看出，RSA 算法解决了大量网络用户密钥管理的难题。

RSA 的缺点主要是：产生密钥很麻烦，受到素数产生技术的限制，因而难以做到一次一密。分组长度太大，为保证安全性，n 至少也要 600bit 以上，使运算代价很高，尤其是速度较慢，较对称密码算法慢几个数量级，且随着大数分解技术的发展，这个长度还在增加，不利于数据格式的标准化。由于进行的都是大数计算，使得 RSA 最快的情况也比 DES 慢上 100 倍。无论是软件还是硬件实现，速度一直是 RSA 的缺陷，因此一般来说只用于少量数据加密。RSA 和 DES 的优缺点正好互补。RSA 的密钥很长，加密速度慢，而采用 DES，正好弥补了 RSA 的缺点，即 DES 用于明文加密，RSA 用于 DES 密钥的加密。由于 DES 加密速度快，因此适合加密较长的报文；而 RSA 可解决 DES 密钥分配的问题。美国的保密增强邮件（PEM）就是采用了 RSA 和 DES 结合的方法，目前已成为 E-mail 保密通信标准。

由于加密技术是国家控制的技术，很多加密技术的出口自然受到美国国家安全局的限制。例如，目前美国可以使用 128 位的安全套接层技术，但出口的算法的密钥一般只允许达到 40 位，它的安全性显然比 128 位的密钥算法差得多。近来美国对这方面的限制有所放松，允许出口较尖端的技术应用于银行系统，这对于整个世界银行系统的安全性是很有好处的。我国要开发自己的高强度加密技术，把加密技术掌握在自己手中，才能够比较主动地掌握各类信息的安全。

3.4 电子商务认证技术

信息认证是安全性的很重要的一个方面，信息认证的目的是要在以下几个方面得到保证：

（1）可信性。信息的来源是可信的，指信息接收者能够确认所获得的信息不是由冒充者所发出的。

（2）完整性。要求信息在传输过程中保证其完整性，指信息接收者能够确认所获得的信息在传输过程中没有被修改、延迟和替换。

（3）不可抵赖性。要求信息的发送者不能否认自己所发出的信息，同样，信息的接收者不能否认已收到的信息。

（4）访问控制。拒绝非法用户访问系统资源，合法用户只能访问系统授权和指定的资源。

为了达到上述目的，通过组合运用3-3节所介绍的加密解密技术，提出了一系列行之有效的安全认证技术。本节择其要者予以简介。

3.4.1 消息摘要

消息摘要方法是由Ron Rivesl研究发明的。它通过单向散列函数（Hash函数）生成一个惟一的对应一个消息的值。所生成的摘要比原始消息长度大大缩短，一般是定长的。不同的消息生成的摘要不同，相同的消息生成的摘要相同。设计良好的摘要算法能够做到即使仅仅改动原始消息的一个字符，所生成的摘要在绝大多数情况下也会不同。所以，消息摘要相对于消息的关系与人的指纹对应于人体的关系类似。有时消息摘要被形象地称为"数字指纹"，可以验证消息是否完整和正确。

验证的过程一般为：发送方将消息与摘要一同发送，接收方收到以后用摘要函数对收到的消息进行计算，产生一个新的消息摘要，并与发送来的摘要对比，若相同，则说明收到的消息没有被更改过，否则，可以认定消息是不完整的。实际中的应用更复杂一些，往往将摘要加密以后再在网上传输。

3.4.2 数字签名

数字签名是公开密钥加密技术的一类应用。它的主要方式是：报文的发送方用自己的私钥SKA对根据报文计算形成的散列值M进行加密来形成发送方的数字签名DSKA（M），然后，这个数字签名将作为报文M的附件和报文一起发送给报文的接收方B。报文的接收方B用发送方的公钥PKA来对报文附加的数字签名进行解密，M'=Epka（Dska（M））。如果M=M'，那么接收方就能确认该数字签名是发送方的。通过数字签名能够实现对原始报文完整性的鉴别和不可抵赖性。假若A要抵赖曾发报文给B，B可将M及Dska（M）出示给第三者，第三者很容易用PKA去证实A确实发消息给B。反之，如果是B将M伪造成M'，B就不能在第三者面前出示Dska（M'）。在实现数字签名的同时，也实现了对报文来源的鉴别。

在实际应用中，由于被签消息很长而签名算法相对较慢，一般先用一个Hash函数将被签消息M压缩为Hash（M），得到消息M的"消息摘要"，然后，再对消息摘要进行签名，得到了Dska（Hash（M）），在验证时只有重新计算M的Hash值并与Epka（Dska（Hash（M））比较即可。

在电子商务中，完善的数字签名应当具备不可抵赖、不能伪造、在公证机构可以验证真伪的能力。实现这种能力最主要的技术基础就是非对称加密技术。

在实际商务活动中经常出现这种情形,即持卡人给商家发送订购信息和自己的付款帐户信息,但不愿让商家看到自己的付款账户信息,也不愿让处理商家付款信息的第三方看到定货信息。在电子商务中要能做到这点,需使用双重签名技术。持卡人将发给商家的信息(报文1)和发给第三方的信息(报文2)分别生成报文摘要1和报文摘要2,合在一起生成报文摘要3,并签名;然后,将报文1、报文摘要2和报文摘要3发送给商家,将报文2、报文摘要1和报文摘要3发送给第三方;接收者根据收到的报文生成报文摘要,再与收到的报文摘要合在一起,比较结合后的报文摘要和收到的报文摘要3,确定持卡人的身份和信息是否被修改过。双重签名解决了三方参加电子贸易过程中的安全通信问题。

3.4.3 数字时间戳

在电子商务交易文件中,时间是十分重要的信息。在书面合同中,文件签署的日期和签名一样均是十分重要的防止文件被伪造和篡改的关键性内容。数字时间戳服务(Digital Time-Stamp Service,DTS)是网上电子商务安全服务项目之一,能提供电子文件的日期和时间信息的安全保护,由专门的机构提供。

数字时间戳(time-stamp)是一个经加密后形成的凭证文档,它包括三个部分:需加时间戳的文件的摘要(digest),DTS 收到文件的日期和时间,DTS 的数字签名。

一般来说,时间戳产生的过程为:用户首先将需要加时间戳的文件用 Hash 编码加密形成摘要,然后将该摘要发送到 DTS,DTS 在加入了收到文件摘要的日期和时间信息后再对该文件加密(数字签名),然后送回用户。书面签署文件的时间是由签署人自己写上的,而数字时间戳则不然,它是由认证单位 DTS 来加的,以 DTS 收到文件的时间为依据。

3.4.4 数字信封

数字信封是数据加密技术的又一类应用,信息发送端先用对称加密方法对明文加密,然后用接收端的公钥,将加密用的对称密钥加密以后形成数字信封传送到接收端,接收端用其私有密钥打开信封,取得该对称密钥(Sk),然后用它来解开传送来的信息。

详细过程如下:

(1)要传输的信息经杂凑(Hash)函数运算得到一个信息摘要 MD,MD=Hash(信息);

(2)MD 经发送者 A 的私钥 SKA 加密后得到一个数字签名;

(3)发送者 A 将信息明文、数字签名及数字证书上的公钥三项信息通过对称加密算法,以 DES 加密密钥 SK 进行加密得加密信息 E;

(4)A 在传送信息之前,必须先得到 B 的证书公开密钥 PKB,用 PKB 加密秘密密钥 SK,形成一个数字信封 DE;

(5)E 和 DE 就是 A 所传送的内容;

(6)接收者 B 以自己的私人密钥 SKB 解开所收到的数字信封 DE,从中解出 A 所用过的 SK;

(7)B 用 SK 将 E 还原成信息明文、数字签名和 A 的证书公开密钥;

(8)将数字签名用 A 证书中的公开密钥 PKA 解密,将数字签名还原成信息摘要 MD;

(9) B 再以收到的信息明文,用 Hash 函数运算,得到一个新的信息摘要 MD;

(10) 比较收到已还原的 MD 和新产生的 MD′是否相等,相等无误即可确认,否则不接收。

3.4.5 数字证书和认证中心

1. 数字证书

数字证书也称公开密钥证书,是各类终端实体和最终用户在网上进行信息交流及商务活动的身份证明,在网络通信中标志通信各方身份信息的一系列数据,其作用类似于现实生活中的身份证。它主要包含用户身份信息、用户公钥信息以及身份验证机构数字签名等数据。身份验证机构的数字签名可以确保证书信息的真实性,用户公钥信息可以保证数字信息传输的完整性,用户的数字签名可以保证数字信息的不可否认性。

在电子交易的各个环节,交易的各方都需验证对方数字证书的有效性,从而解决相互信任问题。人们可以在交往中用它来识别对方的身份,交易伙伴可以使用数字证书来交换公开密钥。

数字证书是一个经证书认证中心(Certification Authority,简称 CA)发行的文件。认证中心(CA)作为权威的、可信赖的、公正的第三方机构,专门负责为各种认证需求提供数字证书服务。认证中心颁发的数字证书均遵循 X.509V3 标准。X.509 是国际电信联盟(ITU)制定的标准,该标准等同于国际标准化组织(ISO)与国际电工委员会(IEC)联合发布的 ISO/IEC95944:195 标准。用 X.509 标准在编排公共密钥密码格式方面已被广为接受。X.509 证书已应用于许多网络安全技术,其中包括 IPSec(IP 安全)、SSL、SET、S/MIME。

数字证书主要由以下两部分组成:

(1) 证书数据

包括以下内容:

① 版本信息,用来与 X.509 的将来版本兼容;

② 证书序列号,每一个由 CA 发行的证书必须有一个惟一的序列号;

③ CA 所使用的签名算法;

④ 发行证书 CA 的名称;

⑤ 证书的有效期限;

⑥ 证书主题名称;

⑦ 被证明的公钥信息,包括公钥算法、公钥的位字符串表示;

⑧ 包含额外信息的特别扩展。

(2) 发行证书的 CA 的数字签名

2. 认证中心及其功能

认证中心是检验管理密钥是否真实的第三方,它是一个权威机构,专门验证交易双方的身份。验证的方法是接受个人、商家、银行等涉及交易的实体申请数字证书,核实情况,批准或拒绝申请,颁发数字证书。认证中心除了检验外,还具有管理、搜索和验证证书等职能。

一个典型的 CA 系统包括安全服务器、注册机构 RA、CA 服务器、LDAP 目录服务器和数据库服务器等，如图 3-5 所示。

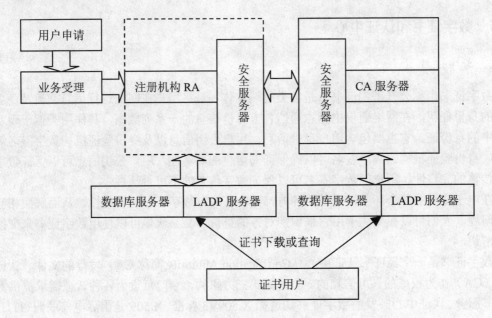

图 3-5 典型的 CA 中心

认证中心主要有以下几种功能：

（1）证书的颁发

中心接收、验证用户的数字证书的申请，并根据申请的内容确定是否受理该数字证书申请，并做备案。如果数字证书申请合格，则进一步确定颁发何种类型的证书。新证书用认证中心的私钥签名以后，发送到目录服务器供用户下载和查询。为了保证消息的完整性，返回给用户的所有应答信息都要使用认证中心的签名。

（2）证书的更新

可以定期更新所有用户的证书，或者根据用户的请求来更新用户的证书。

（3）证书的查询

其一是认证中心根据用户的查询请求返回当前用户证书申请的处理过程；其二是用户证书的查询，目录服务器根据用户的请求返回适当的证书。

（4）证书的作废

当用户由于私钥泄密等原因造成用户证书需要申请作废时，用户需要向认证中心提出证书作废请求，认证中心根据用户的请求确定是否将该证书作废。另外一种证书作废的情况是证书已经过了有效期，认证中心自动将该证书作废。还有一种情况是上级认证中心对下级认证中心不能信赖时，它可以主动停止下级认证中心公钥证书的合法使用。认证中心通过维护证书作废列表（Certificate Revocation List，CRL）来完成上述功能。

（5）证书的归档

证书具有一定的有效期，证书过了有效期之后就将被作废，但是我们不能将作废的证书简单地丢弃，因为有时我们可能需要验证以前的某个交易过程中产生的数字签名，这时我们就需要查询作废的证书。基于此类考虑，认证中心还应当具备管理作废证书和作废私钥的功能。

（6）提供密钥托管和密钥恢复服务

认证中心可根据客户的要求提供密钥托管服务，备份和管理客户的加密密钥对。当客户需要时可以从密钥库中提出客户的加密密钥对，为客户恢复其加密密钥对，以解开先前加密的信息。这种情况下，认证中心的密钥管理器，采用对称加密方式对各个客户私钥进行加密，加密密钥在加密后即销毁，保证了私钥存储的安全性。密钥恢复时，采用相应的密钥恢复模块进行解密，以保证客户的私钥在恢复时没有任何风险和不安全因素。

3. 认证中心的分级结构

对于一个大型的应用环境，认证中心往往采用一种多层次的分级结构，各级的认证中心类似于各级行政机关，上级认证中心负责签发和管理下级认证中心的证书，最下一级的认证中心直接面向最终用户。处在最高层的是金融认证中心（Root CA），它是所有人公认的权威。如图3-6所示，如果当使用者A想要验证使用者B的数字证书的正确性，则使用者A利用其熟知的CA3的公钥来验证CA3对CA2的签证，则可确信CA2的公钥为可信赖的公钥，接着再以CA2的公钥验证CA1的可信赖性，并以此类推，便可得出使用者B的公钥可被使用者A所信赖。在进行网上购物时，持卡人的证书与发卡机构的证书关联，而发卡机构的证书通过不同品牌卡的证书连接到Root CA，而Root CA的公共签名密钥对所有的软件都是已知的，可以校验每一个证书。

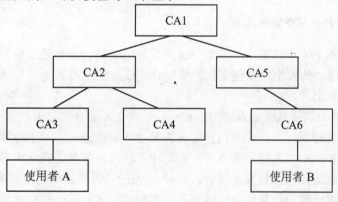

图3-6 CA认证中心的分级示意

4. 认证中心的安全威胁

认证中心所提供的服务是通过Internet实施的，面临来自Internet的攻击的威胁。同时，由于其业务的特殊性和重要性，还面临来自内部的攻击威胁。攻击者的目标是多方面的，其中以窃取CA核心机密（如密钥对）是最严重的威胁。主要包括以下几个方面：

（1）系统穿透。攻击者通过一定的手段对认证性（真实性）进行攻击，假冒合法用户接入系统，从而达到篡改系统文件、窃取系统机密信息、非法使用系统资源等目的。

（2）违反授权原则。攻击者盗用一个合法用户账号，经授权进入系统后，在系统中进行未经授权的操作，一个攻击者可以通过猜测口令等手段取得一个普通用户账号，以合法的身份接入系统，进而可查找系统的薄弱环节，最后取得系统的最高控制权，从而严重危及系统的安全。

（3）植入病毒。在系统穿透或违反授权攻击成功后，攻击者通常在系统中植入一种能力，为以后攻击提供方便条件，如向系统中注入病毒、蛀虫、"特洛伊木马"、陷门、逻辑炸弹等来破坏系统正常工作。

（4）通信监视。攻击者通过搭线和电磁泄漏等手段截取通信信息，对信息、业务流量等数据进行分析，获取有用的情报，获得机密信息。CA 认证中心的敏感信息在传输中，都是经过加密处理的，但在机房数据处理中，数据会以明文形式出现，所以机房是反通讯监视的重点部位。

（5）中断。这里指对可用性进行攻击，破坏系统中的硬件、硬盘、线路、文件系统等，使系统瘫痪，不能正常工作，破坏信息和网络资源，这类攻击一般采取暴力手段，破坏通讯设施，甚至使用高能量的电磁脉冲发射设备摧毁系统的电子元器件。

（6）拒绝服务。拒绝服务的攻击手段能够阻塞被攻击目标的合法接入信息、业务或其他资源，致使其正常服务中断。例如，一个业务出口被精心地策划进行滥用而使其他用户不能正常接入，又如 Internet 的一个地址被大量的垃圾信息阻塞等。

（7）管理漏洞。CA 系统的安全性除了技术方面的因素外，管理也是一个非常重要的因素，管理方面存在的漏洞往往蕴藏着极大的风险和隐患。例如，CA 的签名私钥如果只由一个工作人员管理和控制，当这名工作人员受到贿赂以后，就极有可能签发。

5．CA 认证中心安全防范措施

针对以上所提的 CA 认证中心安全方面所受到的威胁，必须采取必要的安全措施，才能保证 CA 认证中心的安全，以使交易能够顺利完成。安全措施主要有以下几点：

（1）机房的安全

CA 机房是整个认证系统的系统控制核心，必须设置独立的专用机房。CA 中心机房应配备先进的门禁管理系统，防止非授权人员的无意或有意进入。对于敏感岗位的操作，必须进行身份识别和采用多人控制的方式。为防止非法入侵和暴力破坏机房；设立智能化门禁系统，配备实时监控系统和安全时钟，记录开/关门、每次授权进出的活动。CA 机房必须能够屏蔽电磁波，防止信息经由电磁辐射而引起的秘密泄露。机房的电力和空调系统应采用主系统和备用系统两个系统，当主系统发生故障时，可以自动启动备用系统。机房应该配备自动气体消防系统，能够在火灾发生之初进行预警检测和自动灭火。

（2）CA 的密钥安全

数字证书的安全性和可靠性主要依靠 CA 的数字签名来保证，而 CA 的数字签名是使用自身的私有密钥运算产生的。所以，CA 的密钥安全非常重要，一旦密钥泄露，将引起整个信任体制的崩溃。为此，对于 CA 的密钥安全措施，一般需要注意以下几个方面的原则：

① 选择模长较长的密钥。认证中心的公共密钥会受到多种攻击，基于 Internet 的"联机运算"就是一种，这种攻击利用上千台计算机，采用"穷举"方式进行计算。密钥的长

度越长,密码空间就越大(对于模长为 n 位的密码,其有效密码空间为 2^n),采用"穷举"方式攻击的代价就越大。所以,CA 中心必须使用很长的密钥。从目前的计算机运算速度来看,采用 1024 位的密钥是安全的。CA 根节点的密钥长度至少应该达到 1024 位,最好能做到 2048 位,但目前许多应用软件还不支持 2048 位的加解密运算。

② 使用硬件加密模块。与软件加密方法比较,使用硬件加密模块的好处在于加密和解密运算在硬件模块内完成,密钥完全由加密模块本身控制,其他程序无法对其进行控制或操作,避免了软件加密时需要将密钥读入计算机内存而被陷阱程序窃取的风险。另外,密钥存储在硬件加密模块内也十分安全,如果试图打开硬件加密模块而分析获知密钥,硬件加密模块会感知这一情况,将自动启动密钥自毁程序,将密钥销毁。

③ 使用专用硬件产生密钥对。所有 CA 中心的密钥对应该使用专门的硬件产生,以确保密钥的质量。密钥质量指密钥的差异性,即连续产生的多个密钥对不应该存在任何相似的部分,更不能出现完全相同的密钥对。专用的密钥产生设备,其内部装备了优质的随机数产生器(如电子噪声),可以保证密钥的随机性。密钥对产生后可以存储于加密硬件内,或以一定的加密形式存放于密钥数据库内。

④ 密钥分享的控制原则。CA 私钥的控制应该以密钥分享的方式进行,也就是说,密钥的使用是多人控制的,只有由两个或两个以上的管理员合作,才能完成证书的签发和密钥备份的恢复。采用密钥分享的原则,可以有效降低个人作弊的可能性和危害。

⑤ 建立对密钥进行备份和恢复的机制。为防止意外造成 CA 密钥的损坏,应对 CA 的密钥进行备份。与通常讲的数据备份不同,密钥的备份必须以加密的形式存储在专用的硬件中,以保证备份是真正处于"非活动"状态。备份通过 CA 中心的密钥管理器进行,一般采用对称加密方式对密钥进行加密,然后存储。

(3)CA 系统安全

为防止由于不可预料事件发生而导致系统不能正常运行,防止 CA 服务中断,CA 系统必须有备份系统。备份系统可以与主系统在同一个机房,但最好的方案是将备份系统放在异地。数据备份是非常重要的工作,CA 应该同时提供本地和异地备份,制订可行的备份和灾难恢复计划。当存档的敏感数据或密钥不再需要时,应当将这些数据进行销毁。写在纸张之上的,必须切碎或烧毁。如果保存在磁盘中,应多次重写覆盖磁盘的存储区域。所有销毁工作必须做好记录,以备审查。

(4)病毒防范

防止病毒入侵,主要是要做到以下两点:CA 中心的软件使用必须经过严格的审核,所有的进口软件必须经过相应的控制程序后才能使用,采用防病毒软件,实时检测病毒入侵。

(5)管理控制

在 CA 的业务系统中,必须进行严格的管理控制,对于来自外部和内部的用户操作进行监控。IC 卡(智能卡)是目前使用广泛的电子令牌,具有极高的保密性,而且方便携带,IC 卡可以存储私有密钥,并且在卡内可以进行加密运算,也可以存储口令,IC 卡使用 PIN(个人识别码)保护技术,使用 IC 卡必须输入正确的 PIN,如果连续输入错误(可设定,一般为 3 次),智能卡会自动锁定,防止了猜测口令式的攻击。在 CA 系统中,登录到控制台、签发证书、密钥管理等关键环节都强制使用 IC 卡登录,管理员只需有 IC 卡和知道 PIN

码，IC卡内的私钥和口令他不须也不可能知道。在系统中，需要安装入侵检测工具，所有接入数据必须进行审计，检测和识别系统中未授权的或异常的现象，对所有端系统用户进行严格安全管理。利用审计记录，入侵检测系统应能够识别出任何非法操作，从而限制或终止访问。为保证网络安全，认证系统需要安装双重防火墙，最好采用不同的防火墙产品，需要向Internet用户开放的程序或内容，经过外层防火墙保护，关键数据和内部管理终端，由另外一层防火墙保护。

第4章 电子商务的网上支付

网上支付是指以商用电子化工具和各类电子货币为媒介,以计算机技术和通信技术为手段,通过电子数据存储和传递的形式在计算机网络系统上实现资金的流通和支付。目前已经有了各种各样的支付系统,每种系统都有各自的特点、成本、优点和缺点。当顾客来到一家商店的电子收款台时,商家期望能向顾客提供多种安全、方便和广为接受的支付方式。要找到适合商家或企业的最佳支付方式,可以从若干种选择方案中挑选出符合要求的解决方案。由于运作模式的不同,各种支付系统在安全性、风险性和支付效率等方面有着不同的特点。

网上支付系统是一个由买方、卖方、网络金融服务机构(包括商家银行、顾客银行)、网络认证中心以及网上支付工具等组成的一个综合大系统。因此,要实现在开放的网络上传输支付信息就必须采取先进可行的安全技术。目前广泛使用的安全电子交易协议(SET)或安全套接层协议(SSL)等安全控制协议就构成了网上交易的安全环境,网上交易与支付的环境的外层,则由国家以及国际相关法律法规的支撑来实现。此外,网上支付系统在将支付工具、支付过程无形化的同时,也将原来面对面的信用关系虚拟化了。因此,加强信用管理,建立完善的信用体系也成了目前急需解决的一个问题。

网上支付过程中涉及到很多的技术问题,这些在其他章节中都会有所介绍。本章主要介绍网上支付常用的几种工具。

网上支付工具作为网上支付系统的核心,其种类很多。主要有银行卡、电子现金和电子支票等。此外,还有一些新兴的支付手段,如移动支付和中间件等。

4.1 银 行 卡

银行卡由银行发行,包括信用卡、智能卡(IC卡)等,其中发行最多的是信用卡。信用卡支付是金融服务最常见的一种方式,具有购物消费、信用借款、转账结算、汇兑储蓄等多项功能,也可以在商场、饭店等多种场所中使用。如采用联网设备在线刷卡记账、POS结账,以及ATM提取现金等。信用卡支付是按照SET协议标准建立起来的一整套购物及支付系统。其具体方式是:用户在网上发送信用卡号和密码,加密发送到银行进行支付,而在支付过程中要进行用户、商家及付款要求的合法性验证。

目前,国内多家银行都设立了这种用于在线支付的银行卡,如中国银行的"长城电子借记卡"、中国建设银行的"龙卡"、中国工商银行的"牡丹信用卡"、中国农业银行的"万顺卡"、招商银行的"一卡通"等,都具有安全、方便的特性,是一种比较理想的在线支付工具,也是目前在国内网上购物实现在线支付的主要手段。

4.1.1 信用卡支付的类型

目前,基于信用卡的支付有四种类型:无安全措施信用卡支付、通过第三方代理人的支付、简单信用卡加密支付,以及基于 SET 协议的信用卡支付方式。

1. 无安全措施信用卡支付

无安全措施信用卡支付流程如图 4-1 所示。

图 4-1 无安全措施信用卡支付流程

这种支付方式的特点是:商家完全掌握用户的信用卡信息,信用卡信息的传递无安全保障。

2. 通过第三方代理人支付

通过第三方代理人支付方式的业务流程如图 4-2 所示。

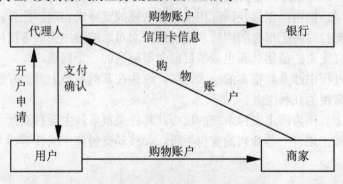

图 4-2 通过第三方代理人支付的流程

这种支付方式的特点是:信用卡信息不在开放的网络中传送,支付是通过用户、商家双方均信任的第三方(代理人)来完成的。

3. 简单加密支付

简单加密支付方式的业务流程如图 4-3 所示。
(1)顾客向发卡银行申请开设一个信用卡账户;
(2)发卡银行返回顾客一个信用卡账号;
(3)顾客在商家的网站上浏览、订货,将信用卡信息加密后传给商家服务器;
(4)商家服务器验证接收到的信息的有效性和完整性,将用户加密的银行信息传给商家银行的业务服务器,商家服务器无法看到用户的信用卡信息;
(5)业务服务器验证商家身份后,将用户加密的信用卡信息转移到安全的地方解密,然后将用户信用卡信息通过安全专用网传送到商家银行;

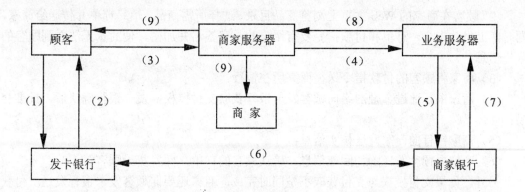

图 4-3 简单加密支付流程

（6）商家银行通过银行间专用网络与顾客信用卡发放银行联系，确认信用卡信息的有效性；

（7）得到发卡银行的确认后，将结果传送给业务服务器；

（8）业务服务器通知商家服务器交易完成或被拒绝；

（9）商家服务器根据处理的情况通知顾客交易是否成功，同时将交易情况通知商家。

整个过程只需经历很短的时间。交易过程的每一步都需要交易方以数字签名来确认身份，顾客和商家都必须使用支持此种业务的软件。数字签名是顾客、商家在注册系统时产生的，不能修改。用户信用卡加密后的信息一般都存储在顾客的个人计算机上。

这种支付方式的特点是：使用加密技术对信用卡等关键信息进行加密，以数字签名确认信息的真实性，需要业务服务器和服务软件的支持。

4. 基于 SET 协议的支付

SET 是"安全电子交易"的简称，是一个在开放的互联网上实现安全电子交易的国际协议和标准。基于 SET 协议的支付流程如图 4-4 所示。

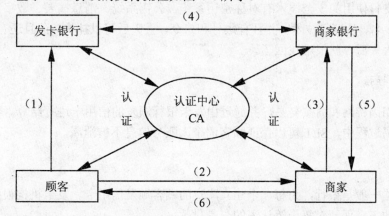

图 4-4 基于 SET 协议的支付流程

（1）顾客在发卡银行开设信用卡账户，并获得信用卡；

（2）顾客在商家的 Web 主页上浏览商品目录、选择所需商品、填写订单并传送给商家，同时附上付款指令，订单和付款指令要有用户的数字签名并加密，使商家无法看到顾客的账户信息；

（3）商家将顾客的付款指令送往商家所在银行；

（4）商家银行通过金融网络向顾客发卡银行获取支付授权，发卡银行确认后，批准交易；

（5）商家银行向商家发送核实信息；

（6）商家向顾客发送购物回应信息，确认顾客的订单，并发货给顾客。

另外，如果支付授权与支付获取不是同时完成，商家还要向顾客发卡银行发送支付获取请求，将顾客的购物款转账到商家所在银行的账户中。

这种支付方式的特点是：SET 提供对交易参与者的认证，确保交易数据的安全性、完整性和交易的不可抵赖性，特别是确保不会将持卡人的账户信息泄露给商家，保证了 SET 协议的安全性。

这种方式比较适合 BtoC 的交易模式。它采用记名消费的方式，但在加强了系统安全性的同时，却丧失了匿名性的特征，不能很好地保护消费者的隐私。

4.1.2 信用卡的特点

从上面的交易流程可以看出，与普通现金相比，信用卡具有以下特点：

1. 携带方便，不易损坏

信用卡一般用塑料制成，小巧轻薄，便于携带，而且不容易损坏。而普通现金一般由纸制成，容易污损。此外，如果所需数量较多时，普通现金携带也不方便。

2. 安全性好

信用卡支付使用的安全技术有对称密钥系统、公钥系统、消息摘要、数字签名、数字信封、双重签名、认证等技术。并且有账号和口令，丢失后可以挂失，而且还有口令保护。而普通现金丢失后，就很难找回了。

3. 保密性强

顾客利用因特网和商家交易，并通过由发卡银行颁发的信用卡进行结算。在顾客与商家的整个交易过程中，SET 可以保证顾客的个人账号信息不被泄漏。

4. 信誉好

发卡机构一般是银行，为每一个建立账户的顾客颁发信用卡。发卡机构根据不同品牌卡的规定和政策，保证对每一笔认证的交易付款。

5. 费用低

信用卡支付一般是利用由银行操作的专用设备，负责将因特网上的传输数据转换为金融机构的内部数据。或由指派的代理方负责处理商家的支付请求和顾客的支付指令，一般是几个商家和几个银行共用一个支付网关，和其他支付方式相比费用较低。

当然，使用信用卡也存在着一些问题，其中最主要的就是安全问题。信用卡的安全已成为持卡人最关心的问题，很多人都担心因口令被泄漏而导致信用卡被盗用。事实上，信用卡被盗用的情况并不少见，大多数是安全措施不力造成的。要想顺利地推进信用卡的应用，就一定要确保其安全性。

信用卡与其他银行卡的一个重要差别在于，信用卡不仅是一种支付工具，同时也是一种信用工具。使用信用卡可以透支消费，给用户带来了方便，但这同时也给银行带来了恶意透支的问题。

4.1.3 智能卡

智能卡是一张塑胶卡，里面安全地嵌入了一个芯片。该嵌入式芯片可能是微处理器或存储芯片，可存储用户的个人信息，如财务数据、私有加密密钥、账户信息、信用卡号码及健康保险信息等大量关于持有人的信息。带有微处理器的卡可以添加、删除和修改卡上的信息，而只带有存储器的卡仅能执行预先规定的操作。尽管微处理器能够像计算机那样运行程序，但它不是一台独立的计算机，其程序和数据必须从其他一些设备（如读卡机或ATM 机）上下载。

当把卡插入一个读卡机时，卡上芯片被激活，并与读卡机设备进行电子对话。芯片的优势在于，它能够容纳比传统银行卡多 100 多倍的信息，而不能被拷贝。卡上的芯片在插入读卡机之前加密数据，所以很难破坏它的安全性，而加密参数（如密钥）与卡相随。另一个优势是在一个芯片上可能具有各种功能，包括信用卡、借记卡和储值卡的功能，以及网上安全购物的功能。可以进行大量转账应用、身份认证服务、贸易商忠诚度验证等。因此仅仅通过一张智能卡，用户可以与它的银行和第三方进行多种业务联系。但智能卡的制造成本高，且易于受到被暗中破坏的读卡机硬件的损害。另外，使用智能卡每个用户终端必须安装一个智能卡读卡机，尽管许多人认为这个硬件可以作为一个标准规格的 PC 的一部分，但至今还没有实现。不过，世界上的主要银行卡协会，如维萨、万事达和 Europay，它们正积极推动其会员银行采用智能卡。

智能卡比传统信用卡更易防止滥用，因为智能卡上的信息是加密的。例如，传统信用卡在卡的正面清楚地印有账户号码。窃贼要用持有人信用卡来支付他的采购所需的就是信用卡号加上伪造的签名。而使用智能卡就基本上不会发生这种情况，因为这时只需用户密钥就能打开加密的信息，不需要窃贼能得到的信用卡号或可模仿的签名。另外智能卡还有便于携带及方便使用的好处。

4.2 电子现金

电子现金，又称为数字现金，是一种表示现金的加密系列数（它是银行用其私钥进行数字签名的随机数），它可以用来表示现实中各种金额的币值。简单来说，就是以电子方式存在的货币现金。其实质是代表一定价值的数字，或者说电子现金就是纸质现金的电子化，因此电子现金同时拥有现金和电子化两者的优点。

随着基于纸张的经济向数字经济的转变，电子现金将成为主流。电子现金带来了纸币在安全和隐私性方面所没有的便利。由于电子现金具有现金的特性，符合中国普通用户购买小额商品时的支付习惯，因此，很有可能会成为未来我国在线支付的重要手段，但目前我国尚未开始正式使用。

4.2.1 电子现金的属性

电子现金具有以下四种属性：

1. 货币价值

电子现金具有现金的属性，它可以用来表示现实中各种金额的币值。电子现金必须有一定的现金、银行授权的信用或银行证明的现金支票进行支持。当电子现金由一家银行产生并被另一家所接受时不能存在任何不兼容问题。如果失去了银行的支持，电子现金会有一定的风险。

2. 可交换性

电子现金可以与不同国家和地区的纸币、商品/服务、网上信用卡、银行账户存储金额、支票和负债等进行交换；一般倾向于电子现金在一家银行使用。而实际上不是所有的顾客都会使用同一家银行的电子现金，有的甚至不使用同一个国家的银行的电子现金。这就面临着电子现金在多家银行广泛使用的问题。

3. 可存储性

顾客可以从银行账户中提取一定数额的数字现金存入个人计算机的外存、IC卡或其他专用设备上。由于在计算机上产生或存储现金，因此伪造现金非常容易，最好将现金存入一个不可修改的专用设备上。这种设备应该有一个友好的用户界面，以有助于通过口令或其他方式的身份验证浏览卡内信息。

4. 重复性

顾客可能用同一电子现金在不同国家、地区的网上商店同时购物，这就有可能造成电子现金的重复使用。因此要防止电子现金的复制和重复使用。

4.2.2 电子现金支付的流程

要从网上的货币服务器或银行购买电子现金，首先要在该银行建立一个账户，并将足够的资金存入账户。以后，当顾客想用电子现金消费时，可以通过互联网访问银行并提供身份证明。由认证中心颁发的数字证书通常用作数字身份证明。银行确认了顾客的身份后，发给顾客一定数量的电子现金,然后从顾客账户上减去相同的金额。当然银行会收取一小笔处理费,与所发的电子现金成正比。顾客将电子现金存在个人计算机的硬盘上,并发给商家一定的数量以支付商品或服务的费用。商家再将电子现金交给发行银行。银行将此金额加进商家的账户中,但同样要减去一小笔服务费。

1. 电子现金支付流程

在整个交易过程中,必须保护电子现金不被盗窃或更改,商家和银行要能验证电子现金是否属于支付它的顾客并且没有被重复使用。

现在常用的电子现金支付方式的流程如图 4-5 所示。

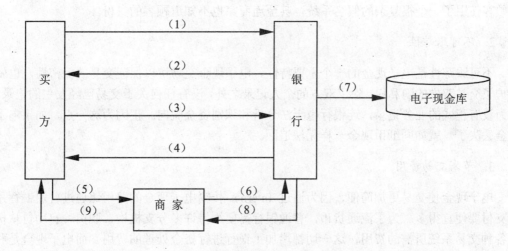

图 4-5　电子现金支付流程

（1）顾客向银行请求开设电子现金账户；
（2）银行在检查顾客的有效证件后返还顾客一个银行账号；
（3）顾客将资金存入自己的账户,并向银行发出购买电子现金的请求；
（4）银行确认了顾客的身份后,发给顾客一定数量的电子现金,然后从顾客账户上减去相同的金额；
（5）顾客浏览商家的网站,在确定所购的商品后,向商家递交购物清单。商家收到订单后,即向顾客发送支付请求,由顾客发送经过加密的电子现金；
（6）商家将顾客的电子现金发送到银行进行验证；
（7）银行将电子现金与已经使用的电子现金数据库进行比较,以检验是否重复使用；
（8）如果未经重复使用,银行便向商家发送核实信息；
（9）商家向顾客发送确认信息,并发送商品或服务。

2. 电子现金支付的特点

（1）商家和银行之间应有协议和授权关系；
（2）顾客、商家和电子现金的发行银行都需要电子现金软件；
（3）适用于小额交易（minipayment）,因此适用于 B2C 模式的电子商务；

（4）电子现金的发行银行在发放电子现金时使用数字签名；商家在每次交易中，将电子现金传送给银行，由银行验证电子现金的有效性；

（5）电子现金的发行者负责用户和商家之间实际资金的转移；

（6）电子现金与普通现金一样，可以存、取和转让。

4.2.3 电子现金的特点

1. 匿名性

顾客用数字现金向商家付款，除了商家以外，没有人知道顾客的身份和交易细节。如果顾客使用了一个很复杂的假名系统，甚至连商家也不知道顾客的身份。

2. 不可跟踪性

不可跟踪性是电子现金的一个重要特性。电子现金交易可以保证交易的保密性，也就维护了交易双方的隐私权。除了双方的个人记录之外，没有任何关于交易已经发生的记录。因为没有正式的业务记录，连银行也无法分析和识别资金流向。正因为这一点，如果电子现金丢失了，就如同纸币现金一样无法追回。

3. 节省交易费用

电子现金使交易更加简便，因为通过 Internet 传输电子现金的费用比通过普通银行系统支付要便宜得多。为了流通货币，普通银行需要维持许多分支机构、职员、自动付款机及各种交易系统所需的费用，这一切都增加了银行进行资金处理的费用。而电子现金是利用已有的 Internet 和用户的计算机，所以消耗比较小，尤其是小额交易更加合算。

4. 节省传输费用

普通现金的传输费用比较高。这是因为普通现金是实物，实物的多少与现金金额是成正比的，金额越大，实物货币就越多。大额现金的保存和移动是比较困难和昂贵的。而电子现金的流动没有国界，在同一个国家内电子现金流通的费用跟国际间流通的费用是一样的，这样就可以使国际间货币流通的费用比国内流通费用高出许多的状况大大改观。

5. 持有风险小

普通现金有被抢劫的危险，必须存放在指定的安全地点，保管普通现金越多，所承担的风险越大，在安全保卫方面的投资也就越大。而电子现金不存在这样的风险。

6. 支付灵活方便

现金最重要的特点就是方便性，如果电子现金要求特殊的软硬件或使用经验，那么它就限制了人们的使用。电子现金的使用范围比信用卡更广。信用卡支付仅限于被授权的商店，而电子现金支付却不必有这层限制。

7. 防伪造及防重复性

高性能彩色复印技术和伪造技术的发展使伪造普通现金变得更容易了，但对电子现金的影响则比较小。为了防止电子现金的重复使用，一般的电子现金系统都会建立事后检测和惩罚措施。

4.2.4 常用的电子现金实用系统

电子现金支付有其特殊性，下面是三种常用的电子现金支付系统：

1. 无条件匿名电子现金支付系统

DigiCash（http://www.digicash.com）。主要特点是通过数字记录现金、集中控制和管理现金，是一种足够安全的电子交易系统。

2. 可记录的匿名电子现金支付系统

Netcash（http://www.isi.edu）。主要特点是设置分级货币服务器来验证和管理电子现金，使电子交易的安全性得到保证。

3. 欧洲使用的以智能卡为电子钱包的电子现金系统

Modex（http://www.modex.com）。可以应用于多种用途，具有信息存储、电子钱包以及安全密码锁等功能，可以保证安全可靠。

4.3 电子支票

电子支票是一种借鉴通常会计中纸张转账支票转移支付的优点，利用数字传递将资金从一个账户转移到另一个账户的电子支付方式。主要用于 BtoB 交易模式。

电子支票系统通过剔除纸面支票进行资金传输，最大限度地利用了当前银行系统的自动化能力。目前这种支付方式是在与商家和银行相连的专用网络上以密码方式进行的，多数使用公用关键字对签名进行加密，或用个人身份证号码代替手写签名。例如通过银行自动提款机（ATM）系统进行一定范围内的普通费用的支付；通过跨省市的电子汇兑和清算，实现全国范围内的资金传输；大额资金在世界各地银行之间的资金传输等等。

4.3.1 电子支票支付的流程

顾客在购买商品时要和商家达成购销协议，选择用电子支票支付，并从银行获得一个惟一的付款证明，即电子支票。

电子支票的支付流程如图 4-6 所示。

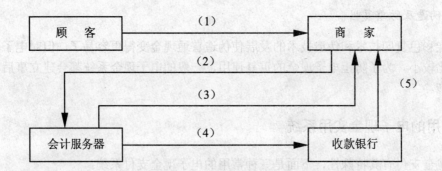

图 4-6　电子支票支付流程

（1）顾客将电子支票交付商家；
（2）商家通过会计服务器对顾客的电子支票进行验证；
（3）会计服务器向商家发送核实信息；
（4）验证无误后会计服务器将核准款项送交收款银行；
（5）收款银行向商家兑付或转账。

用电子支票支付，事务处理费用较低，而且银行也能为参与电子商务的用户提供标准化的资金信息，因而是一种效率较高的支付方式。

4.3.2　电子支票支付的特点

与其他支付方式相比，电子支票支付具有以下特点：
（1）电子支票和传统支票工作方式相同，易于理解和接受；
（2）加密的电子支票使它们比基于公共密钥加密的数字现金更易于流通，买卖双方的银行只要用公共密钥认证确认支票即可，数字签名也可以被自动验证；
（3）电子支票适用于各种市场，可以很容易地与 EDI 应用结合，推动 EDI 基础上的电子订货和支付；
（4）金融机构从交易双方都抽取固定交易费用或按一定比例抽取费用，还可以以银行身份提供存款账目，且电子支票存款账户可能是无利息的；
（5）电子支票支付技术将公共网络连入金融支付和银行清算网络。今后将逐步过渡到公共因特网上进行使用。

4.4　电子钱包

电子钱包是一组软件组件，其功能和实际钱包一样，是电子商务购物（尤其是小额购物）活动中常用的一种支付工具，可存放信用卡、电子现金、所有者的身份证书、所有者地址以及在电子商务网站的收款台上所需的其他信息。使用电子钱包购物，通常需要在电子钱包服务系统中进行。目前世界上有 VISA cash 和 Mondex 两大电子钱包服务系统。

使用电子钱包的顾客通常在银行里都是有账户的。在使用电子钱包时，首先要将有关的应用软件安装到电子商务服务器上，利用电子钱包服务系统就可以把自己的电子货币的有关数据输入进去。当顾客选好要采购的商品并进行付款时，如果要用电子钱包付款，则只需单击一下相应项目或相应图标即可完成，从而加速了订购的过程，提高了购物的效率。因此，人们常将这种电子支付方式称为单击式或点击式支付方式。

4.4.1 电子钱包的功能

1. 查看收付往来账目和清单

在电子商务服务系统中设有电子货币和电子钱包的功能管理模块，称为电子钱包管理器，顾客可以用它来改变保密口令或保密方式，用它来查看自己银行账号上的收付往来的电子货币账目、清单和有关数据。

2. 查询交易记录

电子商务服务系统中还有电子交易记录器，顾客通过查询记录器，可以了解自己都买了些什么物品，购买了多少，也可以把查询结果打印出来。

3. 帮助顾客填写购物所需信息

电子钱包非常有用，因为顾客将电子购物车装满后，就到收款台来确认其选择，这时他们会看到一页或两页要求输入姓名、地址、信用卡号和其他个人信息的表格。顾客必须填满所有信息才能完成结账。不断填写过长的表格会使电子商务行业遭受重大损失，很多人因厌恶填写表格而在收款台丢下电子购物车放弃购物，从而影响了电子商务行业的发展。而如果用电子钱包帮助将所需信息自动输入到收款表里时，顾客放弃购物的可能性要小得多。

由于电子钱包非常类似于人们平时所用的现金钱包，所以取代日常现钞的可能性很大，将来会在非常广泛的商业活动中作交易结账使用，并有可能用于因特网和有线电视的收费中。

4.4.2 电子钱包的特点

电子钱包的特点主要可以归纳为以下三点：

1. 安全方便

电子钱包制作精巧，可以随身携带，既安全又方便，已经受到越来越多顾客的青睐，在不久的将来，这种货币的使用一定会非常普及，并将进一步促进商业自动化的发展。

2. 成本低廉

一般的电子钱包可以使用廉价的存储器卡制作，成本较低，使用广泛。而且在很多专门领域也得到了普遍的应用。如商场和超市经常发行的购物卡，有的也使用这种电子钱包，每次消费时自动从卡中扣除交款金额。这种方式同样具有电子转账系统的优点。

3. 交易便利

电子钱包的单击式支付方式大大简化了交易过程中一些繁琐的手续和细节，使顾客购物时倍感轻松自如，从而极大地提高了交易的效率。

4.5 新兴的网上支付手段

4.5.1 移动支付

移动支付业务是由移动运营商、移动应用服务提供商（MASP）和金融机构共同推出的、构建在移动运营支撑系统上的一个移动数据增值业务应用。移动支付系统将为每个移动用户建立一个与其手机号码关联的支付账户，其功能相当于电子钱包，为移动用户提供了一个通过手机进行交易支付和身份认证的途径。用户通过拨打电话、发送短信或者使用WAP功能接入移动支付系统，移动支付系统将此次交易的要求传送给MASP，由MASP确定此次交易的金额，并通过移动支付系统通知用户，在用户确认后，付费方式可通过多种途径实现，如直接转入银行、用户电话账单或者实时在专用预付账户上借记，这些都将由移动支付系统（或与用户和MASP开户银行的主机系统协作）来完成。

移动支付不再是形式，它已经开始真正融入到我们的生活中。"打开手机，登陆银行页面，通过手机键盘选择菜单上相应的业务，再输入一些字母，就能完成转账、汇款、交费、外汇买卖、银证转账等一系列以往必须到银行柜台（或者通过网上银行或电话银行）才能办完的业务。"这就是移动支付的魅力，它的到来必将为人们的生活带来更多的便利。

4.5.2 中间件

在应用 SET 模式中，商家端有很强的动态特性，因此需要金融机构在保证安全性的前提下，为商家提供方便的开发接口，还能适应灵活多变的业务需求，中间件就是一种很好的实现方式。由金融机构开发一个与支付网关系统协同良好，并且方便商家利用的中间件，放在商家处，起到商家和支付网关之间传输数据的中介作用。

中间件位于商家局域网内，既为数据传输提供了可靠的长连接保证，又可以检测商家数据里面的格式或逻辑错误。通过注册中间件的属性信息，可以使金融机构更方便地控制商家业务。中间件和支付网关之间应用成熟的加密通道技术，为公网数据传输提供安全保证，另外通过注册 IP 的方法使得中间件的使用更加安全可靠。所以，与非中间件电子支付方式相比较，中间件支付系统更加方便、灵活和安全。

第 5 章 网 络 经 济

马克思在他的巨著《资本论》第一版序言中提到，社会经济形态的发展是一个自然历史过程。只有那些真正推动了经济社会向前发展演进的创新和变革，才具有革命的历史的意义。而当前全球经济正经历着一场深刻的大变革，信息和知识正成为各个生产要素中最具活力及最重要者，它们在推动经济迅猛发展的同时，也必将把社会经济形态推向一个崭新的阶段。

诺贝尔经济学奖获得者，道格拉斯·诺思（美国）也指出，推进经济社会形态演进的两个重要因素是技术创新和制度创新，经济社会形态演化过程实际上就是技术变迁和制度变迁的过程。飞速发展的信息技术对当前社会经济的巨大影响也恰恰印证了这一点。

人类社会在经历了农业经济和工业经济的发展以后，已经进入了一个以信息、网络为主体的新的经济时期。

5.1 什么是网络经济

人类社会经济的发展，归根到底是由生产力的发展推动的。在决定生产力发展水平的诸多因素中，科学技术是最具影响力的一环，发挥着越来越重要的作用，推动人类社会不断进步。如果说农业技术革命使人类社会从游牧社会过渡到农业社会，工业经济大发展又使人类社会实现了从农业社会向工业社会的成功跨越的话，现在正在进行的通过建立纵横交错的交互式网络进行信息交流和共享，集计算机技术、通信技术和网络技术于一体的"网络革命"必将是人类历史上又一次大的飞跃。

从20世纪70年代开始，随着世界范围内信息技术、计算机技术的发展和应用，以此为基础的信息活动所创造的经济价值在众多国家的国民生产总值中的比重越来越高，特别是当网络从研究和学术机构进入商业市场以后，它在经济中爆发出的规模效益大大超过众多传统产业，成为了经济发展的支柱。这也就标志着"网络经济"时代的到来。

5.1.1 网络经济的概念

1. 网络经济的定义

网络经济可以看作是信息经济的一个别称，类似于数字经济、比特经济、知识经济、新经济等，都是对信息社会经济的不同称谓。这些称谓从某一个特定方面反映了当前社会经济的特征。从这个角度讲，网络经济就是基于网络特别是因特网所产生的所有经济活动的总和，是以高新技术为基础，以数字化技术为支撑，以信息化进行要素配置，以互联网为载体，整合各种经济资源，促进"虚拟与现实、传统与现代、技术与商业"相结合，实现经济高速增长的一种经济形态和经济运行模式。

2. 网络经济的概念层面

对于网络经济的概念可从以下几个不同的层面来理解。首先，从经济形态上看，网络经济作为有别于农业经济、工业经济的新经济形态。信息网络尤其是智能化信息网络成为极其重要的生产工具，是一种全新的生产力，是经济发展的主导力量。其次，从产业发展的层面看，电子商务是网络经济的一项重要内容，网络经济作为与电子商务紧密相连的网络产业，既包括网络贸易、网络银行、网络企业以及其他商务性网络活动，又包括网络基础设施、网络设备和产品以及各种网络服务的生产和提高等经济活动，可以具体细分为互联网的基础层、应用层、服务层和商务层。再次，从企业营销、居民消费或投资的层面看，网络经济则是一个网络大市场或大型的虚拟市场，为各个微观的经济实体的活动提供了一个便利的交易平台，大大提高了各个社会成员的创造力，其交易额几乎每百天增加一倍，从而实现了社会财富的聚集和飞跃增长。网络经济的上述三个层面相互联系相互影响，共同构成了网络经济这一新的经济形态。

5.1.2 网络经济的特点

网络经济作为一种体现在生产和生活中的新经济形态，是独立于传统经济的一种全新经济体系，与传统经济相比存在很多不同的特点：

（1）网络经济具有爆发式的特点。

网络经济是一种爆发式经济。网络经济从产生到现在短短几年的时间内所表现出的影响充分证明了它的爆发性。信息的急剧增加和频繁的信息流动，网络使用群体的爆炸性增长，以及财富的爆发式聚集都表现出这一特点。

（2）网络经济具有快捷性的特点。

① 网络的应用打破了空间的限制，不同国家、地区被网络连为一体，使整个世界紧密联系起来，各地的人们可以通过网络自由地交流和沟通。

② 网络突破了时间的约束，使人们的信息传输、经济往来可以在更小的时间跨度上进行。

③ 网络传输的快捷性使网络经济以接近于实时的速度收集、处理和应用信息，节奏大大加快，对市场变化发展反应更加灵敏。

（3）网络经济具有高渗透性的特点。

信息技术和网络技术具有极高的渗透性功能，使得网络经济的重要组成部分——信息产业迅速地向第一、第二产业扩张，对于诸如商业、银行业、传媒业、制造业等传统产业来说，迅速利用信息技术和网络技术，实现产业内部的升级改造，以迎接网络经济带来的机遇和挑战，是一种必然选择。

（4）网络经济具有可持续发展的特点。

网络经济是可持续发展经济。信息与知识具有可分享性，这一特点与实体商品截然不同。一般实体商品交易后，出售者就失去了实物，而信息、知识交易后，出售信息的人并没有失去信息，而是形成出售者和购买者共享信息与知识的局面。现在，特别是在录制、复制以及计算机网络技术迅速发展的情况下，信息的再生能力很强，这就为信息资源的共享创造了更便利的条件。更为重要的是，在知识产品的生产过程中，作为主要资源的知识与信息具有零消耗的特点，这样在很大程度上能有效杜绝传统工业生产对有形资源、能源的过度消耗而造成的环境污染、生态恶化等危害，实现了社会经济的可持续发展。

（5）网络经济具有虚拟性的特点。

网络经济的虚拟性是由于网络本身的虚拟性造成的，在网络上进行的各种经营活动，如网上购物、网上支付、网上拍卖等都属于虚拟经济，它既可以是实物经济的虚拟化表现，也可以是完全独立的虚拟经济行为，这是与传统经济区别的一个重要方面。

（6）网络经济具有创新性的特点。

网络经济的核心就是创新，科技的创新和进步是网络经济产生发展的基石，不断创新的网络经济使人们的生产、经营和消费方式发生了根本性的变化，要求人们不断学习以适应生存，这反过来又成为制度创新、方法创新、科技创新的动力，从而推动网络经济向着更高更新式的方向发展。

5.2 网络经济的理论探讨和基本规律

5.2.1 网络经济理论探讨

网络信息技术的应用及其带来的巨大经济效益引起了多方的关注，对于它表现出的一系列特征和对传统经济理论的冲击的相关理论探讨层出不穷，主要包括以下几种：

1. 数字经济理论

美国商务部在关于信息如何决定新经济的白皮书《浮现中的数字经济》全面阐述了信息经济对传统经济的作用，着眼于"信息"对经济的决定作用，分析了信息技术在"高增长、高就业、低通胀"的经济运行新模式中的作用，由此衍生出了"数字经济理论"。

"数字经济理论"着眼于以计算机为特征的信息技术对社会经济的新作用，提出信息技术的革新掀起新时代的数字革命，将彻底改变经济增长方式以及世界经济格局，带领企业进入数字经济时代。而数字经济是以知识为基础，应用知识进行创新是数字经济活动的核心，它将取代土地、资本成为最重要的资产，即"知识资产"。因此，企业资产的评估方式与资产管理的方式要加以改变，企业应该重视"知识资产"的评估，同时重视"知识资产"的管理。从企业的经营模式来看，数字经济中的一切信息均被数字化，因此对信息传输、储存、组合、管理、控制都成为可能，因而可以构建虚拟商场、虚拟企业等，彻底改变社会经济活动的形态。

2. "新经济"理论

20 世纪 90 年代以来，美国的经济进入高增长期，并持续 108 个月的高速增长，这是美国自工业革命以来从未有过的现象。而且，以纳斯达克（NASDAQ）为代表的新经济资本市场和以纽约证券交易所为代表的传统经济资本市场形成鲜明的对照，新经济资本市场的成长速度远远超过了传统资本市场。所有这些似乎有违资本主义经济发展的规律，比如高经济增长率必然带来通货膨胀，从而引发周期性的经济危机等。美联储主席格林斯潘因此提出"新经济"理论，来解释这种经济的"非理性繁荣"的现象。

"新经济"理论认为：经济增长的动力，是由于投资传统产业的边际报酬递减，而投资于高科技产业的边际报酬率不受限制，高科技产业在技术或产品上的创新，使生产产品的成本下降，也使商品价格降低，这带动了市场消费的需求，反过来又促使企业进行技术创新和投入研发，这样形成消费需求和产品创新的良性循环。而且，传统的资本、劳动力和技术要素都不足以支持高科技产业的发展，企业文化才是高科技产业增长的原动力。新经济理论注重企业文化的重要性，并开始以企业或团队作为研究的对象。

3. 新通胀理论

在美国经济发展的黄金时段中出现了年通货膨胀率控制在 3%以内，同时失业率不断下降的现象。美国的经济学家因此就通货膨胀问题提出自己的新观点：失业率下降将不再导致通货膨胀。从劳动力市场看，高科技产业工资上涨的压力，被高科技产品的低价所抵消；非高科技产业因无明显的需求上涨而不会驱动通货膨胀；另外，高科技的应用，对劳动力的需求也日益减少，人们更需要保住就业机会，而不是提高工资，这就阻止了物价上涨。另外，美国布鲁金斯学会的一份研究报告认为，适度的低通货膨胀率对经济可以起到润滑作用，追求零通货膨胀率会使经济付出过大的代价，这也包含在了新通胀理论当中。

4. 新经济周期理论

新经济周期理论认为，以实际国内生产总值衡量的经济活动总水平总是在周期地波动，一个经济周期应包括萧条、复苏、繁荣和衰退四个阶段。美国芝加哥大学经济学家扎诺威茨认为，自 19 世纪以来，美国商业周期的特点是：复苏期趋于延长，衰退期趋于缩短。

出现这种趋势的主要原因是：经济的结构性变化使就业和生产逐渐由制造业向服务业转移，美国服务业的产值已超过其国内生产总值 72%，而服务业受商业周期的影响较小；信息技术的发展和应用，使企业可以根据市场状况安排生产，因而产品不至于大量积压；同时，经济全球化也减轻了国内经济波动的可能等等。

最终，很多学者把新经济周期出现的根源归功于网络经济的迅猛发展。

5. 新经济增长理论

新经济增长理论以卢卡斯和罗默为代表，重点讨论技术进步和知识人力资本对经济发展的重要性。

罗默的新经济增长理论认为，创新的思想和技术发明是当今经济发展的动力，知识传播和知识更新是经济增长的关键，创新的思想和知识能以低成本拷贝，因而收益递减的法则不再成立。罗默的理论除考虑了生产中的资本和劳动力两个要素外，还将技术作为重要因素。他认为技术的创新是随机的，技术整体的增长同投入的资源成正比，技术可以提高投资的收益率，同时投资使技术产生了更大的价值，所以它能够克服边际收益递减规律，使之长期稳定地提高经济增长率等。

上述各种经济理论都是对当前有别于过去经济形态的新经济所表现出来的现象和特征的总结，都是从不同的角度对新经济中的经济规律的理顺和归纳，对了解网络经济的发展态势有很大的借鉴意义。

5.2.2 网络经济的基本规律

网络经济是传统经济的衍生形态，继承了传统理论的大量的内容，并同时对传统经济理论产生了重大影响，甚至改变了其中的许多理论。

1. 注意力经济

自从大众媒体出现，注意力经济就产生了，只不过从没有像今天这样引起人们的注意。在这个信息爆炸的时代，信息的无限性和注意力的有限性，使人们的注意力成为稀缺商品，这是注意力经济的基础，所有的商人都在吸引顾客的注意力，网络的商业化运作使商家在这一点上有过之而无不及，从而产生了基于网络争夺的"注意力经济"。对于能够低成本无限复制的信息来说，其价值的衡量必须以注意力为标准，只有获得注意力的信息才具有价值，这是注意力经济的本质。

注意力经济的应用主要表现在当网络服务商在提供免费服务时，他们收集的信息并不仅限于用户目前的行为，他们还可以得到关于用户的大量信息。例如，许多网站在提供服务时要求用户填好一份关于他们的个人特征和兴趣的问卷调查。这种个人信息可以使网络服务商在提供给用户的服务或信息产品中加入定制的广告，成为个性化的一对一的营销，这对广告商和客户都是有利的。

2. 边际成本递减，边际收益递增法则

在传统经济学中，供求均衡理论是一个最基本的理论，市场均衡是由供给曲线和需求曲线共同决定的，市场均衡时的价格就在需求曲线与供给曲线的交叉点。在这一点上，厂商的边际成本与边际收益相等。由于受厂商规模的限制，各生产要素之间的比例不能很好地同时发生变化，边际成本曲线必然在某个产出点之后呈上升之势。从而导致收益的减少，这就是"边际收益递减"规律。

然而，网络经济给这条规律带来了巨大的冲击。首先是数字化产品的拷贝性成本极低。就以网络经济最典型的经济行为"开发软件"而言，软件产品的成本几乎是一次性的，而软件开发完成后的复制性生产成本近乎为零，几乎可以忽略不计。其次是企业运营成本的降低。由于现代企业越来越依靠计算机网络进行管理，企业的自组织能力越来越强，管理费用不断降低。最后是交易成本的降低。网络的普及和电子商务平台的成熟，打破了时间空间的限制，方便企业商务发展的同时也大大地降低了企业的交易成本。结合上述几个因素，就出现了在网络经济条件下边际成本不增加反而递减的情况。

同时，在网络经济的条件下，许多信息产品的规模越大，用户越多，产品越具有标准性，所带来的商业机会也就越多，收益呈加速增长趋势，也就是边际收益上升，这与传统经济中随着用户的增加价格下降的规律是相背离的。

综上所述，网络的特殊性使在网络经济中边际收益递减的规律不成立，同时由于边际

成本的降低，反而使得边际收益出现了上升的相反趋势。

3. 正反馈法则

正反馈法则指的是信息产业是一种大者更大，优者更优的现象，在网络经济中，成功将引发更大的成功；失败将产生更大的失败——也就是"马太效应"。之所以出现这种情况主要有以下几个原因：

（1）网络经济中任何产品都是追求标准化、规模化的。这种标准化、规模化意味着社会成本的降低、经济效益的提高，这是所有厂商追求的一种目标。在市场上，如果一个企业有能力将自己的产品标准化，并成为市场的主流产品时，该产品的价值越高，使用的人就越多，收益也就越多，反之亦然。

（2）网络经济奉行"机遇优先"的发展规则。正反馈的关键就在于"先入为主"。在网络经济中，企业开拓市场的关键在于发现市场机遇，把握机遇，这是获得市场的关键因素，也是网络经济中创新劳动的主要体现。当先入者的产品形成一定规模后，后来的企业想进入同样的市场难度很大。因为，网络经营部门存在着极高的一次性固定成本，这样，后进市场的企业就面临着巨大的一次性风险，弄不好不仅无法挽回投入，而且可能直接被市场所淘汰。

（3）信息产品具有锁定效应。如果一个已经形成规模的产品在市场中拥有绝对优势的市场份额，它的产品将形成一种标准，人们在长期的使用过程中已经形成一种习惯，使得改变这种状态的可能性很低。比如：熟悉一个软件或一个系统的学习成本是很高的，从一个信息系统转换到另一个系统时，要放弃原先的知识和经验，重新接受训练，熟悉新软件的操作等，必须付出巨大的时间、精力等成本，经济学把这一类成本称为"转移成本"。当"转移成本"高到一定程度时，用户就会被"锁定"，从而产生锁定效应，领先者继续保持其领先的优势。

4. 网络的外部性

一般的市场交易是买卖双方根据各自独立的决策达成的一种契约，这种契约只对双方有约束力而并不涉及或影响其他市场主体的利益，但在某些情况下，契约履行产生的后果却往往会影响到交易双方以外的第三方（个体或群体）。这些与契约无关的却又受到影响的经济主体可统称为外部，它们所受到的影响就被称为外部效应。

契约履行所产生的外部效应有好有坏，分别称为外部经济性和外部非经济性。通常情况下，工业经济带来的主要是外部非经济性，如工业"三废"，而网络经济则主要表现为外部经济性。正如凯文·凯利提出的"级数比加法重要"的法则一样，网络形成的是自我增强的虚拟循环。增加了成员就增加了价值，反过来又吸引更多的成员。形成螺旋型增长优势。"一个电话系统的总价值属于各个电话公司及其资产的内部总价值的总和，属于外部更大的电话网络本身"，网络成为了"特别有效的外部价值资源"。

在网络经济及电子商务运行过程中，上述这些规律对于我们规划电子商务系统有着十分重要的指导意义。

5.3 网络经济管理

企业是经济活动中最小、同时也是最多的组织。信息化向整个经济领域渗透，特别是网络等新技术体系的广泛应用，影响到整个社会经济活动的方方面面。当前，企业正在同时发生着两种根本性的变革：

（1）技术性的变革，

（2）作业组织方式的变革。这些变革一方面使得自然资源和人力资源在生产过程中的地位开始发生逆转，另一方面也使得在新型作业组织中的劳资关系等发生根本性的变化。

5.3.1 企业管理模式的更新

自19世纪后期开始，企业组织的概念发生了两次重大转变。第一次转变发生在20世纪初，它使所有权与管理权分离，并使管理工作自成体系；第二次转变发生在20世纪20年代初，以皮埃尔·杜邦改组杜邦家族公司和艾尔弗雷德·斯隆重组通用汽车为标志，奠定了一直延续至今的命令控制型结构，强调权力分散，重视中心业务部门和人事管理，完整的预算和控制体制，明确区分政策制定和具体经营等。

当前，由于全球网络化的推动，我们正在进入又一次的转变时期，企业将从上下级之间实行命令和控制转向以知识型专家为主的信息型组织。

众所周知，企业经营与管理的核心是资源。在传统工业时代，企业中主要的资源是人、财、物，而现在越来越多的企业面对激烈的全球化市场竞争，已经意识到在企业的经营管理活动中不仅存在着人操纵下的物质流和资源流，更存在着信息流。而且，信息已成为独立于人、物质资料和资金资源之外的另一种重要的资源，它遍布于整个企业内部各个组织机构和职能之中，发挥着越来越重要的作用。总之，信息是创造财富的重要资源已成为企业经营管理人员的共识，而如何充分利用好这种资源就是企业管理需要解决的首要问题。

1. 利用信息技术构筑新的竞争优势

企业管理中对各类资源都有相应的管理体系和管理手段，对人有人力资源管理，对物有生产管理，对资金有财务管理，信息作为一种资源，也相应有信息资源管理。而信息技术则是对信息资源进行管理的重要手段，创造性地开发和利用信息技术对企业的信息资源进行有效的管理，是企业新经济增长点的源泉。利用好信息就意味着能够更大意义上降低成本，获得更高的利润空间，就能在残酷的市场竞争中处于优势地位。

随着信息技术的发展和网络经济手段的完善，传统意义上的竞争在内容和形式上都发生了质的变化。传统上，我们从产品和市场这两点出发看待竞争，产品或服务的优越性是企业竞争致胜的法宝。当前这两者仍然是重要的，但伴随着网络经济的深入，市场需求的多变性和多样性不断地对生产组织、设计、工艺等提出更高、更严格的要求；速度越来越快，贸易也越来越"透明"，企业间的竞争范围也在不断地扩大。

具体来说，网络经济将使企业的竞争在以下几个方面发生变化：

（1）网络经济不仅给消费者和企业提供了更多的选择消费与开拓销售市场的机会，而

且也提供了更加密切的信息交流场所,从而提供了企业把握市场和消费者了解市场的能力;

(2) 网络经济促进了企业开发新产品和提供新型服务的能力。网络经济使企业可以迅速了解消费者的偏好、需求和购物习惯,同时可以将消费者的需求及时反馈到决策层,促进了企业针对消费者而进行的研究和开发活动;

(3) 网络经济扩大了企业的竞争领域,使企业从常规的广告竞争、促销手段、产品设计与包装等领域的竞争扩大到无形的虚拟竞争空间;

(4) 网络竞争消除了企业竞争的无形壁垒,这主要表现在一定程度上降低了新企业和中小企业进入竞争市场的初始成本。

2. 从自动化走向合理化

信息技术对企业产生作用的最基本而普遍的方式是,运用信息技术部分或全部地取代以人工方式进行的活动和业务职能,促进生产、经营和管理过程的自动化,以提高效率和降低成本。如工资核算电脑化、会计电算化、报表生成自动化、商业和服务业结账自动化等。但是,随着自动化程度的提高,原有简单代替手工操作的自动化会暴露出不适应性或不合理性,显现出新的瓶颈和问题。在这种情况下,信息技术对企业的作用将会进入一个新的层次,即促使生产、经营和管理过程的合理化,以进一步提高效率、能力和水平,这将是企业经营者需要解决的一个重要的课题。

无论是企业运作过程的自动化还是合理化,都是在原有的生产、经营和管理过程基础上进行的。然而,对这些过程的重新研究和设计,将会在更高的层次上形成企业的竞争优势,提高市场竞争能力,这就是企业界普遍关注的业务流程重组(Business Process Reengineering, BPR)。BPR 是立足于从企业的经营目标出发,从根本上重新分析和设计企业生产、经营和管理的职能与过程,简化或省略重复性和非增值过程。应用信息技术可以彻底而全面地改造和重构企业职能运作方式和业务工作流程,使企业的经营管理能力和水平全面提高。

然而信息技术对企业的作用还不仅限于此,从更高的层次出发,应用信息技术还可以对企业的管理模式和经营理念产生根本的变化,改变企业的产品或服务领域,创造出新的竞争优势和经济增长点,甚至会改变企业本身的结构和性质。从"自动化"到"合理化",到"重构"乃至"模式与理念变化",体现了信息技术对企业产生作用的不同方式和程度。

3. 企业品牌、形象的管理

企业的品牌是企业一切无形资产总和的全部浓缩,而"这一浓缩"又可以以特定的"符号"来识别;它是主体与客体,主体与社会,企业与消费者相互作用的产物,存在于社会环境及消费者的心里,但又属企业所有。品牌是企业产品或企业核心价值的体现,是消费者辨别和选择商品和服务的分辨器,同时也是质量和信誉的保证。

网络经济为企业提供了一种可以全面展示其产品和服务的品种和数量的虚拟空间,制作良好的网络广告能够起到提高企业知名度和商业信誉的作用。在线购物的经验表明,如果网上公司可以为顾客提供品种齐全的商品、灵活的折扣条件、可靠的安全性和友好的界面,那么在线购物者将会像传统商场的购物者一样,对企业的信誉产生好感,并且经常购买该企业的产品,这就大大扩展了品牌的影响力。但同时,网络也给品牌标识带来新的威胁,即任何一个建有网站并且能够办出自己特色的企业,都可以在全球任何一个地方向最稳固的企业品牌发起挑战,一定程度上也降低了顾客对品牌的忠诚度和追随度,这也是企业管理需要改变的另外一个方面。

5.3.2 企业组织构架的变化

组织结构是组织内部各有机要素相互发生作用的联系方式或表现形式,是企业管理执行的保证。网络经济在冲击着企业管理方式的同时,自然也对企业组织产生重大的影响,使其向网络化、扁平化、科学化方向发展,从垂直命令与控制型的组织向以专家为主的信息网络型组织转化。

组织结构的改变涉及管理幅度和管理层次的确定、机构的设置、管理职能的划分、管理职责和权限的认定等问题。所以,在当前网络经济的形态变迁中,全新的组织形态不可能一蹴而就,需要漫长的历史演进。即便网络经济完全成熟以后,组织结构也面临着不同主体、不同产业、不同部门的多样化结构的选择,而不是单纯、简单的某一种组织结构。当前比较有用的组织结构主要包括以下几种:

(1) 矩阵式结构

这种组织结构是适应社会经济信息化和网络化的客观发展趋势而出现的。它是由纵横两套管理体系组成的方形结构,一套是职能系列,另一套是为了完成某一任务而组成的项目系列,纵横两个系统交叉重叠起来,就组成一个矩阵。

它具有三个突出的优点:

① 按某项目标选择其暂时系统的组成元素。其中各元素把组织中的横向联系和纵向联系通过信息网络结合起来,加强了各职能部门之间的配合,能够及时互通情况,交流意见、共同决策。

② 它把不同部门的专业人员集中在一起.有利于他们相互启发,激发出积极性和创造性,极大地提高项目完成的效率。

③ 矩阵组织形式具有极大的灵活性,即在运营过程中,可以不断淘汰失去创造能力的元素,吸收新发现的创新元素,从而保持组织的创新能力。

(2) 模拟型分散管理结构

这种结构并非真正的分权结构,而是人为地把企业组织划分为若干"组织单位",实行模拟型分散管理、单独核算,藉以达到改善组织行为、提高组织效率的目的。

它适用于生产过程具有连续性特点和业务一体化强的大型企业组织,这种管理结构是以绩效为中心的组织结构。它把大量繁琐的工作和任务以及完成工作的方法和途径交给二级单位去考虑,企业只控制和考核二级单位所获得的绩效。随着具体工作权限的下放,企业高层协调的关系趋于简化,就使组织可以有精力应付复杂的环境,大幅度地增加市场所需产品的种类,着眼于将来的工作。

这种组织结构可以做到能统则统,能分则分,在两者间达到恰当的权衡,是极具生命力的柔性组织形式,是网络经济下具有连续性特征和业务一体化强的大型企业组织的首选模式。

(3) 有机式组织结构

随着互联网络的迅速扩大和入网成本的不断降低,近年来又出现了一种崭新的更加灵活的跨地区、跨行业、跨国界的组织结构,人们称之为有机式组织结构。它具有这样几个特点:

① 组织系统的开放性,能灵敏地反映环境的变化,保持动态稳定,没有固定的等级结构,部门和职位之间存在着交叉重叠的相互合作;

② 运行规则、管理程序和岗位职责很少是成文的和严格限定的,而是由某一时期的工作需要而约定的;

③ 决策权分散于整个组织;

④ 结构的设置不是依照专业来划分,而是以任务为中心,组织成员具有较大的自主性,以根据完成任务的需要而自由组合。

有机式组织结构采用的是集体领导,非常适合网络经济的新环境,有利于对每天都在变化的复杂情况做出快速反应。这种集体领导方式是采用不指定负责人的工作小组来达到最终目标,已在西方国家得到广泛应用。随着具有团队意识的一代管理人员升上较高的位置,这一趋势将更加明显。

5.3.3 对企业文化的冲击

所谓企业文化即是指企业全体员工在长期的创业和发展过程中培育形成并共同遵守的最高目标、价值标准、基本信念及行为规范。它是企业理念形态文化、物质形态文化和制度形态文化的复合体,是企业人文底蕴的沉淀和总结,体现出企业的特色。

1. 企业文化的新特点

由于网络经济与传统的工业经济在诸多方面有着较大的差异,因此,网络经济条件下的企业文化也就与传统工业经济条件下的企业文化有着明显的不同,主要变化有:

(1) 更加强调共同价值观在企业文化中的核心作用

企业价值观是企业的信念和行为准则,是企业追求的最高目标,也是企业进行价值评价、选择和决定价值取向的内在依据。价值观是企业文化的基石,是企业得以成功的精神精髓。它为全体员工提供共同努力的方向以及个人行为的准绳。所以,价值观是企业文化的核心内容。

网络经济的发展使企业所处的环境发生了巨大的变化,日新月异的信息技术、瞬息万变的市场,对企业的创新能力和应变能力都提出了更高的要求,引发了企业运行机制和管理结构的新一轮变革。如何在空前动荡的变化中求得生存,是企业当前面临的首要问题。综观一些成功的企业不难发现,企业的成功不仅取决于管理方法和手段的创新,更重要的是如何有效地运用组织成员的能力和才智,找到企业和员工共同的价值目标,并使其在企业运作中发挥作用;能够立于不败之地的成功企业,决非仅仅得力于其组织形态和行政技巧,而在于"信念"的力量,以及信念对组织成员的吸引力。换句话说,组织的成功,主要在于它的基本哲学、精神和价值观念,价值观念的重要性远远超过技术、经济资源、组织结构和其他外在条件。因此,确立一套完整的信念,使之成为企业策略的根本依据和员工行为的最高准则，是企业迎接网络经济挑战的正确选择，也是网络经济对企业文化的基本要求。

（2）更加强调团队精神的重要性

在工业经济时代，由于企业的组织结构是典型的垂直型组织结构，组织结构层次严格、分明，企业管理的中心侧重于上级对下级的具体的任务管理。除了最高的管理层以外，企业中的大多数员工都处于被动的完成上级指派任务的地位，考核个人业绩好坏和决定职位升迁的基本标准是完成上级指派给个人任务的圆满程度。这样，企业内部人际关系文化的主流便是个体竞争，为获得个人业绩的领先地位、有限的升迁机会，员工间经常出现不合作行为。

而在网络经济时代，为了适应快速变化的市场环境，企业的不同职能部门和业务部门日益融合，企业内部的层级界限和职能、业务界限日益模糊，企业内部任务的划分很难划分到个人，而只能笼统地划分到项目小组。在项目小组中，员工个人承担的任务和从事的工作是无法事先明确界定的，必须通过各个成员对小组共同目标、小组其他成员工作的理解和小组成员间的互动过程来加以明确，小组任务的最终完成也有赖于此。目标的相对模糊和成员间的彼此依赖，是项目小组的主要特征。为了完成项目小组的任务，小组成员必须弱化自身在职位和职能上的差别，强调企业和项目组共同目标的协作与配合，集体荣誉和成就成为员工追求的主要目标，代表这种企业内部人际关系的文化就是团队精神。因此说，网络经济条件下的企业文化更加强调团队精神。

（3）更加强调以服务为中心的重要性

企业生产和经营的最终目的是实现企业利润的最大化，网络经济条件下的企业也不例外，处于激烈竞争环境下的现代企业正在经历着以产品为中心向以服务为中心的转变。企业必须始终把顾客需求放在第一位，为顾客、为社会提供更多的服务，彻底转变经营管理的动机。现代网络经济也为以服务为中心提供了可能，网络技术为企业提供了全套的技术体系，使企业能够更好地为其他企业或客户提供相应的服务。

2. 企业的选择

面对以上所提到的变化，企业又应当如何取舍，才能塑造出既适合企业自身又能顺应社会发展的企业文化呢？这应该从企业文化的类型入手。

一般而言，企业文化分为强力型企业文化、策略合理型企业文化和随机适应型企业文化。在强力型的企业文化中，几乎所有的经理都具有一系列基本一致的价值观念和方法。在这种文化中，新任经理如果背弃了公司的价值观念和行为规范，不仅他的上级会纠正他的失误，他的下级和同事们也会纠正他。具有强力型企业文化的公司存在一些十分普遍的特定行为方式，这些行为方式使得员工觉得劳有所获，例如：让员工参与决策并对他们的贡献进行表彰就是典型的激励手段。但是，在这种企业文化的公司中，随着经营的成功往往会出现内部纷争，并使得传统和习惯成为左右企业经营的最重要因素。在目前激烈的市场竞争面前，这种类型的企业文化无疑会损害企业的经营业绩，会制约新的经营策略的需求，可能会出现即使企业做出巨大努力，其经营策略的转变也十分艰难甚至根本不能实现的情况。

策略合理型企业文化则认为企业中不存在抽象的好的企业文化内涵，也不存在任何四海皆准、适应所有企业的企业文化,只有当企业文化"适应"于企业环境包括企业的经营策略,这种文化才是好的、有效的文化。这种企业文化理论虽然弥补了强力型企业文化存在的不足,但它却是一种静态分析,如果企业的行业环境出现变化时,这种企业文化对企业的发展将是不利的。

随机适应型企业文化认为:只有那些能够使企业适应市场经营环境变化并在这一适应过程中领先于其他企业的企业文化,才会在较长的时期内促进企业的发展。这种市场适应程度高的企业文化要求公司员工具有较强的信心,不畏风险;相互支持,勇于发现问题、解决问题;彼此之间相互信任、相互依赖、互不猜疑,具有能够排除一切困难、迎接各种机遇的能力;工作热情高,具有愿意为公司发展牺牲一切的精神;敢于革新,对变革持欢迎态度等。

公司的企业文化只有适应企业经营环境的变化,才能够促进企业的发展。反之,则会成为企业成长发展的障碍。随着网络经济的到来,企业所处的经营环境更为动荡复杂,竞争更为激烈,只有随机适应型的企业文化才能适应这种潮流,成为网络经济企业文化的主流。

5.3.4 企业人力资源管理的影响

人是生产力中活的要素,是整个社会价值的创造者,在整个社会的进步发展中起到决定性的作用,特别是在当前知识爆炸的时代,人的作用表现得就更加突出,所以,当前企业更是重视人的管理,将人作为企业最重要的资源进行管理,这就是企业的人力资源管理。

人力资源管理涉及的范围非常广,简单而言,人力资源管理就是预测组织人力资源需求并做出人力需求计划、招聘选择人员并进行有效组织、考核绩效支付报酬并进行有效激励、结合组织与个人需要进行有效开发以便实现最优组织绩效的全过程,是以人为本的思想在组织中的具体运用。

网络经济的到来,引起了人力资源管理与开发的重大变化,使得传统的人力资源管理方式受到了极大的冲击,对人力资源管理与开发产生了重要的影响,主要表现在:

(1)网络工作方式超越了地理限制。网络通信改变了那种必须住在上班地点附近的需求。今天,很多工作者用不着到办公室现场就可以工作。电子邮件和电话可以在合作者和客户之间提供交流。在未来,电视会议、电子文档合作以及电话和 PC 的结合将会在办公室里创造出远程现场出席,这些技术都将消除地理因素造成的工作障碍。

(2)改变雇员的工作方式。网络技术的便利还会影响到雇员的工作方式,使得雇员的工作方式更加灵活和自由。人们形象地将这种工作方式称为网络工作方式,而且特别地出现了 SOHO 族(Small Office Home Office),指的是那些在家办公的自由职业者,这些人里有作家、撰稿人、自由音乐人、画家、美编、职业玩家、网站设计人员、网络主持等等。他们不隶属于任何公司,却同时在为各个公司打工;他们没有固定的工作时间,想何时工作就何时工作。

雇员工作方式的变化对企业的人力资源管理冲击不小,公司对优秀的雇员如何产生强烈的吸引力,如何留住他们,将是网络工作方式下人力资源管理与开发必须考虑的重要问题。

（3）培训方式发生变化。在网络经济条件下，在线培训系统使每位员工在他的时间表有空闲时按自己的进度在办公桌上接受培训。多媒体技术是自定进度培训的最好工具，播送技术使得在公司的网络或 Internet 上使用音像信息变得简单可行。从而能促使企业文化的改变，调动全体员工的学习积极性，使整个企业变成一个学习组织，随时赶上最新的技术和市场变化。

（4）就业人员结构发生变化。在工业经济时代，直接从事生产的工人占劳动者的 80%，随着信息技术的迅速发展和自动化的日益普及，对蓝领工人和服务人员的需求将会减少，同时随着就业人员结构的变化，生产力、生活标准以及生活质量也会相应地提高。

（5）工资制度多样化。在工业经济时代，工资制度多是按岗位付酬，即按员工履行所规定的职责的情况支付工资。这种工资制度保持了一种有条不紊的意识，但是与生产力没有必然的联系。网络经济时代，改变了按不同岗位、不同职位付酬的方式，就业人员工资的高低主要取决于个人掌握和应用新知识、高技能所做出的业绩和贡献的大小，这样就更加加剧了对高级人力资源的争夺。

总之，网络经济为企业发展提供了前所未有的机会，但伴随着机会来临的是一系列挑战。如何应对这些挑战是每个企业必须解决的问题，只有适应网络经济的这些变化，把握时机提高自己，才能够在残酷的市场竞争中立足。

5.4 网络经济的发展前景

5.4.1 网络经济的现状分析

任何新的经济形态的产生和发展都不是一帆风顺的，其中总有迂回曲折的过程，网络经济作为传统经济的衍生，它的发展自然也是如此。

回顾网络发展的整个过程，1999 年到 2000 年，网络进入了一个盲目膨胀发展的阶段，互联网铺天盖地，新名词层出不穷，各种风险投资疯狂跟风，一时间数以万计的网络企业诞生，出现一片风风火火的局面。但是，由于没有合理的规划和正确的把握，网络基础设施滞后，资本运作不合理，再加上消费者对网络经济认识的滞后和国家相应的信用体系和法律措施的不完备等原因，网络经济在经过了初期的繁荣后，随着股票市场崩盘，网络公司和这些概念一起，落入了前所未有的低谷。

时过境迁，随着网络技术的成熟和网络意识的普及，自 2003 年后，网络经济苦尽甘来，再次焕发出生机，网络经济的资本控制力大大增强，超出传统行业好几倍，中国网络股也笑着迎来了春天。而且，从深层次的意义上讲，网络经济的复苏，特别是多数以纯网络起家的企业，如：新浪、网易等，他们的赢利使得许多网络济理论得到了进一步的证实，比如作为注意力经济象征的"点击率"终于找到了用武之地，成为搜索引擎、网络广告、在线游戏、短信等互联网赢利来源的总后台。没有点击率的支撑，这些赢利就变成了无源之水。

那么，网络经济的状况到底如何呢？是走出低谷后的成长还是另一个虚假的泡沫呢？

以下从网络企业的经营和赢利模式来进行分析。

从当前网络经济的主要赢利来源看,有七种产品和服务已经确立了清晰的模式:

(1) 内容:内容提供是网络最基本的功能,网络媒体还在内容上加强与传统媒体的合作,通过与传统媒体和传统行业的内容合作,充分确立了网络媒体不可动摇的地位,与此同时,收费的内容服务自然也得到确认。

(2) 搜索引擎:随着搜索技术对普通人生活的影响越来越深入,搜索引擎在网络上的作用也将越来越重要。Google、百度的成功和雅虎、新浪、微软等的加盟,搜索引擎市场竞争日趋白热化,付费搜索和竞价排名等成为搜索引擎的主要盈利模式。

(3) 电子邮箱:经过了从免费邮箱到收费邮箱转变的阵痛后,免费和收费邮箱形成了友好共存的局面,多数的收费邮箱以其更加强大的功能、更大的容量、更有个性的设置等策略得到了越来越多的用户认可,前景十分看好。

(4) 网络广告:网络广告是网络经济的"老兵新传",当年独撑网络经济的大旗,现在随着网络的普及和影响力的扩大,已经成为许多传统公司营销策划中的"硬预算"。

(5) 企业服务:随着网络营销方式日渐成熟,和电子商务平台的发展,越来越多的传统企业开始重视网络营销和网上业务的开展,利用网络平台对自己进行宣传,进行跨地域推广,利用网络拓展自己的业务范围。因此,企业服务将成为众多网络企业的一项重要创收业务。

(6) 短信:排除政策限制的因素,移动通讯业务和网络的结合,可以说是网络经济应用的一大亮点,短信业务已经成为当前网站营业收入的重要组成部分,短信收入为各大网站的财务报表增色不少。信息产业部的调查显示,当前我国手机用户约为 3.34 亿;预计将在 2007 年前达到 4 亿,占整个亚太地区人数的 5 成以上,网络短信业务潜力巨大。

(7) 网络游戏:在摆脱了开始对于网络游戏的错误认识以后,伴随着盛大等网络游戏公司的崛起,网络游戏已经成为门户网站的全新盈利模式,各大门户网站纷纷将网络游戏作为赢利的主打产品,有关网络游戏的管理规章制度也逐步出台,网络游戏市场开始走向成熟。随着网络用户数量的剧增,网络游戏必然在网络经济中扮演更加重要的角色。

总之,上述的商业模式都是网络经济延伸的基本应用,随着网络应用的扩大和网民的增多,它们本身可以构成增长的态势,从而推动网络经济的发展,前景十分看好。但是,它们就像生活中的"油盐柴米酱醋茶"一样,满足的仅仅是生存需要,从这种意义上看,网络经济还只是处在温饱阶段,依然需要向高层次奋进。

而且,我们应该清楚地认识到,网络经济绝对不是网站经济,也并不等同于网络公司经济。在网络经济中占主导地位的,恰恰是应用信息和网络技术整合信息资源而进行研发、制造、销售和管理活动的各类实体企业,自然也包括一切传统产业中的各类企业,它们才是推动网络经济发展的主体。只有它们借助市场回归理性的、难得的调整机会,转变观念和思维方式,调整战略决策和步伐,实现跨越式发展才是网络经济能够夯实基础,茁壮成长的基石。

5.4.2 发展趋势

(1) 新型网络企业是主体。网络经济的发展不仅打破了原有的经济格局,也催生了一批网络企业。它们完全以网络为依托，主要提供各种网络服务，在网络经济的初期占主导地位。而同时，随着信息技术的发展，网络业与传统企业的结合将进一步深化，成为新型网络企业。注意运用信息网络技术改造传统产业，以信息化带动工业化，将成为众多国家的战略选择，网络经济与工业经济的相互补充和相互带动作用将更加明显。因而，单纯从事软、硬件产品开发与生产的传统网络企业将让位于新型的网络企业。

（2）商务为主，电子为辅。电子商务作为企业间或企业与个人之间进行商业交易的一种新型商贸手段，是网络经济的主要表现形式。但电子商务中，电子是辅助、商务才是主体，电子是为商务服务的，而商务本身就是传统产业的内涵。因此，电子商务就是互联网与传统产业的交合。一些企业重电子而轻商务，或有电子无商务，都必将受挫。国内外许多网络公司的窘迫乃至退场，其原因很大程度上在于把网站变成纯服务性机构，而没有注重商贸业务的开发，使电子商务仅作为一种商业宣传营销的手段，从而不能实现收支平衡。

（3）资本引导信息网络技术的发展。过去信息网络技术发展主要依靠技术本身的动力，而今后，随着资本运作的成熟，技术和资本将成为一张纸的正反两面，信息网络的发展和速度离不开资本的大力支持。PC 时代是硅谷精英们的骄傲，而网络经济的爆发，则是硅谷与华尔街共同奋斗的结果。没有资本的支持、不了解资本市场、不懂得资本运营，任何网络企业都不能在网络经济中生存。宫玉国（IT168 网站 CEO）曾经说过："我们总是活在资本意志下面，目前资本确实对于中国网络的发展起到了决定性的作用。"资本是市场中最主动、最活跃的运动主体，也是组合各种生产要素、支撑各种技术产业的主体。资本的本性就是增值，信息技术的发展为资本的高效增值提供了基础，同时资本的进一步增值又引导着信息技术的发展方向。

（4）其他各产业的发展，将真正体现网络业的引领作用。网络业从广义上来说，不仅仅是一个独立的产业，它不断通过国际资本市场渗透到其他传统产业中，从而引发一次又一次新的产业革命，促进了产业结构重组，优化了国民经济结构。这样，必将带来各产业大发展的浪潮，而各产业的发展也将进一步依赖于网络业的发展，因此，信息网络业将成为国民经济的引领力量。

5.4.3 前景展望

正如著名的未来学家托夫勒所言："未来生产和生活方式的核心是网络，谁控制了网络，谁就控制了网上资源，谁就是未来世界的主人。"网络经济是大势所趋，几经波折后，必将展示一个充满活力的稳步开拓的光明前景,任何企业在利用网络技术和信息技术提高竞争力和建立市场优势方面都具有巨大的潜力，只有把握好这一点才有可能成为未来世界的主人。

第6章 网络营销

随着互联网在中国爆炸式地增长，越来越多国内企业希望利用互联网获得更多的商业机会。中国互联网络信息资源的第四次数量调查显示，截止到 2004 年 12 月 31 日，全国域名数为 1852300 个，与 2003 年同期相比增长 56%；网站数为 668900 个，同期相比增长 12.3%；网页总字节数增长最快，同期相比增幅为 238%；网页总数为 6.5 亿个，同期相比增长 108.6%；平均每个网站的网页数为 1297 个，同期相比增长 147.5%；在线数据库数为 306000 个，同期相比增长 80.1%；网民数、上网计算机数分别达到了 9400 万、4160 万。在互联网上，大家都是参与者，每个人既是资源的消费者，又是资源的生产者。一位业内专家曾分析道：互联网络一旦运用于企业发展，其突出的特点之一是它可以"使大企业变小，小企业变大"。在传统的企业生存环境下，企业的知名度往往来自于企业自身经济规模大小、企业的历史等各种因素，企业的业务范围一般也是确定的。客户资源是有限的，而大规模的促销、广告等手段对大多数企业往往又是可望而不可及的。相比而言，网络营销最为直接、经济。互联网给企业和消费者带来无限商机，网络营销已经成为企业不可忽视的营销手段。

6.1 网络营销概述

6.1.1 网络营销的内涵

网络营销在国外有许多提法，如 Cyber Marketing，Internet Marketing，Network Marketing，e-Marketing，Online Marking 等等，不同的单词词组有着不同的涵义。Cyber Marketing 是指在虚拟的计算机空间进行运作的网络营销；Internet Marketing 是指在 Internet 上开展的一系列的营销活动；Network Marketing 是在泛指意义上的网络上开展的营销活动，除了因特网之外，还可以是一些其他类型的网络，如增值网络 VAN 等。目前，采用比较多的术语是 e-Marketing，表示一种电子化、信息化、网络化的基础上的营销活动。

广义地说，凡是以网络为主要手段进行的、为达到一定营销目标的营销活动，都可称之为网络营销，也就是说，网络营销贯穿于企业开展网上经营的整个过程，包括信息发布、信息收集到开展网上交易为主的电子商务阶段，网络营销一直都是一项重要内容。网络营销是以互联网络为媒体，以新的方式、方法和理念实施营销活动，更有效促成个人和组织交易活动的实现，其本质是排除或减少障碍，通过网络引导商品或服务从生产者转移到消费者的过程。

对于网络营销的内涵，具体我们可以从以下几个方面来理解：

（1）网络营销是一种现代营销基本形式，是通过排除或减少营销过程中各种障碍因素引导商品或服务从生产者转移到消费者的过程。网络营销的价值在于利用网络技术，以及面向特殊的网上虚拟市场环境，使商品从生产者到消费者的价值交换更便利、更充分、更有效率。

（2）网络营销是一种现代管理方式，开展网络营销是对企业经营管理的考验，因为这意味着企业经营模式的巨大转变。以 Internet 和网站为中心的业务经营体系，要求企业的组织机构设置、人员配备、职能分布、业务流程以及经营机制进行相应的调整。企业必须采用现代管理方式，进行业务的重组，以及组织机构与人员的调整。

（3）网络营销是一种创新营销。互联网的精神就是不断创新，网络创造了大量新型业务，从而也开拓了大量新的经营和营销手段，网上经营者们不断地创造、模仿与推广新的经营业务与营销手段，正是网络营销创新本性的一面。

（4）网络营销是一种机遇与挑战。随着 Internet 的发展，大量的商业机会将迅速涌现，网上营销前景不可限量，网络注定将成为企业未来生存的基本环境。网络对于企业来说，是重要的机遇。同时，Internet 将成为企业经营的基本环境，这是一个巨大的转变，它使得企业向网络发展可能将不完全是为了建立企业优势，而是适应新环境。网络对于企业家来说，是充满挑战的商业新战场。

6.1.2 网络营销的特点

网络营销的实质是着眼于信息流的、通过计算机网络传输信息的市场营销，这种全新的营销方式在经营环境、范围、手段、运作形式以及供求双方的沟通等方面，有着其他营销方式所不可比拟的优势特点。

1. 无限的运作时空

以无时间和空间约束的 Internet 为依托的网络营销，没有时间、空间、地域、国别的限制，减少了市场壁垒和市场扩展的障碍。企业通过网络可随时传递企业的形象、经营和产品等信息，直接面对全球大市场开展营销活动；从客户来说，通过网络可以实时快捷地查询、浏览到所需的各种产品及服务信息，并将自己的响应及时发送给企业。

2. 公平自由的竞争环境

Internet 为企业提供了一个真正平等、自由竞争的市场环境，过去由知名企业、跨国公司所形成的市场垄断局面、中小企业进入国际市场的障碍都将不复存在。上网的企业无论大小，面对的都将是同一个覆盖全球的大市场。注意力将成为网上竞争新的焦点，但它并不仅仅取决于企业规模的大小、知名度的高低。此外由于不受场地、地域的限制，也有利于企业扩大市场和经营规模，从根本上增强企业的竞争优势。

3. 便捷有效的沟通渠道

市场营销中最重要的是企业与客户之间的信息传播与交流。传统营销单向式的信息沟通方式，被网络营销中"一对一"的、具有双向交互式的沟通方式取而代之。消费者可以主动地在网上选择所感兴趣的信息、产品或服务，或向企业提出各种消费意愿。企业也可根据其反馈的需求信息，定制、改进或开发新产品。这种交互式的沟通方式是以消费者为主导的、非强迫性的。

4. 以消费者为导向

网络营销最大的特点在于以消费者为主导。消费者将拥有比过去更大的选择自由，他们可根据自己的个性特点和需求在全球范围内寻找满足品，不受地域限制。通过进入感兴趣的的企业网址或虚拟商店，消费者可获取产品更多的相关信息，使购物更显个性。网络营销从大规模无差异性向个性化集中营销转化，它更准确、更详尽地细分了目标市场，使企业可以从每一个消费者身上寻找商机，为其提供称心如意的产品和服务。

这种个性消费的发展将促使企业重新考虑其营销战略，以消费者的个性需求作为提供产品及服务的出发点。但是，要真正实现个性营销还必须解决庞大的促销费用问题，网络营销的出现则为这一难题提供了可行的解决途径。企业的各种销售信息在网络上将以数字化的形式存在，可以以极低的成本发送并能随时根据需要进行修改，庞大的促销费用因而得以节省。企业也可以根据消费者反馈的信息和要求通过自动服务系统提供特别服务。

同时，网上的促销效果是可以统计的，消费者的各种消费意愿也是可收集到的。如访问某企业网站的人数、来源都可以被安置在网站上的软件所记录，从而使企业掌握访问者所要了解的产品信息，以及这些访问者的地理分布，确定有效的营销目标，进而可以主动地、有针对性地开展营销活动，这是其他营销手段所无法具备的。

5. 经营成本降低

网络营销以计算机网络为营销环境，减少了销售环节，简化了信息传播过程，网站和网页分别成为营销的场所和界面。

① 可以节省大量的店面资金和人工成本，减少库存产品的资金占用，降低在整个商品供应链上的费用；

② 可以减少由于多次迂回交换带来的损耗，使产品在网络流通中增值。据 Internet 营销服务总监 Karen Blue 对其大公司的调查表明，网上促销的成本是直邮促销的 1/3，但其效果却增加了一倍以上。随着网络营销的发展，企业和消费者都将是这种新型营销方式的受益者。

6. 缩短供应链，提高经营效率

网络营销减少了许多营销环节，缩短了传统供应链，使传统的迂回模式变为直接模式，绕开了各种中间环节，节省了大量时间，提高了运作效率。如企业生产出的产品可以立即上网销售，实现零库存、无分销商的高效运作。潜在客户也不必等待销售人员的回复，可自行主动地通过 Web 来寻找商品信息、提出和实现自己的购买需求。

7. 营销形式丰富多彩

网络营销可以充分发挥计算机及多媒体技术的优势，实现丰富多彩的营销形式。在商务网站上除声文并茂的产品信息外，一般还提供大量知识性、趣味性、参与性的信息，各种广告形式、促销活动、公关手段（电子公关）都可以在 Web 上实现，且具有更丰富的内涵（如动态广告、虚拟现实等），这是其他营销方式所做不到的。

8. 高技术条件支撑的营销手段

网络营销是建立在计算机及现代通讯等高新技术支撑的网络环境中，企业实施网络营销必须要有一定的技术投入和技术支持，经营决策、市场运作更加依赖于科技手段。

6.2 网络营销对传统营销的冲击

6.2.1 对传统营销策略的冲击

传统营销依赖于层层严密的渠道，并把大量人力与广告投入市场，而在网络时代，人员推销、市场调查、广告促销及经销代理等传统营销手法将与网络相结合，并充分运用网上的各项资源，形成以最低成本投入，获得最大市场销售量的新型营销模式。

1. 对传统定价策略的冲击

如果某种产品的价格标准不统一或经常改变，客户将会通过 Internet 认识到这种价格差异，并可能因此导致客户的不满。所以相对于目前的各种媒体来说，Internet 先进的网络浏览和服务会使变化不定的且存在差异的价格水平趋于一致。这将对分销商分布在海外并在各地采取不同价格销售的公司产生巨大冲击。例如：如果一个公司对某地的顾客提供 20%的价格折扣，世界各地的 Internet 用户都会了解到这个交易，从而可能会影响到那些或许本来并不需要折扣的业务。另外，通过 Internet 搜索特定产品的代理商也将认识到这种价格差别，从而加剧了价格歧视的不利影响。总之，这些因素都表明 Internet 将导致国际间的价格水平标准化或至少缩小国别间和地区之间的价格差异。这对于执行差别化定价策略的公司不能不说是一个严重问题。

2. 对传统产品品牌策略的冲击

（1）对传统的标准化产品的冲击。作为一种新型媒体，Internet 可以在全球范围内进行市场调查。通过 Internet 厂商可以迅速获得关于产品概念和广告效果测试的反馈信息，同时测试顾客的认同水平，从而更加容易地对消费者行为方式和喜好进行跟踪。因此，在 Internet 大量使用的情况下，对不同的消费者提供不同的商品将不再是天方夜谭。这种顾客个性化方式的驱动力是最终消费者，而不是按惯例由国外分销商的兴趣决定，同时，Internet 的强大沟通能力又加速了这种趋势。因此，怎样更有效地满足各种个性化的需求，是每个上网公司面临的一大挑战。

（2）如何适应品牌的全球化管理。与现实企业的单一品牌与多品牌的决策相同，对上网公司的一个主要挑战是如何对全球品牌和共同的名称或标志识别进行管理。如果只有一个品牌的公司允许地方性机构根据需要发展自己适应本地特点的区域品牌时，当多个有本地特点的区域品牌分别以不同的格式、形象、信息和内容进行沟通时，虽然给消费者带来了某种程度的便利，但也会引起他们的困惑。另一方面，如果为所有区域品牌设置统一的品牌形象，虽然可以利用知名品牌的信用带动相关产品的销售，但也有可能由于某种品牌的不足从而导致全局受损。因此，是实行统一形象品牌策略还是实行有本地特点的区域品牌策略，以及如何加强区域管理，这是网上公司面临的现实问题。

3. 对传统营销渠道策略的冲击

通过 Internet，生产商可与最终用户直接联系，中间商的重要性因此难免有所降低。这将导致两种结果：

（1）由跨国公司所建立的传统的国际分销网络对小竞争者造成的进入障碍将明显减少；

（2）对于目前直接通过 Internet 进行产品销售的生产商来说，其售后服务工作是由各分销商承担，但随着他们代理销售利润的消失，分销商将很有可能不再承担这些工作。所以在不破坏现存渠道的情况下，如何提供这些服务将是上网公司不得不面对的又一难题。

4. 对传统广告策略的冲击

（1）相对于传统媒体来说，由于网络空间具有无限扩展性，因此在网上做广告可以较少地受到空间篇幅的局限，尽可能地将必要的信息一一罗列。

（2）迅速提高的广告效率也为网上企业创造了便利条件。有些公司可以根据其注册用户的购买行为很快地改变向访问者发送的广告。有些公司可根据访问者特点如硬件平台、域名或访问时搜索主题等方面的特点有选择地显示其广告。

6.2.2 对传统营销方式的冲击

随着网络技术迅速向宽带化、智能化和个人化方向发展，用户可以在更广阔的领域内实现声、图、像、文一体化的多维信息共享和人机互动功能。"个人化"把"服务到家庭"推向了"服务到个人"。正是这种发展使得传统营销方式发生了革命性的变化，它将导致大众市场的萎缩，并逐步体现市场的个性化，最终以每一个用户的需求来组织生产和销售。

另外，网络营销的企业竞争是一种以顾客为焦点的竞争形态，争取顾客、留住顾客、扩大顾客群、建立亲密顾客关系、分析顾客需求、创造顾客需求等，都是尤为关键的营销议题。因此，如何与散布在全球各地的顾客群保持紧密的关系并能掌握顾客的特点，再经引导顾客与企业形象的塑造，建立顾客对虚拟企业与网络营销的信任感，是网络营销成功的关键。由于网络的目标市场、顾客形态和产品种类与以前有很大的差异，因此如何跨越地域、文化和时空差距再造顾客关系，将需要许多创新的营销行为。

6.2.3 对传统营销战略的冲击

1. 对营销竞争战略的影响

Internet 具有的平等、自由等特性，使网络营销将会降低跨国公司所拥有的规模经济的竞争优势，从而使小企业更易于在全球范围内参与竞争，这一点是跨国公司不能忽视的。另一方面，由于网络的自由开放性，网络时代的市场竞争是透明的，人人都可能较容易地掌握竞争对手的产品信息与营销举措。因此胜负的关键在于如何适时获取、分析和运用这些来自网络上的信息，来研究并采用极具优势的竞争策略。在自由、平等的网络时代，策略联盟将是网络时代的主要竞争形态，如何运用网络来组成合作联盟，并以联盟所形成的资源规模创造竞争优势，将是未来企业经营的重要手段。

2. 对企业跨国经营战略的影响

在过去分工经营的时期，国内企业只需专注在本行业与本地的市场，国外企业则委托代理商或贸易商经营。由于全球营销的成本低于地区营销成本，而网络跨越时空连贯全球的功能使得全球营销的门槛降低，因此，为了生存与发展，企业将不得不进入跨国经营的时代。网络时代的企业，不但要熟悉跨国市场顾客的特点以争取信任，并满足他们的需求，还要安排跨国生产、运输与售后服务等工作，并经由网络来联系与执行这些跨国业务。可见，尽管 Internet 为现在的跨国公司和新兴公司（或他们的消费者）提供了许多利益，但对于企业经营的冲击和挑战也是令人生畏的。任何渴望利用 Internet 的公司，都必须为其经营选择一种恰当的商业模式，并要预见这种新型媒体所传播的信息和进行的交易将会对其现存模式产生什么样的影响。

3. 对营销组织的影响

Internet 将带动企业内部网（Intranet）的蓬勃发展，使得企业内外沟通与经营管理均需要依赖网络作为主要的渠道与信息源。网络营销带来的影响包括：业务人员与直销人员减少，组织层次减少，经销代理与分店门市数量减少，渠道缩短，虚拟经销商、虚拟门市、虚拟部门等企业内外虚拟组织盛行。这些影响与变化，都将促使企业对组织再造工程（Reengineering）的需要变得更加迫切。企业内部网的兴起，改变了企业内部作业方式以及员工学习成长的方式，个人工作者的独立性与专业性将进一步提升。因此，个人工作室、在家上班、弹性上班、委托外包、分享业务资源等行为，在未来将会十分普遍，也使企业组织的重整与再造成为必要。

6.3 网上市场调查

市场调查是指系统地设计、收集、分析和报告与某个组织面临的特定营销问题有关的各种数据和资料，特别是有关消费者的需求、购买动机和购买行为等方面的市场信息，从而提出解决问题的建议，以作为营销决策的依据。通过市场调查，企业可以了解、掌握消费者的现实和潜在需求，可以有针对性地制定营销策略，减少盲目性，在竞争中发挥优势。而在网络时代，网络市场调查又与传统的市场调查方式有一定的区别，有其自身的网络特殊性。

6.3.1 网上市场调查的优势及方法

传统的市场调查，无论是询问法、观察法还是实验法，企业都要投入大量的人力、物力和财力,如果调查面较小,不足以全面掌握市场信息;而调查面较大,则时间周期长,调查费用大。同时,传统调查方法无论采用哪种手段,被调查者始终处于被动地位。一方面企业难以针对不同的消费个体发出不同的问卷,另一方面消费者也难以表达自己的意识和欲望,而更多的消费者是对企业的调查不予响应和回复。

网上市场调查即通过网络针对网上市场的特征进行有系统、有计划、有组织地收集、调查、记录、整理、分析有关产品、劳务等市场数据信息,客观地测定、评价及发现各种事实,获得竞争对手的资料,摸清目标市场和营销环境,为经营者细分市场、识别需求和确定营销目标提供相对准确的决策依据,以提高企业网络营销的效用和效率。

1. 网上市场调查的优势

网络市场调查通过 Internet 进行,可以借鉴传统市场调查的理论和方法,但由于 Internet 自身的特性,网上市场调查比起传统市场调查具有以下优势:

(1) 无时空限制性。这是网上市场调查所独有的优势。如澳大利亚的市场调查公司在中国与十多家访问率较高的 ICP 和网络广告站点联合进行了"1999 中国网络公民在线调查活动",如果利用传统的方式进行这样的调查活动,其难度是无法想象的。

(2) 高效性。传统的市场调查周期一般都较长,网上调查利用覆盖全球的 Internet 的优势弥补了这一不足。Web 和电子邮件大大缩短了调查的时间,这比用几周或几个月来邮寄调查表或是通过电话方式联系调查对象获得反馈信息快得多,Internet 只需几个小时。因此,借助 Internet 进行市场调查正在成为更佳的解决方案。

(3) 便捷性和经济性。在网络上进行市场调查,其信息采集过程中不需要派出调查人员、不需要印刷调查问卷,调查者发出电子调查问卷,提供相关的信息,或者及时修改、充实相关信息,然后利用计算机对访问者反馈回来的信息进行整理和分析,过程中最繁重、最关键的信息采集和录入工作分布到众多网上用户的终端上完成,可以无人值守和不间断地接受调查填表,信息检验和信息处理由计算机自动完成。这不仅十分便捷,而且会大大地减少企业市场调查的人力和物力耗费。

(4) 更加准确的统计。在调查信息的处理上,网上调查省去了额外的编码录入环节,被调查者直接通过 Internet 将信息以电子格式输入数据库,从而减少了数据录入过程中的遗漏或编误,在自动统计软件配合更为完善的情况下,用很短的时间就能完成标准化的统计分析工作。

(5) 时效性和互动性强。网上调查的数据来源直接,而且可以事先编制好软件进行处理,所以在一些网上调查中,一旦应答者填写完毕,即可迅速被确认或显示出调查的简要结果。例如,对调查满意的响应者可以通过电子邮件来表达感谢;而对于那些不满意的响应者可以返回一些表示抱歉的信息,反馈信息也可包括要求提供的产品信息等。

(6) 更好的保密性。网上调查使用匿名提交的方法,因此比其他传统的调查方法拥有更加彻底的保密性能。

2. 网上市场调查的基本方法

按照调查者组织调查样本的行为,目前在网上采用的调查方法基本上可分为主动调查和被动调查两类。调查者主动组织调查样本,完成统计调查的方法称为主动调查法。调查者被动地等待调查样本造访，完成统计调查的方法称为被动调查法。

（1）站点法。这是将调查问卷设计成网页形式，附加到一个或几个网站的 Web 页上，由浏览这些站点的用户在线回答调查问题的方法。站点法属于被动调查法，这是目前网上调查的基本方法，也将成为近期网上调查的主要方法。

（2）电子邮件法。这是通过给被调查者发送电子邮件的形式将调查问卷发给一些特定的网上用户，由用户填写后以电子邮件的形式再反馈给调查者的调查方法。电子邮件法属于主动调查法，与传统邮件法相似，优点是邮件传送的时效性大大地提高了。

（3）随机 IP 法。这是以产生一批随机 IP 地址作为抽样样本的调查方法。随机 IP 法属于主动调查法，其理论基础是随机抽样。利用该方法可以进行纯随机抽样，也可以依据一定的标志排队进行分层抽样和分段抽样。

（4）视频会议法。这是基于 Web 的计算机辅助访问（Computer Assisted Web Interviewing，CAWI），是将分散在不同地域的被调查者通过互联网视频会议功能虚拟地组织起来，在主持人的引导下讨论调查问题的调查方法，适合于对关键问题的调查研究。该方法属于主动调查法，其原理与传统调查法中的专家调查法相似，不同之处是参与调查的专家不必实际地聚集在一起，而是分散在任何可以连通 Internet 的地方，如家中、办公室等。因此，网上视频会议调查的组织比传统的专家调查法简单得多。

6.3.2 网上直接市场调查

网上直接市场调查主要采用站点法辅助以电子邮件法通过 Internet 直接进行。与传统的市场调查相同，进行网上调查首先要确定调查目标、方法、步骤，在实施调查后要分析调查的数据和结果，并进行相关的定量和定性分析，最后形成调查结论。

网上直接调查的突出特点是时效性和效率性很高，初步调查结果可以在调查过程中得出，便于实时跟踪调查过程，分析深层次原因。与一般调查方式相比，网上直接调查可以节省大量调查费用和人力，其费用主要集中在建立调查问卷网页的链接方面。不足之处是被调查对象难以控制和选择，不一定能满足调查样本要求，有时甚至可能出现样本重复、调查数据不真实，以及调查数据无法进行抽样核实。因此，有效的可靠的网上直接调查方法还需要进一步从技术上、方法上和控制上进行完善。一般企业开展网上直接市场调查活动可通过以下几种方式进行：

1. 电子邮件问卷

以较为完整的 E-mail 地址清单作为样本框，使用随机抽样的方法通过电子邮件发放问卷，并请调查对象以电子邮件反馈答卷。这种调查方式较具定量价值。在样本较为全面的情况下，可以将调查结果用以推论研究总体，一般用于对特定群体网民的多方面的行为模式、消费规模、网络广告效果、网上消费者消费心理特征的研究。

2. 网上焦点团体座谈（Focus Groups）

直接在上网人士中征集与会者，并在约定时间利用网上视频会议系统举行网上座谈会。该方法适合于需要进行深度或探索性研究的主题，通过座谈获得目标群体描述某类问题的通常语言、思维模式以及理解目标问题的心理脉络。该方法也可与定量电子邮件调查配合使用。

3. 在网站上设置调查专项

在那些访问率高的网站或自己的网站上设置调查专项网页，访问者按其个人兴趣，选择访问有关主题，并以在线方式在调查问卷上进行填写和选择，完成后提交调查表，调查即可完成。此方式所获得的调查对象属于对该网页有特殊兴趣的群体，它可以反映调查对象对所调查问题的态度，但不能就此推论一般网民的态度。调查专项所在网页的访问率越高，调查结果反映更大范围的上网人士意见的可能性也越大。因此为获取足够多的样本数量，一般设计成调查问卷网页都要与热门站点进行直接链接。由于网上调查的数据可以直接保存到数据库中，调查对象在填写完调查表后，一般就能看到初步的调查结果。这种调查方式适用于对待某些问题的参考性态度研究。目前许多 Web 站点都是通过设置调查专页以征询用户意见、了解网民需求。

6.3.3 网上间接市场调查

在网上直接市场调查中，调查者通过网络收集的信息资料一般都是过去没有的，即原始资料或第一手资料。作为一种信息媒体，Internet 所涵盖的信息远远超过任何传统媒体，对调查者来说，其中蕴藏着大量有价值的商业信息，如网上广告，以及企业、政府部门网站上发布的需求信息和招商、招标信息等，这些需经编排、加工处理后才能成为有用的资料，称为二手资料。网上间接市场调查所要进行的工作就是在网上收集、加工与处理分析这些二手资料，使其成为有价值的商业信息。

1. 网上商业信息的特点

相对于传统商业信息，Internet 上的商业信息有如下特点：

（1）时效性强。Internet 已成为全球传播信息最快的途径之一。用户只需在搜索引擎网站的搜索框中填入其所要搜寻信息的关键字，便可在几分钟内获得全球宏观经济的预测、微观经济发展状况和经济界资深人士对当前经济的意见以及各种最新的商业信息。

（2）准确性高。网上信息基本上都是通过搜索引擎直接找到信息发布源获得的，由于无中间环节的中转，因此减少了信息的误传和变更，有效地保证了信息的准确性。Internet 上的许多著名站点，如联合国贸发大会 ETO 网站、中国经济信息网等，其发布的信息经过经济专家的加工，去伪存真，对企业的经营活动有一定的参考价值。

（3）便于存储。用户在网上浏览到的商业信息可以十分方便地从网上下载到用户的计算机上，并长期保存，供用户随时使用。

（4）检索难度大。在 Internet 这一浩如烟海的信息海洋中，要迅速查找自己所需的信息，不是一件容易的事。虽然网上提供了许多搜索工具和检索手段，但要熟练掌握，需要相当一段时间的培训和经验积累。

2. 网上商业信息的收集

在网上收集所需的信息可采用以下几种方法：

（1）利用搜索引擎。搜索引擎（Search Engine）是 Internet 上提供的一种程序，其功能是在网上主动搜索 Web 服务器的信息，并将其自动索引，其索引内容存储于可供查询的大型数据库中。每个搜索引擎都提供了一个良好的界面，当用户在查询栏中输入所需查找信息的关键字（Keyword），并按"Search"按钮（或其他类似的按钮），搜索引擎将在索引数据库中查找包含该关键字的所有信息，最后给出查询的结果，并提供该信息的超级链接。

在网上收集市场信息前，首先要选择方便适用的搜索引擎，目前在 Internet 上的中、英文搜索引擎有几百个，如 Yahoo、Sohu、Lycos 和 Alta Vista 等都是比较著名的，通过这些搜索引擎可搜寻到许多相关的市场信息。不同的搜索引擎都有各自的优势，用户应根据市场调查的内容来确定选择哪个搜索引擎。

（2）访问专业信息网站。这也是网上收集市场信息的一种重要途径。通常这些专业信息网站都是由政府或一些业务范围相近的企业或某些网络服务机构开办的，如中国广告信息网、中国商品交易市场、中国机电工商网、中国粮食贸易网等。

（3）运用观察法。所谓观察法是指通过观察正在进行的某一特定网上营销过程来解决某一营销问题。与传统市场环境下的观察法相似，这种方法是在被调查者无察觉的情况下进行的。网络环境使观察法的运用更加自如。比如，现在许多 Web 站点要求访问者在线注册后，才能成为该网站的合法用户，因此这些注册信息，如用户姓名、地址和电话号码以及兴趣爱好等，就成为发掘客户需求的有意义的信息。

运用观察法时，除要注意注册信息这类显式信息外，还要注意发掘有意义的隐式信息，有意义的隐藏信息是用户在 Web 站点上表述需求的信息，可采用下面两种方法：

① 设置计数器。几乎所有的网站都设置了流量计数器，记录网页的访问流量，许多经营者们认为"流量就是一切，没有流量就没有现金的流入"。流量的多少意味着访问网站的客户多少。通过对流量的分析不仅可以掌握真正消费者的数量，而且可以了解市场趋势。

② 利用 Cookie 技术。作为一种可以跟踪来访者的程序，许多网站利用 Cookie 来识别"回头客"和发现新的顾客群，当某用户第一次访问某站点时，被访问的 Web 服务器就产生了惟一能标识该用户的数字记号 ID，并通过 Cookie 安置到该用户的计算机中，当这位用户再次访问该站点时，服务器就通过 Cookie 从这位用户的 PC 中获取他的 ID 号，于是该站点就能记录下某人访问的时间、次数等信息。

（4）通过 Usenet 获取商业信息。随着 Internet 的发展，一些商业机构或企业迅速进入 Usenet，使其逐渐丧失其非商业化的初衷，各种商业广告散布其中，纯商业性的讨论组也大量涌现，因此通过这类 Usenet 获取商业信息也是途径之一。如 www.dejanews.com 是 Web 界面的新闻组，带有查询功能，用户可以很方便地搜索自己所需的信息。

（5）利用 BBS 获取商业信息。在 Internet 日趋商业化的今天，能够吸引无数上网者的 BBS 当然也会成为商业活动的工具，如今网上有许多商用 BBS 站点，如网易 BBS 站点。另外还有一些网络服务机构在网站上开设了商务讨论区，如金桥信息网和中国黄页供求热线。

3. 二手资料的整理与分析

网络作为一个自由度极高的媒体，人们几乎可以不受限制地在上面发布自己的言论。在这种情况下，来自网上的信息质量良莠不齐，有价值和无价值的信息混杂在一起，因此若不加以严格分析评估和审查就直接引用，是非常危险的，甚至可能带来不可挽回的损失，所以必须对所收集到的资料进行认真的分析和评估。审查和评估可以从以下两个方面进行：

（1）资料的可靠性与公正性。一般来说，政府网站、国际组织、行业协会及知名企业的网站或一些著名站点所提供的资料一般比较可靠和公正，而一些民间组织或某些企业网站出于各自的目的，所发布的信息可能会有一些失真。对那些来自个人网站上的信息则一定要进行严格的审查。要审查提供资料的网站是否怀有恶意或偏见，可以从其机构域名上初步辨识，如".gov"是政府网站、".org"是非营利性组织的网站等；或通过浏览其网站的背景材料进行判断，有时无法判定某个网站的性质，也可给该网站管理者发 E-mail 进行核实。

（2）资料的有效性。网上信息的有效性主要通过其发布的时间来判断。运作较规范的网站一般在网页上都提供有网站信息的更新时间，但也有一些网站尤其是那些提供免费服务的网站，对所发布的信息往往不注意及时更新和维护，如某企业通过搜索引擎查询国内一中文网站，当时已是 8 月份而网站上却是当年 2 月份的信息，这类网站所提供的信息就不一定有效了。

网上市场调查是一项新生事物，尽管目前还没有成为一项具有广泛代表性的调查手段，但随着 Internet 向着更为广泛的社会生活领域的延伸，越来越多的经营者将会重视和依赖这一信息通道，从而使上网者能够具备在日益广泛的领域中充当调查对象的条件，从这个意义上，对于网上调查技术的探索对专业调查业来说是一件非常具有潜在价值的工作。

6.4 网络营销的形式

根据 iResearch 有关企业网络营销的研究数据显示，网站建设、供求信息发布、E-mail 营销等方式都是企业普遍采用的企业营销方式，将近 70%的企业建设过企业网站，60.9%的企业发布过供求信息，也有 51.3%的企业采用过 E-mail 营销方式；网络广告、企业黄页、搜索引擎营销方式也逐渐普遍成为企业的营销方式。

6.4.1 建立网站

在信息化的社会中，无论是大型跨国公司，还是中小型专业公司，建立一个网站可以得到抢占网络商机、提升公司形象、加强客户服务、降低营销成本和提高效率的好处，这是公司经营的制胜之道。开展网络营销就意味着企业应尽快建立自己的网站，网站是企业开展网络营销活动的主要阵地。目前某些行业已经形成了这样的现象：

许多展览会的参加人数不断下降，因为原来的采购行为纷纷被网站替代，没有一个展览会能够像一个网站那样让客户随时随地都可以查阅新产品的资料；行业网站、名录网站、搜索引擎等地方纷纷推出适合网民的需求的资料，让用户不用出门就可以开始进行交易或者寻找商家，而其成本，远远低于出门的路费；上网人数急剧增加，特别是年轻一代，这些人看电影从网站看，听音乐用下载，找文章用搜索引擎，找产品用搜索引擎……，网络已经成为他们每天必备的设备，最终形成了这些人从网站了解一个公司，了解一个品牌，继而购买他们的产品。

为了要夺取这么多的网络资源，惟有建立一个能够发挥影响力的网站才是我们开展网络营销的有力手段。从营销的角度来讲，网站不仅仅是一个企业的网上门面，而且是一个重要的营销工具。因此，在网络营销有关网站建设的内容中，一再强调网站要有方便的导航功能、完善的帮助系统、尽可能快的下载速度、简单友好的用户界面，以及对搜索引擎友好的 META 标签设计等等。但是，具备了这些条件并不说明一个网站就拥有了营销功能。

所谓营销功能的网站，是指以营销为导向设计的网站，并不一定局限在网上销售产品的网站，当然，具备网上销售功能的网站更应该以营销为导向，对于商业网站来说都应该充分利用网站的营销功能。由于不同的企业产品特点不同，诉求方式也有差异，也许很难罗列出很多有共性的地方，不过，从用户的需求行为来看，仍然有一些可供遵循的规律，下面，主要从三个方面进行简单的分析：

（1）加深用户的印象

当推出新产品，或者有重大新闻价值的事件时，别忘记在网站首页重点介绍。做到这一点并不难，关键要恰如其分，在适当的位置，用适当的方式将你要表达的信息传达给适当的用户。在网站首页的重点推荐往往能取得更好的效果，因为半数以上的访问者是通过主页进入其他页面的，即使直接浏览其他页面的访问者，其中多数人也会试图寻找网站的主页，因此，放在网站主页的信息被看到的可能性通常要比放在其他页面的要大。另外，表达的方式应该有很多，比如，设计一个有创意的小动画，一个引人注意的标题，一段有趣的故事等等。总之，用正确的方法做正确的事情，才能取得理想的效果。

（2）相关产品以及服务的推荐

在传统市场营销中，"推荐"是一种常用的营销方式，专家的推荐、朋友的推荐等往往是一些用户购买决策的基础，在许多电视广告中，也往往拉出一些相关或不相关的名人来向大家推荐某某产品。除了获得别人的推荐，当然也可以自己向用户推荐，这同样是一种比较有效的促销方法。在一些大型商场中，通常有一些厂方委派的促销人员向你介绍他们的新产品。为了快速得到有关信息，在某些场合下，顾客甚至希望得到一些有关的介绍。

互联网为企业提供了一个向用户介绍自己产品或服务的理想环境，网站便是推荐的媒介，你可以将自己的网站理解为公司的推销员，当用户对某种产品产生兴趣时，同时也向他介绍一些其他相关的产品、升级换代产品、配套产品等等。当然，这需要网站设计人员对该行业有比较深入的了解。因此，最理想的情况是，一个网站由营销、销售、技术人员共同来完成。

（3）交互性与营销功能

当你在商场中某商品面前驻足观望或者反复查看时，一个合格的服务员一定会主动过来询问你需要什么样的产品，并向你介绍该产品优良的性能、时髦的款式、合理的价格等等，因为商场的服务员非常了解顾客的购买心理，他们知道顾客已经对产品产生兴趣，适时的服务可以增加顾客购买的概率。互联网最重要的特色就是其交互性，如果不将这种功能与营销功能结合起来,显然是一种巨大的浪费。对于商业网站来说,应该充分利用这一特性,比如,当一个用户在介绍某一产品的网页停留较长时间,或者反复查看有关内容时,就可以利用这一信息,实时地向用户提供帮助或者介绍有关的最新信息。利用网站的交互性来充分增强营销功能应该是网络营销的一个发展方向,是充分发挥网站营销功能的一项重要内容。

6.4.2 发布供求信息

"企业非常认同网络营销的形式,在网络营销形式中,企业最喜欢采用的是网站建设和供求信息发布。在评估效果时,企业认为最好的是供求信息发布。"在 2005 年 4 月 17 日举行第八届中国国际电子商务大会上,万网总裁兼首席执行官张向东做出如上论述。

没有自己的网站,没有专门的网络营销组织结构,只要能具备上网的基本条件,在这种情况下也可以开展一些基本的网络营销活动。在互联网上,有许多电子网站(如阿里巴巴等)为企业发布供求信息提供平台,一般可以免费发布信息,根据企业产品或服务的特性发布在相关类别的信息平台上,有时这种简单的方式也会取得意想不到的效果。

对于我国多达几千万家的中小企业用户而说,由于资金、人力的限制,它们的市场推广实力普遍欠缺,可以说,中小企业最适合通过这样的电子商务网站借力发挥,发布自己企业的供求信息。这些电子商务网站建立了企业间的互动信息交流平台,使企业在采购和销售活动中能够节省时间,降低成本,同时最大限度地增加企业营销的机会。

6.4.3 E-mail 营销

电子邮件(E-mail)是用户或用户组之间通过计算机网络收发信息的服务。目前已成为公司进行顾客服务的强大工具,它是实现公司与顾客对话的双向走廊和顾客整合的必要条件。

E-mail 营销是在用户事先许可的前提下,通过电子邮件的方式向目标用户传递有价值信息的一种网络营销手段。E-mail 营销有三个基本因素:基于用户许可、通过电子邮件传递信息、信息对用户是有价值的。三个因素缺少一个,都不能称之为有效的 E-mail 营销。E-mail 营销需要基于用户许可,因此,收集用户电子邮件地址是开展 E-mail 营销的基础,同时也是最为繁琐的劳动,为获得足够的用户资料有时需要较长时间并需要较大投入。获取潜在用户邮件地址的主要途径有:现有用户的资料、一般注册会员的资料、各种邮件列表订户的资料等,也可以统称为"用户"资料,E-mail 营销的表现形式都是各种邮件列表,不过,对不同类型的用户资料,在推广方式上有一定的区别。

邮件列表不同于群发邮件,更不同于垃圾邮件,是在基于用户自愿加入的前提下,通过为用户提供有价值的信息,同时附带一定数量的商业信息,实现网络营销的目的。对于一个企业或者网站来说,邮件列表的作用更是非同小可,甚至可以认为对经营成败起到决定性作用,除了发布产品信息、增强顾客关系等基本的营销功能之外,还可以出售广告空间直接创造收入。它有两种基本形式:

(1)公告型(邮件列表):通常由一个管理者向小组中的所有成员发送信息,如电子杂志、新闻邮件等；

（2）讨论型（讨论组）：所有的成员都可以向组内的其他成员发送信息，其操作过程简单来说就是发一个邮件到小组的公共电子邮件，通过系统处理后，将这封邮件分发给组内所有成员。

对于已经加入邮件列表的用户来说，E-mail 营销是否对他产生影响是从接收邮件开始的，用户并不需要了解邮件列表采用什么技术平台，也不关心列表中有多少数量的用户，这些是营销人员自己的事情，用户最关注的是邮件内容是否有价值。如果内容和自己无关，即使加入了邮件列表，迟早也会退出，或者根本不会阅读邮件的内容，这种状况显然不是营销人员所希望看到的结果。因此邮件列表内容显得极为重要，其内容选择可参考以下原则：

（1）目标一致性

邮件列表内容的目标一致性是指邮件列表的目标应与企业总体营销战略相一致，营销目的和营销目标是邮件列表邮件内容的第一决定因素。因此，以用户服务为主的会员通讯邮件列表内容中插入大量的广告内容会偏离预定的顾客服务目标，同时也会降低用户的信任。

（2）内容系统性

如果对我们订阅的电子刊物和会员通讯内容进行仔细分析，不难发现，有的邮件广告内容过多，有些网站的邮件内容匮乏，有些则过于随意，没有一个特定的主题，或者方向性很不明确，让读者感觉和自己的期望有很大差距，如果将一段时期的邮件内容放在一起，则很难看出这些邮件之间有什么系统性，这样，用户对邮件列表很难产生整体印象，这样的邮件列表内容策略将很难培养起用户的忠诚性，因而会削弱 E-mail 营销对于品牌形象提升的功能，并且影响 E-mail 营销的整体效果。

（3）内容来源稳定性

我们可能会遇到订阅了邮件列表却很久收不到邮件的情形，有些可能在读者早已忘记的时候，忽然接收到一封邮件，如果不是用户邮箱被屏蔽而无法接收邮件，则很可能是因为邮件列表内容不稳定所造成。在邮件列表经营过程中，由于内容来源不稳定使得邮件发行时断时续，有时中断几个星期到几个月，甚至因此而半途而废的情况并不少见。E-mail 营销是一项长期任务，必须有稳定的邮件内容来源，才能确保按照一定的周期发送邮件，邮件内容可以是自行撰写、编辑、转载，无论哪种来源，都需要保持相对稳定性。不过应注意的是，邮件列表是一个营销工具，并不仅仅是一些文章或者新闻的简单汇集，应将营销信息合理地安排在邮件内容中。

（4）内容精简性

尽管增加邮件内容不需要增加信息传输的直接成本，但应从用户的角度考虑，邮件列表的内容不应过分庞大，过大的邮件不会受到欢迎：

① 是由于用户邮箱空间有限，字节数太大的邮件会成为用户删除的首选对象；

② 由于网络速度的原因，接收或打开较大的邮件耗费时间也较多；

③ 太多的信息量让读者很难一下子接受，反而降低了 E-mail 营销的有效性。因此，应该注意控制邮件内容数量，不要过多的栏目和话题，如果确实有大量的信息，可充分利用链接的功能，在内容摘要后面给出一个 URL，如果用户有兴趣，可以通过点击链接到网

页浏览。

(5) 内容灵活性

建立邮件列表的目的，主要体现在顾客关系和顾客服务、产品促销、市场调查等方面，但具体到某一个企业、某一个网站，可能所希望的侧重点有所不同，在不同的经营阶段，邮件列表的作用也会有差别，邮件列表的内容也会随着时间的推移而发生变化，因此邮件列表的内容策略也不能是一成不变的，在保证整体系统性的情况下，应根据阶段营销目标而进行相应的调整，这也是邮件列表内容目标一致性的要求。邮件列表的内容毕竟要比印刷杂志灵活得多，栏目结构的调整也比较简单。

(6) 最佳邮件格式

邮件内容需要设计为一定的格式来发行，常用的邮件格式包括纯文本格式、HTML 格式和 Rich Media 格式，或者是这些格式的组合，如纯文本/HTML 混和格式。一般来说，HTML 格式和 Rich Media 格式的电子邮件比纯文本格式具有更好的视觉效果，从广告的角度来看，效果会更好，但同时也存在一定的问题，如文件字节数大，以及用户在客户端无法正常显示邮件内容等。哪种邮件格式更好，目前并没有绝对的结论，与邮件的内容和用户的阅读特点等因素有关，如果可能，最好给用户提供不同内容格式的选择。

6.4.4 网络广告

网络广告是指在其他网站上刊登企业的宣传信息，其一般形式是各种图形广告以及文字广告。它是主要的网络营销方法之一，在网络营销方法体系中具有举足轻重的地位，事实上多种网络营销方法也都可以理解为网络广告的具体表现形式，并不仅仅限于放置在网页上的各种规格的 BANNER 广告，如电子邮件广告、搜索引擎关键词广告、搜索固定排名等都可以理解为网络广告的表现形式。无论以什么形式出现，网络广告所具有的本质特征是相同的：网络广告的本质是向互联网用户传递营销信息的一种手段，是对用户注意力资源的合理利用。

传统的广告媒体，包括电视、广播、报纸、杂志四大大众媒体，都只能单向交流，强制性地在一定区域内发布广告信息，受众只能被动地接受，不能及时、准确地得到或反馈信息。网络广告与传统广告媒介相比，由于含有更多的技术成分，采用网络作为传播媒介，因此其交互性、广泛性、表现形式多样性、易统计性等特点显而易见，除了这些基本特点之外，网络广告还具有四个本质特征，了解这些特征是把握网络广告营销策略实质的基础。

1. 网络广告需要依附于有价值的信息和服务载体

用户是为了获取对自己有价值的信息来浏览网页、阅读电子邮件，或者使用其他有价值的网络服务如搜索引擎、即时信息等，网络广告是与这些有价值的信息和服务相依赖才能存在的，离开了这些对用户有价值的载体，网络广告便无法实现网络营销的目的。因此在谈论网络广告的定向投放等特点时应该正确认识这个因果关系，即并非网络广告本身具有目标针对性，而是用户获取信息的行为特点要求网络广告具有针对性，否则网络广告便失去了存在的价值。

2. 网络广告的核心思想在于引起用户关注和点击

由于网络广告承载信息有限的缺点，因此难以承担直接销售产品的职责，网络广告的直接效果主要表现在浏览和点击，因此网络广告策略的核心思想在于引起用户关注和点击。网络广告这个特征也决定了其效果在品牌推广和产品推广方面更具优势，而其表现形式以新、大、奇等更能引起注意。

3. 网络广告具有强制性和用户主导性的双重属性

网络广告的表现手段很丰富，是否对用户具有强制性关键取决于广告经营者而不是网络广告本身。早期的网络广告对于用户的无滋扰性也使其成为适应互联网营销环境营销手段的一个优点，但随着广告商对于用户注意力要求的扩张，网络广告逐渐发展为具有强制性和用户主导性的双重属性。虽然从理论上讲用户是否浏览和点击广告具有自主性，但越来越多的广告商采用强制性的手段迫使用户不得不浏览和点击，如弹出广告、全屏广告、插播式广告、漂浮广告等，虽然这些广告引起用户的强烈不满，但从客观效果上达到了增加浏览和点击的目的。

4. 网络广告应体现出用户、广告客户和网络媒体三者之间的互动关系

网络广告具有交互性，因此有时也称为交互式广告，在谈论网络广告的交互性时，通常是从用户对于网络广告的行为来考虑，如一些媒体广告中用户可以根据广告中设定的一些情景做出选择，在即时信息广告中甚至可以实时地和工作人员进行交谈等。网络广告交互性的真正意义在于体现了用户、广告客户和网络媒体三者之间的互动关系，就是说，网络媒体提供高效的网络广告环境和资源，广告客户则可以自主地进行广告投放、更换、效果监测和管理，而用户可以根据自己的需要选择自己感兴趣的广告信息及其表现形式。也只有建立三者之间良好的互动关系，才能实现网络广告最和谐的环境，才可以让网络广告真正成为大多数企业都可以采用的营销策略，网络广告的价值也才能最大限度地发挥出来。

6.5 网络营销策略

网络营销是在传统营销的基础上发展起来的，因此，传统营销中的基本营销策略原理仍然适用于网络营销，成为网络营销的基本策略，其主要包括产品、价格、渠道和促销，除此之外，网络营销由于其特殊的技术以及网络环境使其延伸了一些新的策略。网络营销的产生使市场营销环境产生了深刻的变化，传统的营销组合也被赋予了新的内容，成为独特的网络营销策略组合。需要指出的是：作为传统营销中的 4P 策略在网络营销中又与传统的营销存在着较大的差异。以下为企业开展网络营销的几种策略：

6.5.1 网页策略

在互联网上设立网站是企业进行网络营销的基础。在网络市场空间，企业的网站即代

表着企业自身的形象。企业要想成功地开展网络营销,应着重注意以下几点:

(1) 抢占优良的网址并加强网址宣传。在网络空间上,网址是企业最重要的标志,已成为一种企业资源。网址的名称应简单、鲜明、易记,通常为企业的品牌或名称。由于目前网址注册的规定还不完善,注册时间是主要标准。一旦本应属于自己的域名被别人注册,则会对本企业带来不必要的损失。如麦当劳就不得不以800万美元的代价买回自己的网址。

(2) 精心策划网站结构。网站结构设计应做到结构简单,通过建立较为便捷的路径索引来方便访问。结构模式应做到内容全面,尽量涵盖用户普遍需求的信息量。

(3) 网站维护。企业建立网站是一项长期的工作,它不仅包括网站创意和网站的开通,更包括网站的维护,如网上及时更新产品目录、价格等时效性较强的信息,以便更好地把握市场行情。而且,较之传统印刷资料,其更为方便、快捷、成本低廉。网站的维护也能集中反映企业的营销个性和策略,最终都达到为顾客提供更满意的服务的目的。

6.5.2 产品策略

网络的逐渐发展,使消费者与厂商的直接对话成为可能,消费个性化受到厂商的重视,这使网络营销中产品呈现出众多新特色,企业在制定产品策略时,应从网络营销环境出发,满足网上顾客需求。

(1) 企业可以通过分析网上的消费者总体特征来确定最适合在网上销售的产品。据有关方面统计与分析,目前网络上销售较多的是书籍、电脑软件及零配件、CD、VCD、DVD等音像制品;机票预定等服务。

(2) 要明确企业产品在网络上销售的费用要远远低于其他渠道的销售费用。像电脑软件等一些产品,在网上销售要比其他渠道方便得多,自然花费也就低得多,这样无形中降低了企业成本,提高了企业产品在市场上的竞争力。

(3) 产品的市场涵盖面要广,且目标国的电信业、信息技术要有一定的水平。目前世界上180多个国家和地区开通了互联网,市场涵盖面较为宽广,则可以大大提高交易机会,为企业赢得更多的利润。

(4) 企业应利用网络上与顾客直接交流的机会为顾客提供定制化产品服务,同时企业应及时了解消费者对企业产品的评价,以便改进和加快新产品研究与开发。另外企业在开展网络营销的同时,可以降低创新风险,减少开发费用。

由于在网络营销的环境下,产品策略中信息因素所占的比重越来越多。传统的产品策略开始发生变化,逐渐演变为满足消费者需求的营销策略。产品线是指在技术和结构上密切相关,具有相同使用功能,规格不同而满足同类需求的一组产品。产品组合是指企业所经营全部产品线的组合方式,包括三个因素,即产品组合的广度、深度和关联度。这三个因素的不同构成不同的产品组合。产品组合策略是指企业根据其经营目标、自身实力、市场状况和竞争态势,对产品组合的广度、深度和关联度进行不同的结合。由于产品组合的广度、深度和密度同销售业绩有密切的关系,因此,在网络营销中,确定经营哪些产品或服务,明确产品之间的相互关系,是企业产品组合策略的主要内容。

1. 扩大产品组合策略

该策略也称全线全面型策略，即扩展产品组合的广度和深度，增加产品系列或项目，扩大经营范围，以满足市场需要。这将有利于综合利用企业资源，扩大经营规模，降低经营成本，提高企业竞争能力；有利于满足客户的多种需求，进入和占领多个细分市场。但扩大产品组合策略要求企业具有多条分销渠道，采用多种促销方式，对企业资源条件要求较高。

2. 缩减产品组合策略

缩减产品组合策略指降低产品组合的广度和深度，减少一些产品系列或项目，集中力量经营一个系列的产品或少数产品项目，提高专业化水平，以求从经营较少的产品中获得较多的利润，故也称市场专业型策略。该策略有利于企业减少资金占用，加速资金周转；有利于广告促销、分销渠道等的目标集中，提高营销效率。

3. 产品延伸策略

每一个企业所经营的产品都有其特定的市场定位。产品延伸策略指全部或部分地改变企业原有产品的市场定位，具体做法有向上延伸（由原来经营低档产品，改为增加经营高档产品）、向下延伸（由原来经营高档产品，改为增加经营低档产品）和双向延伸（由原经营中档产品，改为增加经营高档和低档产品）三种。

6.5.3 价格策略

价格是网络营销中最为复杂和困难的问题之一，因为价格对于企业、消费者乃至中间商来说都是最为敏感的话题。网上销售可以使得单个消费者可以同时得到某种产品的多个甚至全部厂家的价格以做出购买决策，这就决定这就决定了网上销售的价格弹性较大。因此，企业在制定网上销售价格时，应充分考虑检查各个环节的价格构成，以期做出最合理的价格。由于企业面对的是 Internet 这个全球市场，因此在制定产品和服务的价格策略时，必须考虑各种国际化因素，针对国际市场的需求情况和同类产品的价格情况，确定本企业的价格策略。

1. 按满足用户需求定价

传统的产品定价一般为成本定价或使用竞争定价方法，这两种方式都不再是企业制定产品价格的主要策略了。现代营销理论是根据消费者和市场的需求来计算满足这种需求的产品和成本，由这种成本开发出来的产品和制定出来的产品价格风险相对是较小的。这种新的价格策略正在网络营销中得以充分地运用。网络营销的特点使用户逐渐认识到了，合理的价格不仅仅表现为较低的价位，还表现为完善的服务和强大的技术支持；同时，采用完全按用户的需求定制生产，这意味着减少了企业的库存压力，较低的库存可以使企业把由此降低成本带来的利益以其他方式与用户共享，从而获得价格优势。

2. 新产品的定价策略

（1）撇脂定价，也称取脂定价，指新产品一投入市场就以高于预期的价格销售，迅速赚取利润收回投资，再逐步降价。这种策略如同从鲜奶中撇取奶油一样，因此得名。

（2）渗透定价，指新产品一投入市场就以低于预期的价格销售，力争获得最高的销售量和最大的市场占有率，以尽快地占领市场。低价薄利能有效地阻止竞争者进入市场，随着产品销量的增加和市场份额的扩大，就能获得大量利润。

（3）满意定价，指新产品一投入市场就以适中的、买卖双方均感合理的价格销售产品，在长期稳定的销售量的增长中，获得按平均利润率计算的平均利润，这种介于上述两种定价之间的中价策略既便于吸引客户，促进销售，防止低价低利给企业带来的损失，又能避免由于价格竞争带来的风险，在相对稳定的环境中获取满意的利润。

3. 折扣价格策略

折扣价格策略是指销售者为回报或鼓励购买者的某些行为，如批量购买、提前付款、淡季购买等，将其产品基本价格调低，给购买者一定比例的价格优惠。具体办法有：数量折扣、现金折扣、功能折扣和季节性折扣等。在网上市场中这也是经常采用的一种价格策略。高额的折扣当然会影响企业的短期效益，但在目前网络市场尚处在发育期的情况下，为了培育和完善这个市场，这是一种十分有效的投资行为。

4. 免费策略

有人说，在网上最稀缺的资源是人们的注意力。因此要吸引住顾客，提供免费产品和服务可能是最直接和最有效的手段。这种方法会产生对某种产品和功能的需求，进而挖掘其潜在的市场。例如，某个网站用提供免费电子邮件吸引用户，在积累了一定用户的具体资料后，其经营者便可将这些资料有偿提供给需要这些资料的厂商，以此来获利。从1994年开始发展，至今已成为世界著名的信息服务企业的 Yahoo 正是沿着这样一条道路成长的。作为一个 ICP，Yahoo 提供各种免费的信息和免费电子邮件吸引浏览者，以此换取访问人数的增加，扩大自己网站的宣传效果。当它成为 Internet 上的重要网站时，Yahoo 便开始寻找广告商和资助人，并以此来促进企业的发展壮大。不仅是网络商，对于软件制造商来说，通过免费下载和试用来吸引用户，等后者了解和熟悉了该软件的功能或感到一些实用后，进一步的使用就需要向软件制造商支付费用了，这就是软件产品最独特的"锁定用户"作用。

除了上述四点之外，企业在制定价格策略时针对网络的特殊性还应注意以下三个问题：

（1）由于网上价格随时会受到同行业竞争的冲击，所以企业可以开发一个自动调价系统，根据季节变动，市场供需情况，竞争产品价格变动，促销活动等因素，在计算最大赢利基础上对实际价格进行调整，同时还可以开展市场调查，以便及时获得有关信息来对价格进行调整。

（2）开发智慧型议价系统与消费者直接在网上协商价格，即两种立场（成本和价格）的价格策略直接对话，充分体现网络营销的整体特点。

（3）考虑到网上价格具有公开化的特点，消费者很容易全面掌握同类产品的不同价格，为了避免盲目价格竞争，企业可开诚布公地在价格目录上向消费者介绍本企业价格制定程序，并可将本产品性能价格指数与其他同类产品性能价格指数在网上进行比较，促使消费者做出购买决策。

6.5.4 促销策略

网络促销是指利用计算机及网络技术向虚拟市场传递有关商品和劳务的信息，以引发消费者需求，唤起购买欲望和促成购买行为的各种活动。如何实施网络促销，对于绝大多数企业来说都是一个新问题。因此网络促销人员必须深入了解产品信息在网络上的传播特点，分析自己产品信息的接收对象，确定合适的网络促销目标，制定切实可行的实施步骤，通过科学的实施过程，打开网络促销的新局面。根据国内外网络促销的大量实践，网络促销的实施过程包括六个方面：

1. 确定网络促销的对象

网络促销对象主要是那些可能在网上实施消费行为的潜在顾客群体。随着 Internet 的日益普及，这一群体也在不断壮大。他们主要包括以下三部分人：产品的使用者、产品购买的决策者、产品购买的影响者。

2. 设计网络促销的内容

在新产品刚刚投入市场的阶段，消费者对该产品还非常生疏，促销活动的内容应侧重于宣传产品的特点，以引起消费者的注意。当产品在市场上已有了一定的影响力，即进入成长期阶段，促销活动的内容则应偏重于唤起消费者的购买欲望；同时，还需要创造品牌的知名度。当产品进入成熟阶段后，市场竞争变得十分激烈，促销的内容除了针对产品本身的宣传外，还需要对企业形象做大量的宣传工作，树立消费者对企业产品的信心。当产品进入饱和期及衰退期时，促销活动的重点在于密切与消费者之间的感情沟通，通过各种让利促销，延长产品的生命周期。

3. 确定网络促销的组合方式

网上的促销活动主要通过网络广告促销和网络站点促销两种促销方法展开。但由于每个企业的产品种类、销售对象不同，促销方法与产品、销售对象之间将会产生多种网络促销的组合方式。网络广告促销主要实施"推"战略，其主要功能是将企业的产品推向市场，获得广大消费者的认可；网络站点促销主要实施"拉"战略，其主要功能是紧紧地吸引住用户，保持稳定的市场份额。通常，日用消费品，如食品饮料、化妆品、医药制品、家用电器等，网络广告促销的效果比较好。企业可根据自身网络促销的能力确定这两种网络促销方法组合使用的比例。

4. 制定网络促销的预算方案

首先，需要确定开展网上促销活动的方式。其次，要确定网络促销的目标。第三，要确定希望影响的对象。

5. 评价网络促销的效果

网络促销实施到一定的阶段，应对已执行的促销内容进行评价，看实际效果是否达到了预期的促销目标。对促销效果的评价主要从两个方面进行：

（1）要充分利用 Internet 上的统计软件，对开展促销活动以来，站点或网页的访问人数、点击次数等数字进行统计。通过这些数据，促销者可以看出自己的优势与不足，以及与其他促销者的差距，从而及时对促销活动的好坏做出基本的判断。

（2）评价要建立在对实际效果全面调查分析的基础上。通过调查市场占有率的变化情况、销售量的变化情况、利润的增减情况、促销成本的升降情况，判断促销决策是否正确。同时还应注意促销对象、促销内容、促销组合等方面与促销目标的因果关系的分析，从中对整个促销工作做出正确的判断。

6. 注重网络促销过程的综合管理

网络促销虽然与传统促销在观念和手段上有较大差别，但由于它们推销商品的目的是一致的，因此，整个促销过程的策划具有很多相似之处。网络促销人员一方面应当站在全新的角度去认识和理解这一新型的促销方式；另一方面应当通过与传统促销方式的比较去体会两者之间的差别，吸收传统促销方式的整体设计思想和行之有效的促销技巧，打开网络促销的新局面。

6.5.5 渠道策略

1. 网络营销渠道与传统营销渠道的区别

网络将企业和消费者连在一起，给企业提供了一种全新的销售渠道。这种新渠道不仅简化了传统营销中的多种渠道的构成，而且集销售、售前、售后服务、商品与顾客资料查寻于一体，因此具有很大的优势。企业在应用过程中应不断完善这种渠道，以吸引更多的消费者。网络营销渠道与传统营销渠道相比较，其区别在于：

（1）功能方面：网络营销渠道的功能是多方面的。

① 网络营销渠道是信息发布的渠道。企业的概况和产品的质量、种类、价格等，都可以通过这一渠道告诉用户；

② 网络营销渠道是销售产品、提供服务的便捷途径。用户可从网上直接选购自己所需的商品，并通过网络支付款项；

③ 网络营销渠道是企业间洽谈业务、开展商务活动的场所，也是进行客户技术培训和售后服务的途径，并且还是与用户进行交流的通道。

（2）结构方面：根据有无中间环节，营销渠道可分为直接分销渠道和间接分销渠道。由生产者直接将商品卖给消费者的营销渠道叫做直接分销渠道；而至少包括一个中间商的营销渠道则叫做间接分销渠道。传统营销渠道根据中间商数目的多少，将营销渠道分为若干级别。直接分销渠道没有中间商，因而叫做零级分销渠道；间接分销渠道则包括一级、二级、三级乃至级数更高的渠道。直接分销渠道和传统的直接分销渠道一样，都是零级分销渠道；而其间接分销渠道结构要比传统营销渠道简单得多，网络营销中只有一级分销渠道，即只存在一个电子中间商来沟通买卖双方的信息，而不存在多个批发商和零售商的情况，因而也就不存在多级分销渠道。

（3）费用方面：在网络营销中，无论是直接分销渠道还是间接分销渠道，较之传统营销的渠道结构都大大减少了流通环节，有效地降低了交易成本。通过网络的直接分销渠道销售产品，企业可从网上直接受理来自全球各地的订货单，然后直接将货物寄给购物者。这种方法所需的费用仅仅是网络管理人员的工资和低廉的网络费用，驻外人员的差旅费及仓库的租赁费用等都不需要了。网上商品交易中心之类的中介型电子商务网站，完全承担起信息中介机构的作用，同时也利用其在各地的分支机构承担起批发商和零售商这类传统中间商的作用，网上商品交易中心合并了众多的中介机构使其数目减少到一个，从而使商品流通的费用降低到最低限度。

2. 网络营销渠道的制定

在制定渠道策略时，可以考虑以下三方面：

（1）结合相关产业的公司，共同在网络上设点销售系列产品。采用这种方式可增加消费者的上网意愿和消费动机，同时也为消费者提供了较大的便利，增加了渠道吸引力。例如：计算机生产商同软件商、网络服务商等联合进行促销和销售。

（2）在企业网站上设立虚拟店铺，通过三维多媒体设计，形成网上优良的购物环境，并可进行各种新奇的、个性化的，随一定时期、季节、促销活动、消费者类型变化而变化的店面布置以吸引更多的消费者进入虚拟商店购物。虚拟橱窗可 24 小时营业，服务全球顾客，并可设虚拟售货员或网上导购员回答专业性问题，这一优势是一般商店所不能比拟的。

（3）消费者在决定购买后，可直接利用电子邮件进行线上购物，也可通过划拨电汇付款，由企业通过邮局邮寄或送货上门进行货物交割。在现在网络并不十分发达，尤其是网上付款安全性问题并没有彻底解决，这种"网上交易，网下付款"将持续一段时间，但网络技术的日新月异，网上交易必将会愈来愈完善。

6.5.6 网络营销的顾客服务

互联网与其他媒体截然不同之处在于网络的"互动性"，最能发挥这种特性的是网上顾客服务。而通过实施交互式营销策略，提供满意的顾客服务正是许多企业网络营销成功的关键所在。网上顾客服务的主要工具有电子邮件、电子论坛、常见问题解答等。

电子邮件方便快捷、经济且无时空限制，企业可用它来加强与顾客之间的联系，及时了解并满足顾客需求，为此企业必须加强对电子邮件的管理，确保邮路畅通，使邮件能够按照不同的类别有专人受理，必须尊重顾客来信，并且快速回应。

电子论坛是供网上顾客自由发表评论，是企业获得顾客对本企业产品、服务等全方位真实评价材料的工具。企业的主管人员应经常主动参与讨论，引导消费者对核心业务发表意见和建议。这对企业提高服务水平，获取客户信息和捕捉商机有很大好处。

常见问题解答（Frequently Asked Questions FAQ）是一举两得的服务方式。

（1）顾客遇到这类问题无须费时费资地专门写信或发电子邮件咨询，而可直接在网上得到解答；

（2）企业能够节省大量人力物力。FAQ 页面设计要选择合理格式，既满足顾客信息需求，又要控制信息暴露度。

企业可以根据自己的情况，结合实际具体应用这几种策略的组合。当然，企业开展网络营销的策略远不止这些。企业可以在实践中发现和使用更好的、更有利于自己的网络营销策略，以使自己的营销工作做得更好，更有利于企业的发展。

第 7 章 电子商务物流

物流是一个十分现代而许多人又不太了解的概念。简单地说，物流就是物的流动。这个概念经历了漫长的发展历程，并且还在不断地发展创新。

随着电子商务的迅猛发展，物流的重要性被越来越多的人们所关注，可以说，电子商务向传统物流提出了挑战。由于通过互联网，客户可以直接面对销售商并获得个性化服务，传统的物流方式远不能适应电子商务的"零距离"流通模式，所以说物流已经是制约电子商务快速发展的瓶颈问题之一。

7.1 电子商务物流的基本概念

7.1.1 物流的产生与发展

20 世纪初期，物流概念最早出现，1915 年美国的阿奇·萧在《市场流通中的若干问题》一书中就提到"物流（Physical Distribution）"一词，并指出"物流是与创造需求不同的一个问题"。1935 年，美国销售协会阐述了实物分配（PD, Physical Distribution）的概念："实物分配是指在销售过程中的物质资料和服务，在从生产场所到消费场所的流动过程中所伴随的种种经济活动"。20 世纪初，西方一些国家已出现生产大量过剩、需求严重不足的经济危机，企业因此提出了销售和物流的问题，此时的物流指的是销售过程中的物流。

在第二次世界大战中，围绕战争供应，美国军队建立了"后勤（Logistics）"保障理论，并将其用于战争活动中。其中所提出的"后勤"是指将战时物资生产、采购、运输、配给等活动作为一个整体进行统一布置，以求战略物资补给的费用更低、速度更快、服务更好。后来"后勤"一词在企业中广泛应用，又有商业后勤、流通后勤的提法，这时的后勤包含了生产过程和流通过程的物流，因而是一个包含范围更广泛的物流概念。

20 世纪中后期，随着 MRP/MRPⅡ、ERP、供应链等新兴思想和技术的出现，物流概念得到了进一步的发展，并且物流的作用日益突出。

因此，物流概念（Physical Distribution）从 1915 年提出起，经过 70 多年的时间发展才成为现在的物流概念（Logistics）。现在欧美国家把物流称作 Logistics 的多于称作 Physical Distribution 的。Logistics 包含生产领域的原材料采购、生产过程中的物料搬运与厂内物流和流通过程中的物流或销售物流，可见 Logistics 的外延更为广泛。

日本的物流概念是 1956 年直接从英文的 Physical Distribution 翻译而来，1956 年日本派团考察美国的流通技术，引进了物流的概念。到了 20 世纪 70 年代，日本已成为世界上物流最发达的国家之一。

7.1.2 物流的含义

关于物流的概念，不同的国家、不同的机构、不同的时期有所不同。典型的说法有以下几种：

（1）美国物流管理权威机构——物流管理委员会认为"物流作为客户生产过程中供应环节的一部分，它的实施与控制提供了有效的、经济的货物流动和储存服务，提供了从存货原始地到消费者的相关信息，以期满足客户的需求。"

（2）日本通商产业省运输综合研究所对物流的定义十分的简单"商品从卖方到买方的全部转移过程。"

（3）7R 理论：在恰当的时间（Right time），恰当的地点（Right place），恰当的条件下（Right condition），把恰当的产品（Right product），以恰当的成本（Right cost），用恰当的方式（Right way），送给恰当的消费者（Right consumer）。

（4）我国在 2001 年颁布的《物流术语》国家标准中，对物流（Logistics）的定义是：物品从供应地向接收地的实体流动过程。根据实际需要，将运输、储存、装卸、搬运、包装、流通加工、配送、信息处理等基本功能实施的有机结合。

这几种都是从不同的侧面反映了物流的特征，目前，我国《物流术语》中对"物流"概念的解释更全面、更具体一些。

7.1.3 电子商务物流的地位与作用

电子商务是 20 世纪信息化、网络化的产物，已引起了人们的广泛注意，但是人们对电子商务所涵盖的范围却没有统一、规范的认识。国内有些专家在定义电子商务时，扩大了美国原始电子商务定义的范围，提出了包括物流电子化过程的电子商务概念：

（1）电子商务是实施整个贸易活动的电子化；

（2）电子商务是一组电子工具在商务活动中的应用；

（3）电子商务是电子化的购物市场；

（4）电子商务是从售前到售后支持的各个环节实现电子化、自动化。

在这类电子商务定义中，电子化的对象是整个的交易过程，不仅包括信息流、商流、资金流，而且还包括物流；电子化的工具也不仅仅指计算机和网络通信技术，还包括叉车、自动导向车、机械手臂等自动化工具。可见，从根本上来说，物流电子化应是电子商务概念的组成部分，是实现电子商务的重要环节和基本保证，缺少了现代化的物流过程，电子商务过程就不完整。反过来电子商务对物流技术又有极大的作用。

如果电子商务能够成为 21 世纪的商务工具，它将像杠杆一样撬起了传统产业和新兴产业，在这一过程中，现代物流产业将成为这个杠杆的支点。世界上最大的网上书店——亚马逊网站可谓是电子商务领域的先锋，然而它也隐隐感到一个强有力对手的存在，零售业巨头沃尔玛也开始涉足网上销售，虽然沃尔玛只把它的网站当作信息浏览的窗口，并未大规模开展网上销售，但亚马逊已看到最大的挑战来自于沃尔玛拥有遍布全球的由卫星通讯联起的商品配送体系。尽管沃尔玛网上业务开展的时间比亚马逊晚了三年，然而沃尔玛网上商店的送货时间却比亚马逊早了许多。亚马逊意识到这个对手的可怕，立刻奋起直追，一改以零库存著称的商业作风,开始兴建大规模的储物仓库,并在全球分设配送中心,用物流体系的完善来为自己的网上销售锦上添花。

商家们之所以更加意识到物流体系的重要,并把发展现代物流提到议事日程,归根结底是物流在电子商务过程中发挥不可替代的作用。具体的说,电子商务物流将起到如下作用:

（1）提高电子商务的效率与效益；
（2）协调电子商务目标；
（3）扩大电子商务的市场范围；
（4）实现基于电子商务的供应链集成；
（5）集成电子商务中的商流、信息流、资金流；
（6）支持电子商务的快速发展；
（7）促进电子商务成为最具有竞争力的商务形式。

7.1.4 电子商务物流的特点

电子商务时代的来临,给全球物流带来了新的发展,使现代物流具备了一系列新的特点。

1. 信息化

在电子商务时代,物流信息化是电子商务的必然要求。物流信息化表现为物流信息的商品化、物流信息收集的数据库化和代码化、物流信息处理的电子化和计算机化、物流信息传递的标准化和实时化、物流信息存储的数字化等。因此,条码（Bar Code）、数据库（Data base）、电子订货系统（EOS,Electronic Ordering System）、电子数据交换（EDI,Electronic Data Interchange）、快速反应（QR,Quick Response）及有效的客户反映（ECR,Effective Customer Response）、企业资源计划（ERP,Enterprise Resource Planning）等技术与观念在我国的物流中将会得到普遍的应用。信息化是物流的基础,没有物流的信息化,任何先进的技术设备都不可能应用于物流领域,信息技术及计算机技术在物流中的应用将会彻底改变世界物流的面貌。

2. 网络化

物流信息化的高层次应用首先表现为网络化。这里指的网络化有两层含义：
（1）物流配送系统的计算机通信网络,包括物流配送中心与供应商或制造商的联系要通过计算机网络,另外,与下游顾客之间的联系也要通过计算机网络通信,比如物流配送中心向供应商提出订单这个过程,就可以使用计算机通信方式,借助于增值网（VAN,Value Added Network）上的电子订货系统（EOS）和电子数据交换技术（EDI）来自动实现,物流配送中心通过计算机网络收集下游客户的订货过程也可以自动完成；
（2）组织的网络化,即所谓的企业内部网（Intranet）。比如,台湾地区的电脑业在20世纪90年代创造出了"全球运筹式产销模式",这种模式的基本点是按照客户订单组织生产,生产采取分散形式,即将全世界的电脑资源都利用起来,采取外包的形式将一台电脑的所有零部件、元器件、芯片分别外包给世界各地的制造商生产，然后通过全球的物流网络将这些零部件、元器件和芯片发往同一个物流配送中心进行组装，由该物流配送中心将组装的电脑迅速发给订户。这一过程需要有高效的物流网络支持。当然，物流网络的基础是信息、电脑网络。

3. 智能化

物流信息化的高层次应用还表现为智能化。物流作业过程大量的运筹和决策，如库存水平的确定、运输（搬运）路径的选择、自动导向车的运行轨迹和作业控制、自动分拣机的运行、物流配送中心经营管理的决策支持等问题都需要借助于大量的知识才能解决。在物流自动化的进程中，物流智能化是不可回避的技术难题。好在专家系统、机器人等相关技术在国际上已经有比较成熟的研究成果。为了提高物流现代化的水平，物流的智能化已成为电子商务下物流发展的一个新趋势。

随着电子商务的普及，企业对储运系统与生产系统的集成的要求越来越高。由于两个系统的集成主要取决于软件系统的完善与发展，因此，目前物流系统的软件开发与研究有以下几个趋势：

（1）集成化物流系统软件向深度和广度发展；
（2）物流仿真系统软件已经成为虚拟制造系统的重要组成部分；
（3）制造执行系统软件与物流系统软件合而为一，并与 ERP 系统集成。

4. 柔性化

随着市场变化的加快，产品寿命周期正在逐步缩短，小批量多品种的生产已经成为企业生存的关键。目前，国外许多适用于大批量制造的刚性生产线正在逐步改造为小批量多品种的柔性生产线。

柔性化的内容包括：
（1）工装夹具设计的柔性化；
（2）托盘与包装箱设计的统一和标准化；
（3）生产线节拍的无级变化，输送系统调度的灵活性。
（4）柔性拼盘管理。

5. 虚拟物流系统走向应用

随着全球卫星定位系统（GPS）的应用，社会大物流系统的动态调度、动态储存和动态运输将逐渐代替企业的静态固定仓库。由于物流系统的优化目的是减少库存直到零库存，这种动态仓储运输体系借助于全球卫星定位系统，充分体现了未来宏观物流系统的发展趋势。随着虚拟企业不断发展，虚拟制造技术不断完善和成熟，虚拟物流系统已经成为企业内部虚拟制造系统一个重要的组成部分。英国一家公司采用三维仿真系统对拟建的一条汽车装配线及其相关的仓储输送系统进行了虚拟仿真，经过不断完善和修改，最终的系统降低了成本，提高了效率。

6. 绿色物流

随着环境资源恶化程度的加深，人类生存和发展面临的威胁越来越大，因此人们对资源的利用和环境的保护越来越重视。对于物流系统中的托盘、包装箱、货架等资源消耗大的环节出现了以下几个方面的趋势：

（1）包装箱材料采用可降解材料；
（2）托盘的标准化使得可重用性提高；
（3）供应链管理的不断完善大大地降低了托盘和包装箱的使用。

7.1.5 电子商务下的物流模式

1. 物流一体化

随着市场竞争的不断深化和加剧，企业建立竞争优势的关键已由节约原材料的"第一利润源泉"、提高劳动生产率的"第二利润源泉"，转向建立高效的物流系统的"第三利润源泉"。

所谓物流一体化，就是以物流系统为核心的由生产企业，经物流企业、销售企业，直至消费者组成的供应链的整体化和系统化。它是指物流业发展到高级和成熟的阶段。物流业高度发达，物流系统完善，物流业成为社会生产链条的领导者和协调者，能够为社会提供全方位的物流服务。

物流一体化的发展可进一步分为三个层次：

（1）物流自身一体化、微观物流一体化和宏观物流一体化。物流自身一体化是指物流系统的观念逐渐确立，运输、仓储和其他物流要素趋向完备，子系统协调运作，系统化发展；
（2）微观物流一体化是指市场主体企业将物流提高到企业战略的地位，并且出现了以物流战略作为纽带的企业联盟；
（3）宏观物流一体化是指物流业占到国家国民总产值的一定比例，处于社会经济生活的主导地位，它使跨国公司从内部职能专业化和国际分工程度的提高中获得规模经济效益。

2. 第三方物流

第三方物流是指由物流劳务的供方、需方之外的第三方去完成物流服务的物流运作方式。第三方就是指提供物流交易双方的部分或全部物流功能的外部服务提供者。在某种意义上，可以说它是物流专业化的一种形式。

第三方物流随着物流业发展而发展，是物流专业化的重要形式。物流业发展到一定阶段必然会出现第三方物流，而且第三方物流的占有率与物流产业的水平之间有着非常紧密的相关性。西方国家的物流业实证分析证明，独立的第三方物流至少占社会的50%时，物流产业才能形成。所以，第三方物流的发展程度反映和体现着一个国家物流业发展的整体水平。

专业化、社会化的第三方物流的承担者是物流企业。综观国内外物流业现状，物流企业种类繁多。下面介绍两种物流企业分类方法。

(1) 按照物流企业完成的物流业务范围的大小和所承担的物流功能,可将物流企业分为综合性物流企业和功能性物流企业。功能性物流企业,也叫做单一物流企业,即它仅仅承担和完成某一项或几项物流功能。按照其主要从事的物流功能,可将其进一步分为运输企业、仓储企业、流通加工企业等。而综合性物流企业能够完成和承担多项甚至所有的物流功能。综合性物流企业一般规模较大、资金雄厚,并且有着良好的物流服务信誉。

(2) 按照物流企业是自行完成和承担物流业务,还是委托他人进行操作,还可将物流企业分为物流自理企业和物流代理企业。物流自理企业就是平常人们所说的物流企业,它可进一步按照业务范围进行划分。物流代理企业同样可以按照物流业务代理的范围,分成综合性物流代理企业和功能性物流代理企业。功能性物流代理企业,包括运输代理企业(货代公司)、仓储代理企业(仓代公司)和流通加工代理企业等。

在西方发达国家第三方物流的实践中,有以下几方面值得注意。

① 物流业务的范围不断扩大。商业机构和各大公司面对日趋激烈的竞争,不得不将主要精力放在核心业务,将运输、仓储等相关业务环节交由更专业的物流企业进行操作,以求节约和高效;另一方面,物流企业为提高服务质量,也在不断拓宽业务范围,提供配套服务。

② 很多成功的物流企业根据第一方、第二方的谈判条款,分析比较自理的操作成本和代理费用,灵活运用自理和代理两种方式,提供客户定制的物流服务。

③ 物流产业的发展潜力巨大,具有广阔的发展前景。

(3) 第三方物流与物流一体化

物流一体化是物流产业化的发展形式,它必须以第三方物流充分发育和完善为基础。物流一体化的实质是一个物流管理的问题,即专业化物流管理人员和技术人员,充分利用专业化物流设备、设施,发挥专业化物流运作的管理经验,以求取得整体最优的效果。同时,物流一体化的趋势为第三方物流的发展提供了良好的发展环境和巨大的市场需求。

从物流业的发展看,第三方物流是在物流一体化的第一个层次时出现萌芽的,但是这时只有数量有限的功能性物流企业和物流代理企业。第三方物流在物流一体化的第二个层次得到迅速发展。专业化的功能性物流企业和综合性物流企业以及相应的物流代理公司出现,发展很快。这些企业发展到一定水平,物流一体化就进入了第三个层次。

3. 国际物流

(1) 国际物流的概念

所谓国际物流,就是组织货物在国际间的合理流动,也就是发生在不同国家之间的物流。国际物流的实质是按国际分工协作的原则,依照国际惯例,利用国际化的物流网络、物流设施和物流技术,实现货物在国际间的流动与交换,以促进区域经济的发展和世界资源优化配置。

国际物流的总目标是为国际贸易和跨国经营服务,即选择最佳的方式与路径,以最低的费用和最小的风险,保质、保量、适时地将货物从某国的供方运到另一国的需方。

(2) 国际物流的特点

国际物流是为跨国经营和对外贸易服务,使各国物流系统相互"接轨",因而与国内物流系统相比,具有国际性、复杂性和风险性等特点。

国际性是指国际物流系统涉及多个国家，系统的地理范围大。这一特点又称为国际物流系统的地理特征。国际物流跨越不同地区和国家，跨越海洋和大陆，运输距离长，运输方式多样，这就需要合理选择运输路线和运输方式，尽量缩短运输距离，缩短货物在途时间，加速货物的周转并降低物流成本。

在国际间的经济活动中，生产、流通、消费三个环节之间存在着密切的联系，由于各国社会制度、自然环境、经营管理方法、生产习惯不同，一些因素变动较大，因而在国际间组织好货物从生产到消费的流动，是一项复杂的工作，国际物流的复杂性主要包括国际物流通信系统设置的复杂性、法规环境的差异性和商业现状的差异性等。

国际物流的风险性主要包括政治风险、经济风险和自然风险。政治风险主要指由于所经过国家的政局动荡，如罢工、战争等原因造成货物可能受到损害或灭失；经济风险又可分为汇率风险和利率风险，主要指从事国际物流必然要发生的资金流动，因而产生汇率风险和利率风险；自然风险则指物流过程中，可能因自然因素，如海风、暴雨等，而引起的风险。

（3）国际物流的发展

国际物流的概念虽然最近才提出并得到人们的重视，但是国际物流活动随着国际贸易和跨国经营的发展而发展。国际物流活动的发展经历了以下几个阶段。

第一阶段——20 世纪 50 年代至 80 年代初。这一阶段物流设施和物流技术得到了极大的发展，建立了配送中心，广泛运用电子计算机进行管理，出现了立体无人仓库，一些国家建立了本国的物流标准化体系，等等。物流系统的改善促进了国际贸易的发展，物流活动已经超出了一国范围，但物流国际化的趋势还没有得到人们的重视。

第二阶段——20 世纪 80 年代初至 90 年代初。随着经济技术的发展和国际经济往来的日益扩大，物流国际化趋势开始成为世界性的共同问题。美国密歇根州立大学教授波索克斯认为，进入 80 年代，美国经济已经失去了兴旺发展的势头，陷入长期倒退的危机之中。因此，必须强调改善国际性物流管理，降低产品成本，并且要改善服务，扩大销售，在激烈的国际竞争中获得胜利。与此同时，日本正处于成熟的经济发展期，以贸易立国，要实现与其对外贸易相适应的物流国际化，并采取了建立物流信息网络，加强物流全面质量管理等一系列措施，提高物流国际化的效率。这一阶段物流国际化的趋势局限在美国、日本和欧洲一些发达国家。

第三阶段——20 世纪 90 年代初至今。这一阶段国际物流的概念和重要性已为各国政府和外贸部门所普遍接受。贸易伙伴遍布全球，必然要求物流国际化，即物流设施国际化、物流技术国际化、物流服务国际化、货物运输国际化、包装国际化和流通加工国际化，等等。世界各国广泛开展国际物流方面的理论和实践方面的大胆探索。人们已经形成共识：只有广泛开展国际物流合作，才能促进世界经济繁荣，物流无国界。

（4）国际物流系统

国际物流系统是由商品的包装、储存、运输、检验、流通加工和其前后的整理、再包装以及国际配送等子系统组成。运输和储存子系统是物流系统的主要组成部分。国际物流通过商品的储存和运输，实现其自身的时间和空间效益，满足国际贸易活动和跨国公司经营的要求。

4. 基于 Internet 的物流配送

以网络计算为基础的电子商务催化着传统物流配送的革命。物流配送从最初的送货上门到电子商务下供应链物流配送体系的二次革命,以及第三次物流革命,也就是物流配送的信息化及网络技术的广泛应用所带来的种种影响,这些影响是有益的,将使物流配送更有效率。

电子商务下物流配送,就是信息化、现代化、社会化的物流配送。它是指物流配送企业采用网络化的计算机技术和现代化的硬件设备、软件系统及先进的管理手段,针对社会需求,严格地、守信用地按用户的订货要求,进行一系列分类、编配、整理、分工、配货等理货工作,定时、定点、定量地交给没有范围限度的各类用户,满足其对商品的需求。

新型物流配送能使商品流通较传统的物流配送方式更容易实现减少生产企业库存,加速资金周转,提高物流效率,降低物流成本,又刺激了社会需求,有利于整个社会的宏观调控,也提高了整个社会的经济效益,促进市场经济的健康发展。

在电子商务时代,信息化、现代化、社会化的新型物流配送中心特征表现为:物流配送反应速度快、物流配送功能集成化、物流配送服务系列化、物流配送作业规范化、物流配送目标系统化、物流配送手段现代化、物流配送组织网络化、物流配送经营市场化、物流配送流程自动化、物流配送管理法制化。

配送是流通部门连接生产和消费,使时间和场所产生效益的设施,提高配送的运作效率是降低流通成本的关键所在。配送又是一项复杂的科学系统工程,涉及到生产、批发、电子商务、配送和消费者的整体结构,运作类型也形形色色。考察传统配送中心的运作类型,对设计新型配送中心的模式具有重要的借鉴作用。物流配送中心按运营主体的不同,大致有四种类型,即以制造商为主体的配送中心、以批发商为主体的配送中心、以零售业为主体的配送中心、以仓储运输业者为主体的配送中心。

从物流配送的模式上看,有三种主要类型:

(1) 集货型配送模式

该种模式主要针对上家的采购物流过程进行创新而形成。其上家生产具有相互关联性,下家互相独立,上家对配送中心的储存度明显大于下家,上家相对集中,而下家分散具有相当的需求。同时,这类配送中心也强调其加工功能。此类配送模式适于成品或半成品物资的推销,如汽车配送中心。

(2) 散货型配送模式

这种模式主要是对下家的供货物流进行优化而形成。上家对配送中心的依存度小于下家,而且配送中心的下家相对集中或有利益共享(如连锁业)。采用此类配送模式的流通企业,其上家竞争激烈,下家需求以多品种、小批量为主要特征,适于原材料或半成品物资配送,如机电产品配送中心。

(3) 混合型配送模式

这种模式综合了上述两种配送模式的优点,并对商品的流通全过程进行有效控制,有效克服了传统物流的弊端。采用这种配送模式的流通企业,规模较大,具有相当的设备投资,如区域性物流配送中心。在实际流通中,多采取多样化经营,降低了经营风险。这种运作模式比较符合新型物流配送的要求(特别是电子商务下的物流配送)。

5. 第四方物流

第四方物流（4PL，4 Party Logistics）是一个供应链集成商，它调集和管理组织自己的以及具有互补性的服务提供商的资源、能力和技术，以提供一个综合的供应链解决方案。

从概念上来看，第四方物流是有领导力量的物流提供商，它可以通过整个供应链的影响力，提供综合的供应链解决方案，也为其顾客带来更大的价值。显然，第四方物流是在解决企业物流的基础上，整合社会资源，解决物流信息充分共享、社会物流资源充分利用问题。

6. 适合中国国情的综合物流代理模式

（1）综合物流管理模式

结合上述理论，根据我国的实际情况加以分析，我国物流产业可以采用代理形式的客户定制物流服务的第三方物流模式。中国目前物流企业在数量上供大于求，供给数量大于实际能力，在质量上有所欠缺，满足不了顾客对质量的要求，物流网络资源丰富，利用和管理水平低，缺乏有效的物流管理者。

因此，作为物流企业完全可以不进行固定资产的再投资，采用委托代理的形式，运用自己成熟的物流管理经验和技术，为客户提供高质量的服务。我们将这种方式概括为以综合物流代理为主的第三方物流运作模式。也就是说，国内物流业在物流一体化和第三方物流上存在着很大的空白，国有大中型企业不景气的现状为这种物流模式的产生和发展提供了低成本、高扩张的坚实基础。大力推广和发展综合物流代理运作模式正逢其时。

（2）开展适合中国国情的综合物流代理

美国的联邦快递和日本的佐川急便是国际著名的专门从事第三方物流的企业，在国际物流市场上作用重大。国内专业化的物流企业主要是一些原来的国家大型仓储运输企业和中外合资及独资企业，如中国远洋运输（集团）公司（即中远集团）、中国海运（集团）总公司（即中海集团）、中国对外贸易运输（集团）总公司（即中外运集团）、大通、EMS等。近年来，各公司的营业额均在亿元以上，营业范围涉及全国配送、国际物流服务、多式联运和邮件快递等。其实，上述公司都已经在不同程度上进行了综合物流代理运作模式的探索实践。尤其观念和理论上的优势，率先进行综合物流代理运作。

从事综合物流代理业务的主要思路为：

① 不进行大的固定资产投入，采用低成本经营和入市原则；

② 将主要的成本部门及产品服务的生产部门的大部分工作委托他人处理，注重建立自己的销售队伍和管理网络；

③ 实行特许代理制，将协作单位纳入自己的经营轨道；

④ 公司经营的是综合物流代理业务的销售、采购、协调管理和组织设计的方法与经验，并且注重业务流程创新和组织机制创新，使公司经营不断产生新的增长点。

为了提高管理效率、降低运作成本，不但要提出具有竞争力的服务价格，还必须采取以下措施：

① 坚持品牌经营、产品（服务）经营和资本经营相结合的系统经营；

② 企业的发展和目标与员工、供应商、经营商的发展和目标充分结合；

③ 重视员工和外部协作经营商的培训，协助其实现经营目标；
④ 建立和完善物流网络，分级管理，操作和行销分开；
⑤ 开发建设物流管理信息系统，应用 EDI、GPS、RF、EOS、Code Bar、Internet 等新技术，对货物实施动态跟踪和信息自动处理；
⑥ 实行优先认股的内部管理机制，促进企业不断发展；
⑦ 组建客户俱乐部，为公司提供一个稳定的客户群。

7.2 电子商务物流研究的主要内容

电子商务物流主要研究五个方面的内容，分别为：电子商务物流系统、电子商务物流过程、电子商务物流技术、电子商务物流管理、电子商务物流费用。

7.2.1 电子商务物流系统

物流系统是指在一定的空间内，有所需位移的物资与包装设备、装运搬运机械、运输工具、仓储设备、人员和通信联系设施等若干相互制约的动态要素所构成的具有特定功能的有机整体。

结合电子商务的特点，我们认为，电子商务物流系统是信息化、现代化、社会化和多层次的物流系统。该系统主要是针对电子商务企业的需要，采用网络化的计算机技术和现代化的硬件设备、软件系统及先进的管理手段，严格地、守信用地进行一系列分类、编配、整理、分工和配货等理货工作，定时、定点、定量地交给没有范围限制的各类用户，满足其对商品的要求。

7.2.2 电子商务物流过程

电子商务物流过程包括运输、保管、仓储、装卸、包装、流通加工以及与其相联系的物流信息处理。它们相互联系，构成物流系统的功能组成要素。

1. 电子商务的起点——商品包装

包装（Package/Packaging）的定义是：为在流通过程中保护产品、方便储运、促进销售，按一定技术方法而采用的容器、材料及辅助物等的总体名称。也指为了达到上述目的而采用容器、材料和辅助物的过程中施加一定技术方法等的操作活动。简言之，包装是包装物及包装操作的总称。

2. 电子商务的动脉——商品运输

运输（Transportation）的定义是：用设备和工具，将物品从一地点向另一地点运送的物流活动。其中包括集货、分配、搬运、中转、装入、卸下、分散等一系列操作。

本书中的运输专指"物"的载运及输送。它是在不同地域范围间（如两个城市、两个工厂之间，或一个大企业内相距较远的两车间之间），以改变"物"的空间位置为目的的活动，对"物"进行空间位移。和搬运的区别在于，运输是较大范围的活动，而搬运是在同一地域之内的活动。

3. 电子商务的中心——商品存储

所谓商品存储，就是指在商品生产出来之后而又没有到达消费者手中之间所进行的受聘保管过程。

通过商品存储，可以调节商品的时间需求，进而消除商品的价格波动；通过商品存储，可以降低运输成本，提高运输效率；通过商品在消费地的存储，可以达到更好的顾客满意度；通过商品的存储，可以更好地满足消费者个性化的需求。

4. 电子商务的节点——商品装卸

装卸（Loading and Unloading）是指物品在指定地点以人力或机械装入或卸下。

搬运（Handling and Carrying）是指在同一场所内，对物品进行水平移动为主的物流作业。

装卸搬运是指在同一地域范围内进行的、以改变货物存放状态和空间位置为主要内容和目的的物流活动。严格地说，装卸和搬运是两个不同的概念，所谓装卸主要指的是货物在空间上所发生的以垂直方向为主的位移，主要是改变货物与地面之间的距离；而搬运则是指货物在小范围内发生的短距离的水平位移。两者有区别又有联系，因为货物在空间上发生绝对的、完全的垂直位移和水平位移的情况是少有的。多种情况下是两者的复合，有时以垂直位移为主（即装卸）；有时以水平位移为主（即搬运）；有时两者同时进行或交替进行，这些则统称为装卸搬运。

5. 电子商务的中枢神经——物流信息

物流信息是关于物流活动（商品包装、商品运输、商品储存、商品装卸等）有关的信息。

物流信息系统是指为了实现物流目的而与物流作业系统同步运行的信息管理系统。物流信息系统所要解决的问题主要包括以下几个方面：
（1）缩短从接受订单到发货的时间；
（2）库存适量化；
（3）提高搬运和装卸的作业量；
（4）提高运输效率；
（5）使接受订货和发出订货更为省力；
（6）提高接受订货和发出订货的精度；
（7）防止发货、配货出现差错；
（8）调整需求和供给；
（9）回答信息咨询；
（10）提高成本核算与控制能力。

7.2.3 电子商务物流新兴技术

物流技术是推动物流发展的重要因素。物流技术一般是指与物流要素活动有关的所有专业技术的总称,可以包括各种操作方法、管理技能等,如流通加工技术、物品包装技术、物品标识技术、物品实时跟踪技术等;物流技术还包括物流规划、物流评价、物流设计、物流策略等;当计算机网络技术的应用普及后,物流技术中综合了许多现代信息技术,如GIS(地理信息系统)、GPS(全球卫星定位)、EDI(电子数据交换)、Bar Code(条码)等等。

物流信息技术是指现代信息技术在物流各个作业环节中的应用,是物流现代化极为重要的领域之一,尤其是飞速发展的计算机网络技术的应用使物流信息技术达到新的水平。物流信息技术是物流现代化的重要标志。物流信息技术也是物流技术中发展最快的领域,从数据采集的条形码系统,到办公自动化系统中的微机、互联网,各种终端设备等硬件以及计算机软件都在日新月异地发展。同时,随着物流信息技术的不断发展,产生了一系列新的物流理念和新的物流经营方式,推进了物流的变革。

下面简要介绍一下主要电子商务物流新兴技术:

1. 条码技术及应用

条码(Bar code)技术是在计算机的应用实践中产生和发展起来的一种自动识别技术。它是为实现对信息的自动扫描而设计的。它是实现快速、准确而可靠地采集数据的有效手段。条码技术的应用解决了数据录入和数据采集的"瓶颈"问题,为供应链管理提供了有力的技术支持。供应链管理中条码技术的应用模型见图7-1。

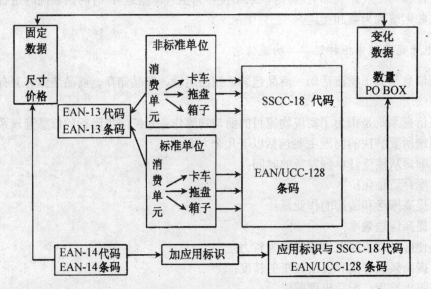

图7-1 供应链管理中条码技术的应用模型

条码技术为我们提供了一种对物流中的物品进行标识和描述的方法,借助自动识别技术、POS系统、EDI等现代技术手段,企业可以随时了解有关产品在供应链上的位置,并即时做出反应。当今在欧美等发达国家兴起的 ECR、QR、自动连续补货（ACEP）等供应链管理策略，都离不开条码技术的应用。条码是实现 POS 系统、EDI、电子商务、供应链管理的技术基础，是物流管理现代化、提高企业管理水平和竞争能力的重要技术手段。

条码技术在仓储配送业中的应用重大，以美国最大的百货公司 Wal-Mart 为例，该公司在全美有 25 个规模很大的配送中心，一个配送中心要为 100 多家零售店服务，日处理量约为 20 多万个纸箱。每个配送中心分三个区域，即收货区、拣货区、发货区。在收货区，一般用叉车卸货。先把货堆放到暂存区，工人用手持式扫描器分别识别运单上和货物上的条码，确认匹配无误才能进一步处理，有的要入库，有的则要直接送到发货区，称作直通作业以节省时间和空间。在拣货区，计算机在夜班打印出隔天需要向零售店发运的纸箱的条码标签。白天，拣货员拿一叠标签打开一只只空箱，在空箱上贴上条码标签，然后用手持式扫描器识读。根据标签上的信息，计算机随即发出拣货指令。在货架的每个货位上都有指示灯，表示那里需要拣货以及拣货的数量。当拣货员完成该货位的拣货作业后，按一下"完成"按钮，计算机就可以更新其数据库。装满货品的纸箱经封箱后运到自动分拣机，经全方位扫描器识别纸箱上的条码后，计算机指令拨叉机器把纸箱拨入相应的装车线，以便集中装车运往指定的零售店。

在国内，条码在加工制造和仓储配送业中的应用也已有了良好的开端。红河烟厂就是一例。成箱的纸烟从生产线下来，汇总到一条运输线。在送往仓库之前，先要用扫描器识别其条码，登记完成生产的情况，纸箱随即进入仓库，运到自动分拣机。另一台扫描器识读纸箱上的条码。如果这种品牌的烟正要发运，则该纸箱被拨入相应的装车线。如果需要入库，则由第三台扫描器识别其品牌。然后拨入相应的自动码托盘机，码成整托盘后通过运输机系统入库储存。条码的功能在于极大地提高成品流通的效率，而且提高库存管理的及时性和准确性。

2. EDI 技术及应用

电子数据交换（EDI，Electronic Data Interchange）是将商业或行政事务按照一个公认的标准生成结构化的数据报文格式在计算机之间进行电子传输和自动处理。其特点为用标准报文格式表示的商务信息在计算机之间传输，并允许接收方执行预期的业务。

构成 EDI 系统的三个要素是 EDI 软件、硬件、通信网络以及数据标准化。一个部门或企业若要实现 EDI，

① 必须有一套计算机数据处理系统；

② 为使本企业内部数据比较容易地转换为 EDI 标准格式，需采用 EDI 标准；

③ 通信环境的优劣也是关系到 EDI 成败的重要因素之一。

EDI 标准是整个 EDI 最关键的部分，由于 EDI 是以事先商定的报文格式形式进行数据传输和信息交换，因此，制定统一的 EDI 标准至关重要。世界各国开发 EDI 得出一条重要经验，就是必须把 EDI 标准放在首要位置。EDI 标准主要分为以下几个方面：基础标准、代码标准、报文标准、单证标准、管理标准、应用标准、通信标准、安全保密标准。

在这些标准中，最首要的是实现单证标准化，包括单证格式的标准化、所记载信息标准化以及信息描述的标准化。单证格式的标准化是指按照国际贸易基本单证格式设计各种商务往来的单证样式。在单证上利用代码表示信息时，代码所处位置的标准化。目前，我

国已制定的单证标准有：中华人民共和国进出口许可证、原产地证书、装箱单、装运声明。

信息内容的标准化涉及单证上的哪些内容是必需的，哪些不一定是必需内容。例如在不同的业务领域，同样的单证上所记载的内容项目不完全一致。

EDI 是一种信息管理或处理的有效手段，它是对供应链上的信息流进行运作的有效方法。EDI 的目的是充分利用现有计算机及通讯网络资源，提高贸易伙伴间通信的效益，降低成本。EDI 主要应用于以下企业：

（1）制造业。JIT 即时响应，以减少库存量及生产线待料时间，降低生产成本。

（2）贸易运输业。快速通关报检、经济使用运输资源，降低贸易运输空间、成本与时间的浪费。

（3）流通业。QR 快速响应，减少商场库存量与空架率，以加速商品资金周转，降低成本。建立物资配送体系，以完成产、存、运、销一体化的供应线管理。

（4）金融业。EFT 电子转账支付，减少金融单位与其用户间交通往返的时间与现金流动风险，并缩短资金流动所需的处理时间，提高用户资金调度的弹性，在跨行服务方面，更可使用户享受到不同金融单位所提供的服务，以提高金融业的服务品质。

EDI 应用获益最大的是零售业、制造业和配送业。在这些行业中的供应链上应用 EDI 技术使传输发票、订单过程达到很高效率，而这些业务代表了他们的核心业务活动——采购和销售。由此可见 EDI 在密切贸易伙伴关系方面有潜在的优势。

3. 射频技术及应用

射频技术（RF，Radio Frequency）的基本原理是电磁理论。射频系统的优点是不局限于视线，识别距离比光学系统远，射频识别卡具有读写能力，可携带大量数据，难以伪造，且有智能。

RF 适用于物料跟踪、运载工具和货架识别等要求非接触数据采集和交换的场合，由于 RF 标签具有可读写能力，对于需要频繁改变数据内容的场合尤为适用。

近年来，便携式数据终端（PDT）的应用多了起来，PDT 可把那些采集到的有用数据存储起来或传送至一个管理信息系统。便携式数据终端一般包括一个扫描器、一个体积小但功能很强并带有存储器的计算机、一个显示器和供人工输入的键盘。在只读存储器中装有常驻内存的操作系统，用于控制数据的采集和传送。

PDT 存储器中的数据可随时通过射频通信技术传送到主计算机。操作时先扫描位置标签，货架号码、产品数量就都输入到 PDT，再通过 RF 技术把这些数据传送到计算机管理系统，可以得到客户产品清单、发票、发运标签、该地所存产品代码和数量等。

RF 的应用在我国也已经开始，一些高速公路的收费站口使用 RF 可以不停车收费，我国铁路系统使用 RF 记录货车车厢编号的试点已运行了一段时间，一些物流公司也正在准备将 RF 用于物流管理中。

4. GIS 技术及应用

GIS（Geographical Information System，地理信息系统）是多种学科交叉的产物，它以地理空间数据为基础，采用地理模型分析方法，适时地提供多种空间的和动态的地理信息，是一种为地理研究和地理决策服务的计算机技术系统。其基本功能是将表格型数据（无论它来自数据库、电子表格文件还是直接在程序中输入）转换为地理图形显示，然后对显示结果浏览、操作和分析。其显示范围可以从洲际地图到非常详细的街区地图，显示对象包括人口、销售情况、运输线路以及其他内容。

GIS 应用于物流分析，主要是指利用 GIS 强大的地理数据功能来完善物流分析技术。国外公司已经开发出利用 GIS 为物流分析提供专门分析的工具软件。完整的 GIS 物流分析软件集成了车辆路线模型、最短路径模型、网络物流模型、分配集合模型和设施定位模型等。

（1）车辆路线模型。用于解决一个起始点、多个终点的货物运输中如何降低物流作业费用，并保证服务质量的问题，包括决定使用多少辆车，每辆车的路线等。

（2）网络物流模型。用于解决寻求最有效地分配货物路径问题，也就是物流网点布局问题。如将货物从 N 个仓库运往到 M 个商店，每个商店都有固定的需求量，因此需要确定由哪个仓库提货送给哪个商店，所耗的运输代价最小。

（3）分配集合模型。可以根据各个要素的相似点把同一层上的所有或部分要素分为几个组，用以解决确定服务范围和销售市场范围等问题。如某一公司要设立 X 个分销点，要求这些分销点要覆盖某一地区，而且要使每个分销点的顾客数目大致相等。

（4）设施定位模型。用于确定一个或多个设施的位置。在物流系统中，仓库和运输线共同组成了物流网络，仓库处于网络的节点上，节点决定着线路，如何根据供求的实际需要并结合经济效益等原则，在既定区域内设立多少个仓库，每个仓库的位置，每个仓库的规模，以及仓库之间的物流关系等问题，运用此模型均能很容易地得到解决。

5. GPS 技术及应用

GPS（Global Positioning System，全球定位系统）具有在海、陆、空进行全方位实时三维导航与定位能力。近 10 年来，我国测绘等部门使用 GPS 的经验表明，GPS 以全天候、高精度、自动化、高效益等显著特点，赢得了广大测绘工作者的信赖，并成功地应用于大地测量、工程测量、航空摄影测量、运载工具导航和管制、地壳运动监测、工程变形监测、资源勘察、地球动力学等多种学科，从而给测绘领域带来一场深刻的技术革命。

GPS 在物流领域有非常广泛的应用，主要用运输系统定位、管理和军事物流等。

（1）用于汽车自定位、跟踪调度

当时据丰田汽车公司的统计和预测，日本车载导航系统的市场在 1997 年至 2004 年间将平均每年增长 35%以上，全世界在车辆导航上的投资将平均每年增长 60.8%，因此，车辆导航将成为未来全球卫星定位系统应用的主要领域之一。我国已有数十家公司在开发和销售车载导航系统。

（2）用于铁路运输管理

我国铁路开发的基于 GPS 的计算机管理信息系统，可以通过 GPS 和计算机网络实时收集全路列车、机车、车辆、集装箱及所运货物的动态信息，可实现列车、货物追踪管理。只要知道货车的车种、车型、车号，就可以立即从近 10 万公里的铁路网上流动着的几十万辆货车中找到该货车，还能得知这辆货车现在何处运行或停在何处，以及所有的车载货物发货信息。铁路部门运用这项技术可大大提高其路网及其运营的透明度，为货主提供更高质量的服务。

（3）用于军事物流

全球卫星定位系统首先是为军事目的而建立的，在军事物流中，应用相当普遍，如后勤装备的保障等方面，尤其是在美国，其在世界各地驻扎的大量军队无论是在战时还是在平时都对后勤补给提出很高的需求。在战争中，如果不依赖 GPS，美军的后勤补给就会变得一团糟。美军在 20 世纪末的地区冲突中依靠 GPS 和其他顶尖技术，以强有力的后勤保障，取得了优势。对此，引起了我国重视，我国军事部门也在运用 GPS。

7.2.4 电子商务物流管理

1. 电子商务物流管理的含义

物流管理是对物流活动进行系统的管理。因为，物流系统是由物流活动的各个环节组成的统一有机联系的整体，物流管理的目的是使总体效益最佳，故电子商务物流管理不仅涉及在系统中不断转移的物质实体，也涉及到使物质实体发生运动（包括储存）的手段（如包装、运输、储存和装卸搬运等）与所使用的资材、设施、设备的规划、设计、选择等与此有关的经济、技术和劳务等方面的问题，还涉及到电子商务与物质实体流通的技术、经济、信息和网络关系。

所谓电子商务物流管理是指在社会再生产过程中，根据物质资料实体流动的规律，应用管理的基本原理和科学方法，对电子商务物流活动进行计划、组织、指挥、协调、控制和决策，使各项物流活动实现最佳协调与配合，以降低物流成本，提高物流效率和经济效益。简言之，电子商务物流管理就是研究并应用电子商务物流活动规律对物流全过程、各环节和各方面的管理。

2. 电子商务物流管理的特点

电子商务物流管理具有综合性、新颖性和智能性的特点。它通过物流战略管理、物流业务管理、物流企业管理、物流经济管理、物流信息管理和物流管理现代化这六方面实现物流管理目标。

3. 电子商务物流管理信息系统

电子商务物流管理信息系统（Electronic Commerce Logistics Management Information System，简称电子商务 LMIS）是一个由人和计算机网络等组成的能进行物流相关信息的收集、传送、储存、加工、维护和使用的系统。由于电子商务物流是信息网络和传统物流的有机结合，物流企业本身正以崭新的模块化方式进行要素重组，所以，电子商务 LMIS 不仅是一个管理系统，更是一个网络化、智能化和社会化的系统。

物流系统的不同阶段和不同层次之间通过信息流紧密地联系在一起，因而在物流系统中，总是存在着对物流信息进行采集、传输、贮存、处理、显示和分析的物流管理信息系统。它的基本功能主要有数据的收集和录入、信息的存储、信息的传播、信息的处理和信息的输出等几个方面。

4. 供应链管理

供应链是一种业务流程模型，它是指由原材料和零部件供应商、产品制造商、分销商和零售商到最终用户的一个环环相扣的链条。供应链通过计划（Plan）、获得（Obtain）、储存（Store）、分销（Distribute）、服务（Serve）等一系列活动在顾客与供应商之间形成一种衔接，以使企业满足顾客的需求。而供应链管理，是对整个供应链系统中各参与企业、部门之间的物流、信息流与资金流进行计划、协调、控制和优化的各种活动和过程。

7.2.5 电子商务物流费用

1. 电子商务物流费用的含义

电子商务物流费用是指在进行电子商务物流活动过程中所发生的人、财、物耗费的货币表现。它是衡量电子商务物流经济效益高低的一个重要指标。但是长期以来，我国对物流费用的研究重视不够。

（1）对物流成本的构成认识不清，只见树木不见森林；
（2）物流成本的计算与控制由各企业分散进行，缺乏相应的权威统计数据。

2. 电子商务物流费用的冰山说

关于物流成本的隐含性，日本早稻田大学的物流成本学说权威西泽修教授将其描述为"物流冰山"，一般情况下，在企业的财务统计数据中，只能看到支付给外部运输和仓库企业的委托物流费用，而实际上，这些委托物流费用中确实犹如冰山一角。

"物流费用的冰山说"之所以成立。
（1）物流成本的计算范围太大；
（2）运输、保管、包装、装卸以及信息等各物流环节中，以哪几种作为计算对象的问题；
（3）选择哪几种费用列入物流成本的问题。

7.3 中国电子商务物流的发展

7.3.1 中国物流业的发展现状

长期以来，我国企业一直存在着重生产轻流通的观念，致使我国物流业投资偏低、发展滞后。近年来，随着市场经济的发展，特别是连锁商业的发展以及电子商务的兴起，我国物流配送业的发展日益受到重视。但是我国的电子商务与现代物流相比，整体规模和水平较低。

（1）观念滞后，企业对电子商务下的物流缺乏正确的认识。

虽然我国对物流和配送的认识还比较模糊，对电子商务下的物流的地位和作用更是认识不足。

(2）电子商务物流发展的制度环境有待完善。

物流发展要跨越地区和部门的限制，需要统一化、标准化。我国目前还没有一部完整的物流法规，各部门各自为政，造成了制度与限制不相适应，难以形成物流企业规模经营，实现规模效应。

（3）电子商务物流的专业人才短缺。

从国外的经验来看，发达国家的物流教育和培训非常完善，而我国物流方面的教育还很落后，物流在职人员的职业教育和培训也很贫乏。

（4）电子商务物流配送业不发达。

实践证明，配送是十多年来国际物流领域创造的最佳服务形式。但由于我国物流企业资金短缺，技术实力较弱，很难建立功能齐全的、现代化的、职能化的物流配送中心。

7.3.2 中国电子商务物流的总体发展思路

1. 营造良好的宏观环境

当前，我国已具备发展物流的基本条件，更应该营造良好的宏观市场环境，支持电子商务物流的发展。结合我国物流发展的现状，在坚持企业是物流发展主体的同时，应充分重视政府在现代物流发展中的地位和作用，具体包括：

（1）提高认识，明确发展现代物流的指导思想与总体目标。明确现代物流业作为新兴产业、支柱产业以及新的经济增长点的重要地位，各级政府和各类企业均应给予足够的重视，积极寻求适合本地区和本企业特点的物流发展政策、形式和措施。发展现代物流的指导思想应是：坚持以市场为导向，以企业为主体，以提高效率、效益和竞争能力为中心，推进现代物流的稳步快速发展。总体发展目标定位为：积极采用先进的物流组织管理技术及装备，建立全国、区域、城市、企业有机结合的现代物流服务网络体系，形成政府部门提供政策法规保障、工商企业提供有效需求、物流企业提供良好的资源条件的现代物流良性运作机制。

（2）积极培育市场，建立和完善现代物流市场体系。工商企业要切实转变经营观念和经营管理方式，突出强化主业意识，优化物流管理，将企业核心业务以外的原材料采购、仓储、运输、流通加工、配送等物流保障服务，按现代物流要求进行整合，与主业进行有效分离，以培育物流需求市场。积极鼓励社会化、专业化的第三方物流的发展，使其成为社会物流资源的设计者、运作者和高质量物流服务的提供者，提高全社会现代物流整体水平，为满足物流需求提供企业服务资源。

各地可有选择地重点扶持一定数量的实力较强、管理先进的物流示范企业，加快其成长步伐，以便带动其他企业发展，提高我国加入WTO后物流企业的市场竞争能力。根据发达国家现代物流发展经验和我国工商及物流企业发展现状，鼓励工商企业自办物流并面向社会服务，使其成为物流服务的有机组成部分，实现物流运作与服务主体的多元化。鼓励工商企业与物流服务企业结成物流联盟，构筑高质量、高效率、低成本的供应链。鼓励各类企业按照现代物流的要求，根据不同特点，积极发展干线物流、区域物流、企业物流、配送和仓储、多式联运、物流中心等多种物流服务模式。

（3）努力营造良好的现代物流发展宏观环境。各有关部门对物流相关领域的管理方式要进行调整，清理有碍物流发展的规定和做法，降低对物流企业的市场准入门槛，减少物流经营、城市内物流配送、货物通关等方面的限制，建立健全物流市场监督及调节机制，努力创造公平竞争、规范有序的市场环境。各级政府要按照现代物流发展的客观规律，打破地区封锁和部门分割，避免地方保护和过分强调部门利益，为企业、城市、区域及全国性物流服务网络的形成创造良好的体制保障条件。

（4）重视并加强物流基础设施的规划和建设。各级政府要重视对物流基础设施的规划建设，特别是要加强对中心城市、交通枢纽城市和物流活动较集中地区的物流基础设施的规划和建设的协调，做到布局合理、规模协调、功能配套、水平适当，防止重复建设、盲目建设和片面追求高质量。重视既有物流基础设施的技术改造和功能调整与完善，充分利用现有场站、仓储等设施优化物流资源的配置，有效降低全社会物流运作成本。鼓励物流量较大的中心城市如重要的区域中心城市，在充分论证和系统规划前提下，根据各自特点及既有物流基础设施条件，开发和建设现代化的物流基地，并辅之以便利的通关、综合运输和城市配送条件，使之成为区域性物流中心。

（5）采用信息网络等技术手段，加快科技创新和标准化建设。工商企业要积极围绕企业发展电子商务，为企业组织物流或依托物流企业组织物流创造信息平台条件。专业化物流及相关交通运输、仓储等企业要积极开发和研制物流服务信息系统和信息传递与交换系统，为物流的合理高效组织以及提高企业自身的经营管理效率与水平，创造更广阔的空间。积极发展适宜物流组织和经营的运输、仓储、搬运装卸、包装、信息管理、信息识别等组织管理技术与装备，使现代物流的高质量、高效率、低成本运作与经营拥有可靠的组织及装备保障。重视物流的标准化工作，抓紧编制适合我国特点并能与国际接轨的物流技术国家标准，以提高物流运作效率和设备利用水平。

（6）加快对外开放步伐，积极引进外资与先进技术。我国加入 WTO 后，物流业将不可避免地要对外开放。为使我国物流企业尽快适应国际竞争环境，应根据具体条件，制定适合我国特点的积极稳妥的现代物流业对外开放政策。积极引进国外资金与先进的物流管理技术，并适当引进所需人才，解决我国发展物流业的资金不足和管理技术落后、人才缺乏的问题。

（7）加强宣传引导和理论探索，加快人才培养。加强对物流理论思想的宣传引导，通过不断普及现代物流知识，使人们了解物流，并把科学的物流理念运用于企业实践中。政府部门、工商企业和物流企业要加强与科研院校、咨询机构、社团组织的联系，充分发挥他们在理论研究和人才培养方面的优势，采取多种形式，积极合作，鼓励物流企业与物流研究咨询机构、大专院校进行资本与技术的融合，实现物流企业的产学研一条龙发展，解决物流企业人才缺乏、管理水平较低的现实问题。加强大专院校和专业物流咨询机构的人才培养能力建设，批准设立物流相关专业，建立物流综合培训基地，并通过多种渠道给予其资金及必要装备上的支持。

2. 加快现代物流配送业的信息化及电子商务化的进程

物流业作为传统商务领域中的一个行业，一方面是整个电子商务实施的重要组成部分；另一方面，其自身的运作过程又有许多方面可以利用电子商务来解决传统物流业存在的诸多问题。从一定程度上讲，网络技术应用的成功与否，是中国物流业发展的一道门槛。物流业电子商务是指利用 Internet 等现代信息传递技术和处理工具，以物流过程的信息流为起点，进行低成本网络营销，同时大规模集成物流中的所有供应链环节，进而提高物流作业效率和反应速度，向客户提供物流全程的信息跟踪服务，从而在大幅度降低服务成本的同时，又提供了前所未有的信息跟踪和反馈服务，使物流业做到真正意义上的即时化。电子商务技术在现代物流管理中的应用可以有很多方面，如跨区域的物资仓储管理、客户服务管理、与委托方企业和内部其他生产计划部门的协调、结算等。此外，可以将电子商务技术融合于企业资源计划系统（ERP）或供应链管理系统，也可以为物流企业在诸如财务、分销资源计划（DRP）与调配等方面提供帮助。电子商务技术的进一步应用不仅仅是实现对现代物流管理的辅助和完善，充分利用电子商务技术的优势，还可以给物流业务领域开拓出新的经营思路与商机。

物流业的信息化和电子商务化，一般来说主要涉及三部分的内容，下面对每部分作分别论述。

（1）物流需求企业的信息化与电子商务化

物流管理是一门专业性很强的技术，但是，从物流过程的处理方法和实施路径看，80%的物流执行程序有较强的相似性。通过技术手段，可以设计企业物流管理系统，通过一定方式供物流需求对象使用，为传统商务或传统行业的电子商务提供高水平的物流管理技术。用户利用该系统，录入生产与销售等和企业物流环节有关的参数后，系统可自动给出专家型的有针对性的企业物流管理方案，供企业参考执行。同时，根据企业相关计划的调整或物流业相关情况的调节，通过对系统进行调整或升级实现物流管理方案的修正。

在电子商务时代，要提供最佳的服务，物流系统必须要有良好的信息处理和传输系统。良好的信息系统能提供极好的信息服务，以赢得客户的信赖。

（2）物流服务企业的信息化与电子商务化

物流涉及的环节众多，地域和时间跨度大，如何提高物流效率、降低物流成本以及提供物流全过程的信息反馈，是物流企业能否吸引客户并获利的关键。物流企业应通过技术手段，建立管理与信息系统，为物流企业自身的物流效率和管理水平等内部资源整合提供解决手段。联邦快递公司对物流的理解是"利用信息技术方案和增值操作流程以及全球运输网络为客户创造或赢得时间的一种方法"。它看似简单，却体现出物流服务最关键的要素和实现这种服务所必要的途径。而国内物流服务企业由于较长时间受制于信息技术"瓶颈"，使得数据管理和货物监控工作无法快速实施，运营效率受到很大影响。

（3）基于 Internet 的物流信息与商务平台的建立及使用

通过在 Internet 上建设物流信息商务平台的方式，使物流需求可以通过此平台提交物流需求，物流服务商也可借此平台进行低成本的全球网络营销。这样，物流需求方在选择物流服务商时，有更大范围的挑选理想对象的余地，减少盲目性与随机性，同时也可大幅度降低物流企业的营销宣传费用，提高物流与相关资源的利用程度。除了公共的物流信息与商务平台之外，物流供求双方在长期合作、相互信任的基础上，也可通过联网，实现信息的共享与及时的信息传递，这也是快速反应系统、ECR 系统、持续补货系统以及供应商管理存货系统等先进的管理方法技术实施的保证。

总的来说，物流信息化是实现电子商务的基石，是物流发展的重中之重。开发物流信

息系统可以走捷径:

（1）将国外企业的物流信息平台进行汉化,并根据我国物流的流程设计物流信息系统软件;

（2）组织技术力量开发我国的物流平台,形成有中国特色的物流平台及物流信息系统。信息系统的开发、建设要走市场化的道路,通过政府的引导和推动,采用市场运作的方式,才能加快物流信息系统的建设。要避免走弯路,纠正完全由物流企业自行开发的误区。政府管理部门可组织相关的软件开发商和物流企业,并吸纳部分生产、销售企业参加,根据我国物流的特点,开发出实用型的物流平台与信息系统。物流信息系统的开发也可采取技术招标的方式,由政府有关部门提出物流信息系统的技术要求,软件开发公司中标后根据技术要求设计开发出物流信息平台及信息系统,经专家评审、鉴定后,政府有关部门推广应用。对于物流服务企业自行开发的物流信息系统,既要考虑到整个物流系统的连接,也要考虑到与其他物流信息系统和生产、销售企业的信息系统的接口问题,要形成开放性、多功能的物流信息系统。

发展电子商务物流是我国企业参与国际竞争的需要,是缩短与发达国家物流业差距的一次机遇,也是摆在企业面前的挑战。

第8章 电子商务法律问题及税收

在 21 世纪，电子商务必将得到长足的发展，它将逐步渗透到社会的各个领域，成为连接商家和消费者的桥梁。然而，任何事物的发展都有它的两面性，在电子商务的发展中也存在这样的问题，如在交易过程中出现的网络诈骗、交易脱节、产权纠纷、税收"漏斗"……泛滥成灾，亟待解决。如果没有相应的法律法规加以约束和规范的话，必将影响电子商务的健康发展。对电子商务活动进行立法，主要是为了调整与电子商务活动有关的社会关系。因为这些社会关系是随着计算机网络和电子商务活动的出现而产生的，原有法律没有调整这些社会关系的规定。用合适的法律或制度调整其中的社会关系，对于电子商务大环境的稳定与协调运转起着至关重要的作用。如同《环境法》是为了保护人类的生态环境一样，电子商务有关法律是在为人们创造现代信息社会良好的电子商务环境。鉴于电子商务日渐成为人们工作和生活中的重要部分，它在整个法律体系中理应占据重要的地位。

电子商务的出现，给我们的生活带来极大的便利，也对传统贸易方式和社会经济生活带来前所未有的冲击，同时使得针对传统贸易形式制定的现行税法显得力不从心。因为电子商务具有无国界性、虚拟性及数字化等特性，所以相关问题的研究就显得至为重要。

8.1 电子商务法律问题

8.1.1 电子商务对法律的要求

电子商务自身的无国界性、实现信息的数字化、技术进步速度快等特征决定了它不仅为全球经济的发展营造了良好的氛围，同时对社会各个领域特别是立法提出了许多新的要求和挑战。

1. 电子商务的发展需要法律的保障

电子商务在虚拟的网络空间进行，涉及电子资金划拨、网络知识产权、网上交易的产品质量等内容，电子商务独特的运作方式向现有的商务规范模式提出了技术、财务和交易安全等方面的重大挑战。从总体上说，与电子商务的迅猛发展相比，与之相关的法律法规显得滞后。不仅发展中国家如此，就是发达国家也并未彻底解决。由于网上金融的发展尚不完善，黑客随时可能出现，网上交易的安全性远远低于传统交易，尤其是个人隐私问题更是无法得到很好的保障。从目前中国的立法情况看，国内关于电子商务方面的法律很不完善，在目前的技术和管理条件下，对政府而言，网络贸易已经成了税收"漏斗"；对消费者而言，网上购物的权益和安全性无法完全得到保障；对生产厂家而言，欺诈可能更是无处不在，信誉无从保证。一系列侵犯网络安全和信息安全的恶性事件不断地给人们敲响警钟。据美国网络犯罪处理中心的最新数据显示，2003 年全球总共接收网络犯罪报告达 12 万例，比 2002 年增长了 60%。最新统计显示，2004 年日本警察破获的网络犯罪案件与前年相比增加了 13%，达到 2081 起。在我们国家，网络犯罪案件也是逐年增多。

电子商务是网络技术在商务活动中应用的产物，由于其与传统交易形式有很大的差异，对社会各个领域都带来了巨大的冲击，因而涌现出许多问题。作为调整社会关系的重要工具，法律必然也会受到电子商务的巨大冲击。比如电子合同的书面、签字、原件和数据的证据效力等问题是否同于传统的合同；网络交易是否还适用传统的税收法律；如不进行实物交易是否要征税，如何征税，是否需要另立新税种；以及网上交易的无形化在信用建立方面提出的电子签名、电子交易认证急需通过立法加以保障。

2. 电子商务立法有利于促进电子商务发展

1998 年 2 月 26 日，克林顿政府宣布了对电子商务免税政策的草案，并于同年 5 月 14 日由美国众议院商业委员会通过，三年内禁止州政府和地区政府对 Internet 交易征收税费，这一法案极大地鼓励了企业商家从事网上交易，使得美国电子商务的发展展现美好的前景。美国一系列的政策保障、立法行为对其他国家提供了经验借鉴，比如欧盟各成员国就非常赞同美国总统克林顿所主张的网上交易免税方案，并与其签订了共同宣言，对电子商务发展需要国际合作也达成了共识。

3. 电子商务立法还存在着大量问题需要完善

目前在世界范围内虽然有了联合国贸法会《电子商务示范法》及一系列的国际统一规则，但均不构成直接有效的国际法律规范，只是起到参考的作用，且由于各国法律制度的差异性，在许多方面没有做出具体性的规定，有的只提出一个总原则，留待各国在开展立法过程中予以解决。与此同时，尽管许多国家都对国内的原有立法进行了相应的调整，但仍限于局部性与临时性的对策，专门性与基础性的立法很少。在电子商务实践中，仍多以当事人之间协议的方式来弥补法律规范的不足，具有很大的局限性。由上可见电子商务的法律问题目前远未解决，而这一解决最终将取决于各国立法的彻底调整以及有关国际统一规则的最终确立。

4. 中国电子商务的法制建设任重而道远

（1）中国尚处于社会主义建设初级阶段，市场经济条件下的法制建设远远落后于发达的工业国家，加上中国现行涉及商务的法律法规，基本都是针对传统的商务活动而建立的，实践中已有很多不能适应电子商务的迅速发展。

（2）发达国家和发展中国家在发展电子商务方面必然存在着利益冲突，围绕如何制定规则和应当遵守什么样的规则等原则问题也必然会进行力量和智慧的较量。在国内，电子商务带来的变革也必然会引发各方既得利益的重新分配，为此需要通过立法加以协调。

（3）电子商务的全球性特点使得中国电子商务的法制建设既要考虑国内的环境，又要与全球电子商务的法制建设同步，如果中国有关使用现代信息技术的法规与国际规范有较大差异，就会降低中国企业参与国际竞争的积极性。

必须密切关注国际在电子商务方面的立法活动，积极融入国际规则的制定当中，并结合中国国情不断完善中国电子商务发展的法律环境,推动电子商务的发展,以求谋得未来竞争的主动权。

8.1.2 电子商务立法现状

联合国贸法会在电子数据交换原则研究与发展的基础上,于 1996 年 6 月通过了《联合国国际贸易法委员会电子商务示范法》(以下简称《示范法》)。为各国电子商务立法提供了一整套国际上能够接受的电子商务规则,也可以用来解决妨碍电子商务发展等诸多问题的现有国际公约和国际机制。《示范法》的颁布为逐步解决电子商务的立法问题奠定了基础,为各国制订本国电子商务法规提供了框架和示范文本。

此后,一些国际组织与国家纷纷合作,制订各种法律规范,形成了国际电子商务立法的高速发展期,其成果主要有:

1. WTO 的三大突破性协议

WTO 建立后,立即开展了信息技术的谈判,并先后达成了三大协议,即:

(1)《全球基础电信协议》,主要内容是要求各成员方向外国公司开放其电信市场并结束垄断行为。

(2)《信息技术协议》,要求所有参加方将主要的信息技术产品的关税降为零。

(3)《开放全球金融服务市场协议》,要求成员方对外开放银行、保险、证券和金融信息市场。

这三项协议为电子商务和信息技术的稳步有序发展确立了新的法律基础。

2. 国际性组织加快制定电子商务指导性交易规则

国际商会已于 1997 年 11 月 6 日通过《国际数字保证商务通则》,该通则试图平衡不同法律体系的原则,为电子商务提供指导性政策,并统一了有关术语。

3. 区域性组织积极制定各项电子商务的政策

目前,已经或正在制订电子商务政策的主要是经济合作与发展组织(OECD)、欧盟等地区性组织和国家。1997 年 4 月 15 日,欧盟委员会提出了"欧盟电子商务协议";1998 年 10 月,OECD 公布了 3 个重要文件:《OECD 电子商务行动计划》、《有关国际组织和地区组织的报告——电子商务的活动和计划》、《工商界全球商务行动计划》,作为 OECD 发展电子商务的指导性文件;欧盟则于 1997 年提出《关于电子商务的欧洲建议》,1998 年又发表了《欧盟电子签字法律框架指南》和《欧盟关于处理个人数据及其自由流动中保护个人的指令》,1999 年发布了《数字签名统一规则草案》。这些区域性组织通过制订电子商务政策,努力协调内部关系,并积极将其影响扩展到全球。

4. 世界各国积极制订电子商务的法律法规

全球电子商务立法,是近几年世界商事立法的重点,电子商务立法的核心,主要围绕电子签章、电子合同、电子记录的法律效力展开。从 1995 年美国犹他州颁布《数字签名法》

至今，已有几十个国家、组织和地区颁布了与电子商务相关的立法，其中较重要或影响较大的有：联合国贸易法委员会1996年的《电子商务示范法》和2000年的《电子签名统一规则》，欧盟的《关于内部市场中与电子商务有关的若干法律问题的指令》和《电子签名统一框架指令》，俄罗斯1995年的《俄罗斯联邦信息法》，德国1997年的《信息与通用服务法》，新加坡1998年的《电子交易法》，美国2000年的《国际与国内商务电子签章法》等等。

上述电子商务立法虽然国家不同、时间各异，但总体来看，各国国内的电子商务立法却有着三个非常明显的共同特征：

（1）迅速。从1995年美国犹他州出台《数字签名法》及俄罗斯制定《联邦信息法》至今，在短短的十年时间里，已有几十个国家、组织和地区制定了电子商务的相关法律或草案，无论是美国、新加坡、德国等发达国家，还是马来西亚等发展中国家，对此反应都极为迅速。这种高效的立法，在世界立法史上是非常罕见的。

（2）兼容。在电子商务高速发展并逐步打破国界的大趋势下，电子商务立法中任何闭门造车的作法不仅是画地为牢，更会严重阻碍电子商务与相关产业的发展，所以，各国在进行电子商务立法时，兼容性是首要考虑的指标之一。并且，也正是这种兼容性的要求造就了电子商务立法中先有国际条约后有国内法的奇特现象。联合国贸易法委员会在其《电子签名统一规则指南》中就指出："电子商务内在的国际性要求建立统一的法律体系，而目前各国分别立法的现状可能会产生阻碍其发展的危险。"

（3）法律的制定及时有力地推动了电子商务、信息化和相关产业的发展。2000年前后席卷全球的电子商务狂潮在很大程度上要归功于两个法律：

① 我们前面提到的联合国贸易法委员会的《电子商务示范法》，它奠定了全球电子商务开展的根基；

② 美国1997年的《全球电子商务纲要》，直接涉及了关税、电子支付、安全性、隐私保护、基础设施、知识产权保护等发展电子商务的关键性问题，为美国电子商务的发展创造了良好的政策法律环境。在亚洲，马来西亚是最早进行电子商务立法的国家之一，早在九十年代中期，就提出了建设"信息走廊"的计划，该计划与其在1997年颁布的《数字签名法》呼应，极大地促进了其信息产业和相关产业的发展。作为信息产业界后来居上的印度，也不失时机地在1998年推出《电子商务支持法》，并在2000年提出其针对电子商务的免税方案，促进了其电子商务和相关产业的持续增长。

此外，在这些国际电子商务立法中，电子商务国际立法还具有边制订边完善、电子商务国际立法重点在于使过去制订的法律具有适用性、发达国家在电子商务国际立法中居主导地位、工商垄断企业在电子商务技术标准和制订上起主要作用等特点。

总之，经过近十年的立法实践，世界各国和国际电子商务立法都有了长足的进步，一些基本原则得到广泛应用，在一些细节的处理上也已比较成熟。起步较早的国家在完成了针对电子签章和电子交易的相关立法之后，更多地把注意力转移到一些更具体的问题上，如完善交易规则、反欺诈、打击垃圾邮件和查处网络犯罪等，同时加大了推广国际规则的力度。

5. 我国的电子商务立法状况

（1）相关的法规及部门规章。

1988年9月全国人大常务委员会通过的《中华人民共和国保守国家秘密法》首次对电子信息保密作出了规范；1994年，国务院发布了《中华人民共和国计算机信息系统安全保护条例》，为保护计算机信息系统安全，促进计算机的应用和发展提供了法律保障；1996年，国务院发布《中华人民共和国计算机信息网络国际联网管理暂行规定》，开始涉及互联网的管理，提出了对国际联网实行统筹规划、统一标准、分级管理、促进发展的基本原则；1997年，中国互联网信息中心发布了《中国互联网络域名注册暂行管理办法》和《中国互联网实施细则》；国家密码管理局依据《中华人民共和国电子签名法》和《商用密码管理条例》，制定了《电子认证服务密码管理办法》，并已于2005年4月1日起施行。

（2）《中华人民共和国电子签名法》

2004年8月28日第十届全国人民代表大会常务委员会第十一次会议通过了《中华人民共和国电子签名法》，并于2005年4月1日起实施。规定了数据电文、电子签名与认证及法律责任三个方面的问题，是我国电子商务立法中的一个重要里程碑。

（3）《国务院办公厅关于加快电子商务发展的若干意见》

2005年1月8日，我国第一个专门指导电子商务发展的政策性文件——《国务院办公厅关于加快电子商务发展的若干意见》颁布，它以政策性文件的形式阐释了国家对我国发展电子商务的若干重要意见，明确了我国发展电子商务的指导思想和原则，确立了我国促进电子商务发展的六大举措。在国家宏观政策这样明确的支持和肯定下，我国的电子商务必将得到快速的发展。

8.1.3 电子商务立法的原则

在构建电子商务法律体系的过程中应当把握一些立法的原则，即制定法律的基本出发点和在制定过程中应当遵循的方向及准则。电子商务立法的基本原则贯穿于整个电子商务立法，对各项电子商务制度和法律环境起统帅和指导作用。

1. 务实原则

务实即务必实事求是、切合实际。在电子商务活动中，因涉及部门和领域繁多，诸如税务、银行、经贸、工商管理、信息技术、医疗卫生等，无一不与电子商务紧密关联，倘若不能对所涉及的部门之间、行业之间的关系进行很好的协调和处理，必然会呈现出诸多的法律问题和纠纷。因此，建议对具体问题作具体分析和探讨，进而有针对性地进行相应法制建设，并做到务实立法、执法，以防患于未然。

2. 中立原则

电子商务法的基本目标，建立公平的交易规则。要达到各方利益的平衡，实现公平的目标，应做到如下几点：

（1）技术中立。电子商务法对传统的口令法与非对称性公开密钥加密法，以及生物鉴别法等，都不可厚此薄彼，产生任何歧视性要求。

(2) 媒介中立。媒介中立，就是允许各种媒介根据技术和市场的发展规律而相互融合、互相促进，使各种资源得到充分的利用，避免人为的行业垄断或媒介垄断。

(3) 实施中立。指在法律的实施上，不可偏废。特别是不能将传统书面环境下的法律规范的效力，放置于电子商务法之上，而应中立对待。

3. 保护原则

法律的作用首先在于平等保护当事人的合法权益并不受侵犯，同理，电子商务立法也应注意合理保护商家和消费者的合法权益，具体包括：
(1) 现实利益的保护。
(2) 潜在利益的保护。
(3) 强调保护合法权益的同时，应重视对法律责任的追究。

4. 安全原则

保障电子商务的安全进行，既是电子商务立法的重要任务，又是其基本原则之一。电子商务以其高效、快捷的特性，在各种商务交易形式中脱颖而出，具有强大的生命力。而这种高效、快捷的交易工具必须以安全为其前提，它不仅需要技术上的安全措施，也离不开法律上的安全规范。譬如，电子商务法中确认强化电子签名的标准，规定认证机构的资格及其职责等具体的制度，都是为了在电子商务条件下，形成一个较为安全的环境，至少安全程度应与传统纸面形式相同。

5. 强制性与任意性相结合原则

在电子商务的立法中，在注重法律规范强制性作用的同时，也要以自治原则为指导，为当事人全面表达与实现自己的意愿，预留充分的空间，并提供确实的保障。譬如以《示范法》第四条为例，就规定了当事人可以协商变更的条款，其内在含义是：除了强制性的法律规范外，其余条款均可由当事人自行协商制定。其实，《示范法》中的强制性规范条目不仅数量上少(仅四条)而且其目的也仅在于消除传统法律为电子商务发展所造成的障碍，为当事人在电子商务领域里充分行使其意思自治而创造条件。

8.1.4 电子商务立法亟待解决的问题

进行电子商务立法，除了要遵循以上原则外，还须对立法过程中出现的一系列问题一一提出和加以解决，探究整个立法过程，目前亟待解决的问题有以下几点：
(1) 防止过于条条框框、条文不清，使法律调整不具可行性；
(2) 防止法律规范的制定与实际脱轨，流于形式；
(3) 注重法律保障作用，建立相应的监管保障体系；
(4) 防止权衡不均，过分保护一方利益而忽视另一方的利益；
(5) 防止实施过程中准备工作和配合措施不足。

那么，该如何来更有效地完善该领域的立法方法和立法内容呢？对此，我们认为可以从以下几点着手：

1. 组织权威高效的立法机构

电子商务立法工作有两个特点：
（1）其涉及的利益广泛，牵扯到各个部门、行业以及各种当事人的利益；
（2）其中的技术性较强，鉴于此，需要由国家立法机关组织相关专家共同参与、相互配合，既要照顾社会各方面的利益需求，又要考虑到电子商务的技术性特点。具体而言，应改变以往由立法机关授权某一个行政部门组织立法的状况，立法机构应在体现电子商务法技术性特点的前提下，尽量反映各方面的利益与要求，以便充分顺应电子商务活动的规律，使之真正成为电子商务的促进法。

2. 亟需解决的有关问题

由于电子商务发展中往往出现如电子支付、税收管理、安全认证、网络与信息安全、知识产权保护、消费者权益保护等亟需解决的有关问题，在没有相应法律法规予以规范的现实情况下，可考虑制定新法或部门规章等。

3. 电子商务立法既要注重国情，又要注意与世界接轨

这两者无论是偏向那一方都不利于我国社会主义经济的发展。另外，在立法的过程中也不能过于片面，走极端。所以，应权衡利弊，平衡立法。

4. 摆脱传统观念，注意新事物的发展趋势，适时作出变通。

8.1.5 电子商务主要法律机制的构建与完善

1. 电子商务信用机制的法律构建

受传统的消费观念的影响，人们对电子商务始终抱有观望的态度。
（1）对网上销售的产品缺少直接的接触和了解，无法亲身体验商品的性能，对产品的质量没有感性的认识，顾客往往在买与不买之间难于取舍，以至于在此前提下达成的交易很可能因顾客在实际取得产品后不满意而取消；
（2）经营者为了获取利润，处心积虑，不排除通过夸大、虚假的广告宣传自己的商品，造成消费者的误解而订购，从而侵犯了消费者的合法权益；
（3）交易过程中双方的沟通主要是通过网络、电话或传真方式进行，没有传统营销的直接面对面，由于信息本身存在的虚拟性，在此基础上达成的关于商品的交流信息并不可靠而使整个交易脱节；
（4）电子商务中物流配送一般通过第三方来完成，买卖双方对第三方的责任往往难于确定，以致出现问题后无从追究责任；
（5）因时间上所造成商品的价格差异，交易各方因不愿承担亏损，而不履行交易；最后，在众多的商事交易活动中，诚信也是我们必须面对和要解决的一个问题，同时网络诈骗等网络犯罪事件也不时发生。

剖析以上现象，主要原因在于电子商务中出现的信用弊病，当然这不仅是一个经济问题、法律问题，还是一个技术问题；先不论技术上存在的不利因素，且从法律上、市场经济调控上对市场主体的权益保护及交易的促成来看，建立以市场主体为基础和核心的信誉机制势在必行。

目前不论在国内还是国外，电子商务信用机制立法还处于一个刚刚起步的阶段，法律上对此立法少之又少，而且很多规范之间还存在着矛盾，各种法规过于分散，缺少一部完整统一的法规加以规范；在技术上，技术保障体系尚未真正构建起来，交易的安全和自由未得到更为有效的保证，技术本身存在漏洞，例如，在电子商务中国际上一直广泛应用的两大密码算法 MD5、SHA－1，被山东大学信息安全所所长王小云教授于 2004 年破解，在国际社会尤其是国际密码学领域引起极大反响，同时也再次敲响了电子商务安全的警钟。另外，传统观念的根深蒂固，决定了信用机制的构建将是一个循序渐进的过程，必须秉承"前瞻、谨慎、奏效"的信念和方向，本着"安全认证、诚实信用、实际履行"的原则，从下列几个方面来构建：

（1）加强信用法制建设

当前人们对网络交易之所以抱有观望和担忧态度，是因为信用本身没有足够的基础和后盾予以保障，只有通过法律途径，进一步加强信用法制建设，信用机制才能充分发挥作用，人们的担忧才得以消除。所以关于《合同法》、《消费者权益保护法》、《产品质量法》、《反不正当竞争法》、《商标法》、《专利法》等市场法，都要执行好，同时强化个案信用保护。在《国务院办公厅关于加快电子商务发展的若干意见》中，对面向消费者电子商务领域，规定了要"建立并完善企业、消费者在线交易的信用机制"。

（2）建设信用保证系统

在 BtoB 的电子商务环境中，交易双方从信息发布、查询和交易确认到生产交付、货物验收都可能在异地进行，如果没有第三方的信用保证，几乎不可想象能完成交易。它需要银行、商检和商务认证中心等机构部门的联合工作，才能建立起比较完善的信用体系。必须有第三方的参与才能建立起相应的信用体系，保证交易的正常进行，为交易双方提供信用保证，监督交易的执行。银行和商检是已经存在的职能机构，而商务认证中心是因电子商务的发展需要而产生的，无论是作为国家的职能机构建立，还是以公证机构的身份来扮演这个角色，都需要从理论上多加探讨。当然，建立电子商务的信用体系也离不开应用一切可能的先进技术，因此技术上的保证作用也是不容忽视的。

（3）建立完善的电子认证体系

电子认证（CA，Electronic Authentication）被认为是具有技术性的监管方式。加强和完善电子认证，有助于保证电子商务交易的安全性。我国在电子认证方面的立法上应加强行政主管部门的审批、监管等方面，强化安全认证上的管理。同时注意与国家密码管理法律法规的协调。这似乎倾向于追求实现经济民主，以经济法手段来管理和调整商法问题，有违私法自治的原则；但实际上，立法上作这样的规定和目标追求完全是出于交易安全的考虑，乃是遵从商法保障交易安全的基本原则。此外，强化电子签名也是一个重要的方面，已经颁布实施的《中华人民共和国电子签名法》就电子签名行为的规范、法律效力的确立作了明确规定，其中第三章关于电子签名进行了有效的认证，对电子商务行业来说无疑是一个重要里程碑。

2. 电子商务合同管理机制的法律构建

根据我国《合同法》第 11 条的规定，电子数据交换（EDI）、电子邮件等数据电文形式都属于合同的书面形式。因此，网上缔结的合同也在《合同法》规定的书面合同之列。

在电子商务中，合同的意义和作用同传统的书面合同相比没有发生改变，但是其形式发生了极大的变化。首先，由于订立合同的双方或多方大多是在网络上的虚拟市场上运作的，都是相互不见面的。其信用必须依靠密码的辨认或认证机构的认证；其次，传统合同的生效地点一般为合同成立的地点，而采用数据电文形式订立的电子商务合同，收件人的主营业地为合同成立的地点，没有主营业地的，其经常居住地为合同成立的地点。最后，表示合同生效的传统签字盖章方式逐渐被数字签字，即电子签名所代替。

电子商务合同形式的变化，对于世界各国都带来了一系列法律新问题。电子商务作为一种新的贸易形式，与现存的合同法发生矛盾是非常容易理解的事情。但对于法律法规来说，就有一个怎样修改并发展现存合同法，以适应新的贸易形式的问题。就立法而言，1999年我国《合同法》首次涉及到这一问题，但线条粗略，实际操作中有许多不尽人意的地方。因此，还需要深入研究，对现有的立法进行合理的调整。因此，必须进一步从法律上来构建电子商务的合同管理机制。针对目前电子商务合同应用过程中出现的一系列问题，进行深入分析。

（1）从合同的订立上强化机制建设

一项书面合同的订立一般分为要约和承诺两个阶段。在电子商务中，合同成立同样要经过这两个环节，但是在对要约和承诺在电子商务合同的认定上，是否与传统的书面合同有着相同的认定标准呢？在电子商务交易中商家登载于互联网上的广告到底应视为要约还是要约邀请？这是一个十分重要又一直存在争议的问题，而相关的法律对此却没有明确的政策框架加以认定和区分，以至于产生了多种不同的观点，使纠纷难于解决。我们主张，为了避免商家或消费者因对术语的认识不同而发生不必要的摩擦和争议，可根据《合同法》的规定进一步制定实施办法或司法解释，统一衡量标准，从而在电子商务合同的订立过程做到有法可依，依法履行。

（2）从合同形式的有效性认定上强化机制建设

在电子商务活动中，由于网络中使用的数据电文与传统的书面文件差异很大，数据电文能否被视为书面文件，以数据电文的形式订立的合同是否可被视为书面合同，这不仅关系到电子商务的发展前景，同时也是对传统观念的重大挑战。因此要切实通过法律条文对电子合同的形式加以规定，明确电子合同形式的种类和有效性。我们认为在合同的形式问题上，在法律允许的条件下，商家、企业均可以结合自身经营范围和商品的性质、消费群体的需求，实行合同模板管理。例如我们可以发挥行业组织的作用和优势，在某一个行业内使用统一的一种格式合同，当然格式合同中所涉及条款还须依据《合同法》进行解释和认定。

（3）从合同的效力的准定性强化机制建设

① 生效时间的确定。按照《合同法》的规定，要约到达受要约人时合同生效。因此，采用数据信息形式签订电子商务合同，收件人指定特定系统接收数据信息的，该数据信息进入该特定系统的时间，视为到达时间；未指定特定系统的，该数据信息进入收件人的任

何系统的首次时间,视为到达时间。

② 生效地点的确定。电子合同的订立是在不同地点的计算机系统之间完成的。对电子合同的签订人来说,可以在发出人的营业地及有计算机的任何地点,通过移动 PC、掌上电脑或手机上网,可以在旅途中任何地方发出数据电文承诺,从而签订电子合同。我们认为采取"到达生效"原则更易于确定合同生效的地点。因为在网络空间里,只要具备上网的条件就可以在任何地方发出数据电文签订合同,数据电文的发出具有随意性和不确定性,使合同成立的地点难以确定。而采用"到达生效"原则,对于数据电文来说,到达要约人总是有一个固定的接收地点,且容易确定。

③ 电子签名及数字认证。人们采用一种电子签名的机制来相互证明自己的身份。这种电子签名是由符号及代码组成的,它具备了传统签名方式的特点和作用。那么电子签名认证如何来确定其有效性,可根据《电子签名法》加以认定。

（4）有效解决合同纠纷,完善合同管理机制

对因电子商务合同引起涉及非刑事方面纠纷的提倡对当事人自行协商解决或诉诸法院,也可仲裁解决。但是在纠纷中,关于举证必须处理好,证据不好保存,也不便提取,所以也涉及到证据的审查效力。另外,电子证据的确认难度比较大,给纠纷的解决也带来了一定的难度。

3. 电子商务的法律监督机制的构建

电子商务涉及到数字化的管理,随着电子化水平的提高,诸多交易的无纸化必然给各项监管工作带来阻碍。如：企业不愿意自揭其短,内部缺少应有的协调和自我监管；网上银行的出现,在电子商务领域介入的时间短,使得对金融信用记录进行有效的监管显得相当重要；另外,电子商务活动中税收体系现正面临着挑战和冲击,是当前缺少必要监管的必然局势。为了充分缓和各方面的矛盾,对电子商务可实行"政府发起、统一管理、部门协调、自我监督、逐步社会化"的法律监督机制。

（1）应对监督主体进行界定。具体包括个体的自我监督及对相对人的监督、商家企业的内部监管和互相制约、政府对整个电子商务过程的宏观调控,最终实行全社会的普遍监督。

（2）对税收的监督。在电子商务发展过程中,税收"漏斗"问题日益严重,避税、漏税现象屡见不鲜,特别是在所得税、增值税方面的征收管理工作由于电子化交易存在着空间的虚拟性而难于有效开展,导致税收制度受到不同程度的冲击和破坏。

（3）从法律上对技术加以监督。随着互联网技术的不断发展,网络技术模式的不断更新,建立完善的电子技术监督法律机制势在必行,技术监督部门在行使监管职能的过程中,应定期对新技术开展试点运行,确保可行性。另外,通过制定有关技术方面的法律规范,更有效地对电子技术的发展营造一个良好的法律政策环境,沿正确轨道健康发展。

4. 各种机制的综合运用

了解我国电子商务的发展现状,客观认识我国电子商务发展中存在的问题,研究对策,提出各种相应的法律机制,并不意味着它们独立工作发挥作用,而应强调综合作用的发挥。一方面,合同机制、信用机制、监督机制都应以法律的调整为核心,从法律的角度加以有

效配合，才能有的放矢，从总体上全方位规范电子商务的发展，统一管理，分级、分类进行个案处理，应对问题的挑战提出对策，综合协调。另一方面，各种机制之间又是互相制约，互相作用的，如一定的合同机制的构建，应以信用机制、监督机制加以保障，合同的管理才能得以更有效进行。

总之，电子商务法制建设任重道远。法律是社会规范的基石，目前国内在互联网和电子商务的实践上和应用上还处于早期阶段，出台相应的法律法规在一定程度上还不成熟。规定松了，起不到作用，规定严了，阻碍发展。但无论如何，法制的建设、标准规范的建设一定要跟上，这样才能产生相互之间能够匹配的发展过程。在电子商务环境中，我们很多的工作、学习方式都已改变，作为法律规范也应有变化。法律法规的制定并不只能看作是某些技术规范，而是应看成针对新的社会形态、新的工作生活环境、新的贸易方式需要有新的法律体系来规范。

8.2 电子商务税收

8.2.1 电子商务税收的基本概念和特点

税收是国家为了满足一般的社会共同需求，按照国家法律规定的标准强制的、无偿的征收实物或货币而形成的特定的分配关系。税收是一个国家财政收入的主要来源，也是国家宏观管理经济、调控市场的主要手段之一。

1. 传统税收种类的划分

（1）按征收对象的属性分为所得税、流转税、财产税与行为税。

（2）按税收管辖权划分

① 按国家行使税收的管辖权划分，可以划分为国内税、涉外税、国际税、外国税。

② 按照一个国家各级政府对税收管辖权限的不同，划分为国家税和地方税。

③ 按支付税金的法定义务人与支付税金的实际负担者之间是否为同一人（含法人）为标准划分的直接税与间接税，这是在西方国家很普遍的划分方法。

2. 税收管辖权的概念

在国际税收法律制度中，税收管辖权是一个重要的概念，它是指一国政府对一定的人或对象征税的权力。税收管辖权意味着主权国家在税收方面行使权力的完全自主性，对本国税收立法和税务管理具有独立的管辖权力。同时也意味着在处理本国税收事务时不受外来干涉和控制。税收管辖权原则有两个：属地原则和属人原则。

（1）属地原则。即国家对来源于该国境内的全部所得以及存在于本国领土范围内的财产行使征税权力，而不考虑取得收入者和财产所有者是否为该国的居民或公民。

（2）属人原则。国家对该国居民（包括自然人和法人）的全世界范围的全部所得和财产行使征税权力，而不考虑该纳税居民的所得是来源于国内还是国外。公民管辖权也可称作国籍管辖权,是国家对具有本国国籍的公民在世界范围的公民所得和财产行使征税权力,而不考虑公民是否为本国居民。

3. 电子商务税收的特点

电子商务是基于 Internet 之上的商务活动,其贸易的形式、途径、手段均与传统的实物直接交易有本质的差别,由此带来的税收问题必然有其自身的特点:

(1) 虚拟化

包括交易行为虚拟化、税收概念虚拟化、税务信息虚拟化、交易对象虚拟化、税收原则虚拟化。

(2) 多国性

电子商务税收的多国性特点,为跨国纳税人利用合法手段跨越税境,通过人、资金、财产的国际流动,减少以至免除其对政府的纳税义务提供了有利条件,跨国避税更加容易。

(3) 隐蔽性

一方面,消费者可以匿名;另一方面,制造商很容易隐匿其居住地,税务当局无法判定电子商务情况;最后,电子消费行为很容易隐蔽。

(4) 便捷性

由于电子商务的交易是在 Internet 上完成,因此,电子征税为税务部门在电子商务税收征管方面提供了新的手段。

8.2.2 电子商务引发的税收法律问题

现行税法是建立在传统有形贸易基础上的,而电子商务以其不同于以往贸易的方式出现,由此给现行税法带来极大的冲击。

1. 电子商务对税收基本原则的影响

(1) 对税收公平原则的影响

税收公平原则指国家征税应使各个纳税人的税负与其负担能力相适应,并使纳税人之间的负担水平保持平衡。税收公平包括横向公平和纵向公平。前者指应以同等的课税标准对待经济条件相同的人;后者指应以不同的课税标准对待经济条件不同的人。因此,公平是相对于纳税人的课税条件而言的,不单指税收本身的绝对负担问题。而公平恰恰是社会主义市场经济条件下税收制度的灵魂。但是,电子商务这一新型贸易方式冲击了传统的税收公平原则。由于网络贸易与服务经营往往比较隐蔽,只要经营者自身不主动进行申报,一般税务机关因读不到交易信息,难以对大量的网上交易进行稽查,因此从事电子商务的企业和个人可以轻易地逃避税收,导致即使贸易性质相同的交易,由于采用不同的交易方式,最后承担了轻重不同的税负的结果。

(2) 对税收效率原则的影响

税收效率原则指国家征税必须有利于资源的有效配置和经济机制的有效运行,必须有利于提高税务行政的效率。具体包括税收经济效率原则和税收行政效率原则两个方面。前者指国家征税应有助于提高经济效率,保障经济的良性、有序运行,实现资源的有效配置;

后者指国家征税应以最小的税收成本去获取最大的税收收入，以使税收的名义收入与实际收入的差额最小。

在电子商务交易中，产品或服务的提供者可以免去中间人（如代理人、批发商、零售商等），而直接将产品提供给消费者，实现 BtoC，减少了流通环节，但同时也会导致税收成本的增加，因为中间人消失的结果，将会使税收征管复杂化。原来可以从少数代理人处取得的巨额税收，将变成向广大消费者各自征收小额的税收。同时，电子商务会使纳税申报和依从性受到削弱。以前中介组织可以提供有关的信息并代扣预提税，国内税务机关可以对他们进行系统审计，中介的大量消失，将使许多无经验的纳税人加入到电子商务中来，这将使税务机关工作量增大。电子商务的虚拟性影响了对从事经营活动的企业和个人身份的确认，增加了税收成本。

2. 电子商务对税法构成要素的冲击

（1）对纳税主体的冲击

以往纳税人身份判定的问题，就是税务机关应能正确判定其管辖范围内的纳税人及交易活动，是以实际的物理存在为基础，因此在纳税人身份的判定上不存在问题。但是在电子商务环境中，网上的任何一种产品都是触摸不到的。在这样的市场中，看不到传统概念中的商场、店面、销售人员，就连涉及商品交易的手续，包括合同、单证甚至货币都是以虚拟方式出现；而且互联网的使用者具有隐蔽性、流动性，通过互联网进行交易的双方，可以隐蔽姓名、住址等，企业可以从某个经营地点轻而易举地移至另一处，从一个高税率国家移至低税率国家。所有这些，都加大了对纳税人身份判定上的难度。

（2）对征收客体的冲击

现有国际税收协定和多数国家税法以征收对象性质不同，分别征收不同种类、不同类型的税收。电子商务改变了产品的固有存在形式，将一些原以有形货物方式提供的商品转变为以数字方式提供，从而使得有形商品、服务和特许权使用的界限变得模糊，以至征收对象的性质难以确定。同时，由于电子商务将原先以有形财产形式提供的商品转换成0、1数字信号形式提供，使所得性质划分变得困难。依现行税法，税务机关此时就比较难确定对这种以数字形式提供的数据和信息，应视为提供服务所得还是销售商品所得的划分的难度提高，这些必然会引起税收征管上的纠纷。

（3）对纳税时间的冲击

纳税时间，指在纳税义务发生后，纳税人依法缴纳税款的期限。它可以分为纳税计算期和税款缴库期两类。合理规定和严格执行纳税时间，不仅关系到纳税义务的实际履行，也关系到国家财政收入的稳定、及时、足额入库。现行税法规定的纳税时间，一般是根据支付方式以及取得或收到销售凭据的时间来确定纳税义务发生的时间。

企业网上营销活动大多以电子数据方式存在，无纸化程度越来越高，隐匿性增加。这势必给传统的凭证审核、查检的稽查方式和手段增加了难度，甚至无从稽查，降低了税务部门对纳税人的监控能力，从而不易确定纳税义务的真正发生时间。

（4）对纳税地点的冲击

纳税地点是纳税人依据税法规定向征税机关申报纳税的具体地点，它说明纳税人应向哪里的征税机关申报纳税以及哪里的征税机关有权实施管辖的问题。明确纳税地点对于纳税人正确有效地履行纳税义务,确保国家有效地取得财政收入,实现宏观调控的经济政策及保障社会公平的社会政策甚为重要。现行税法规定的纳税地点主要包括:机构所在地、经济活动发生地、财产所在地、报关地等。

电子商务的无国界性和无地域性特点,使得传统纳税地点的确定异常艰难,这势必会导致偷漏税及重复征税行为的发生。

3. 电子商务对税收征管的影响

(1) 对税务登记管理制度的影响

依据我国《税收征管法》的规定,从事生产、经营的纳税人必须在法定期限内依法办理税务登记。税务登记是整个税收征管的首要环节,是纳税人与税务机关建立税务联系的开始。由于网上交易的无纸化和虚拟性,交易双方身份与网址并无必然联系,为了追求利润最大化,纳税主体只从事经营而不进行税务登记的事情极易发生。

现行税法规定,税务登记证件是纳税人办理相关涉税事务的重要凭证,如纳税人申请税收减免、退税、领购发票、办理外出经营活动税收管理证明等,均需凭借税务登记证件。电子商务环境中,由于经营活动的无地域性,经营者即使"外出"经营也无需办理相关税收管理证明,以往的税收管理法律制度在电子商务中失去了现实意义。

(2) 对账薄凭证管理的影响

账薄、凭证管理是直接影响到税收征纳的一种基础性管理。由于账薄、凭证所反映出的纳税人的纳税能力会直接影响到计税基数的确定,从而会影响到应纳税额的计算,因而账薄、凭证所反映的会计信息必须真实、准确、可靠。

在电子商务中的账薄和凭证是以网上数字信息形式存在的,而这种网上凭据的数字化,又具有随时被修改而不留痕迹的现实可能性,这将致使传统税收征管失去可靠的审计基础。随着计算机加密技术的成熟,纳税人可以用超级密码和用户双重保护等多种保护方式掩藏涉及交易信息的账薄、凭证,税务机关对国际互联网经济活动进行监控,面临着一个在合理成本的范围内获取必要信息与保护私人隐私、保护知识产权两者之间如何协调的问题。

(3) 对收入来源地确定的影响

收入来源地是国际税收中一个重要的概念。收入来源国对产生于其税收管辖范围内的收入有优先征税权,而居住国一般都通过税收抵免或免除制度来避免双重征税。收入来源地一般是指取得该项收入的经济活动所在地,不同类型的收入,其来源地的确定原则也往往不同。而不同来源地的税收征管程度也不同。网上交易的蓬勃发展使得收入来源的确定趋于复杂。经营者更容易凭需要选择交易的发生地。这将造成交易活动普遍移到税收管辖权较弱的地区进行。实际上,一系列国际避税地已采取措施促使自身成为建立网络服务的理想基地,甚至还开展了推销自身电子商务硬件设施的宣传活动。

(4) 对"常设机构"概念的冲击

《经济合作与发展组织范本》和《联合国范本》都把"常设机构"定义为:一家企业进行全部或部分营业的固定场所。两个范本共同建议的常设机构原则表明,常设机构这种特定的物理存在,是缔约国另一方企业在缔约国一方境内从事实质性经营活动的客观标志,构成缔约国一方行使来源地税收管辖权优先征税的充足依据。然而,随着电子商务的日益发展,企业只需一台电脑、一个调制解调器、一部电话就可以营业,不论企业大小,其市场均可以跨越国界扩展到世界范围。企业在网上就可以刊登广告、收发订单，甚至发送货物，在很多情况下都不再需要在交易地所在国设立固定的营业场所。如果将网站视为"常设机构"而进行税收管理，由于网站能轻易地从一个国家流动到另一个国家，企业主为了逃税，极可能将网站迁移至低税国或其他避税地，而不影响网站的效益，这并不符合"常设机构"的固定性和长期性的本质。如果网站出售的数字化商品，可以通过互联网下载到顾客处，使交易完成，网站产生了收益。

8.2.3 我国电子商务税收基本思路

1. 电子商务税收定位

目前，世界上有关电子商务税收政策有两种倾向：

（1）以美国为代表的免税派，认为对电子商务征税将会严重阻碍这种贸易形式的发展，有悖于世界经济一体化的大趋势。美国从 1996 年开始，就有步骤地力推网络贸易的国内交易零税收和国际交易零关税方案。美国作为电子商务应用面最广、普及率最高的国家，已对电子交易制定了明确的暂免征税的税收政策，该政策的出台除对其本国产生影响外，也对处理全球电子贸易的税收问题产生了重要影响。

（2）以欧盟为代表的征税派，认为税收系统应具备法律确定性，电子商务不应承担额外税收，但也不希望为电子商务免除现有的税收，电子商务必须履行纳税义务，否则将导致不公平竞争。

我国作为发展中国家，电子商务上处于初级阶段，交易额比重很低。但电子商务是未来贸易方式的发展方向，对经济增长和企业竞争有巨大影响。如何引导电子商务健康、有序发展，是我国政府亟待解决的一个重要问题。最近，国家税务总局负责人表示，出于对税收中性原则和保护发展中国家税收管辖权力的考虑，我国将不会对电子商务实行免税政策。

2. 电子商务税收的指导思想和基本原则

基于对电子商务一方面要积极扶持、促进经济发展，另一方面又要维护国家主权、保证财政收入的定位，构建中的电子商务税收框架的指导思想应该是：立足中国国情和电子商务实际状况，以现行税制为基础，以鼓励扶持为先导，既坚持税收管辖权，又促进电子商务发展，保证国家财政收入。遵循这一指导思想，制定电子商务税收政策的基本原则是：

（1）中性和公平性原则

在多种贸易形式并存情况下，税收政策应尽量避免对经营者选择的影响，要有利于高科技的发展。

（2）普通性和前瞻性原则

对电子商务这个新兴领域，税收规则与制度试图包揽全面是不现实的，应该简单而明确，具有普遍适用性。

（3）整体性和系统性原则

电子商务税收要注意与其他电子商务规则、规定的衔接，统筹规划、合理配套，形成一个有机的统一整体。同时,还要注意与国际有关法规接轨,避免操作上的不可行性和国际间的重复征税、逃避税的发生。

(4) 税收适当优惠原则

在传统税收中,有一系列税收优惠政策。与之对应,电子商务也需要这样的优惠政策。政策制定者应从我国国情和电子商务发展状况出发,充分权衡税收与电子商务发展的关系,同时也要兼顾不同商务方式之间的公平性,做出最优决策。

3. 适应电子商务发展的税制改革主要措施

(1) 改革与完善立法

我们应该按电子商务的特点和要求,改革和完善现行税收法规、政策,补充电子商务适用的税收条款或制定新的适应电子商务发展的税法。

(2) 深化征管改革,实现税收电子化

目前,我国已全面实行以计算机网络为依托的税收征管模式。但电子商务的出现与发展,使原有的税收征管体系、手段远远不能适应,税收征管电子化势在必行。

① 电子申报。它是指纳税人利用各自的计算机或电话机,通过电话网、国际互联网等通讯网络系统,直接将申报资料发送给税务局。

② 电子支付。即税务机关根据纳税人的税票信息,直接从其开户银行或专门的"税务账号"划拨税款或帮助纳税人办理"电子储税券"以扣缴应纳税款的过程。

③ 电子协查。它是指税务机关的自身网络与 Internet 及财政、银行、海关、国库、网上商业用户的全面连接,实现各项业务的网上操作,达到网上监控与稽查的目的;并加强与其他国家税务机关的网上合作,防止税收流失,打击偷、逃、避税。

税收电子化,有利于税务机关运用现代化高科技手段征收管理,是我国税务"科技兴税"的具体体现。税收电子化不但提高了申报率,方便了纳税人,而且减少了税务机关的工作量,工作效率大幅度提高。

(3) 提高公民纳税的自觉性

如果越来越多的公民能将纳税视为自己应尽的义务,那么在电子商务中恶意逃税的行为就会大大减少,这需要国家和每一个公民的共同努力。

① 要加强有关部门的廉政建设,使纳税人切实体会到税收"取之于民,用之于民"的真谛。这就需要有关部门不断加强公共设施建设,完善公民福利待遇,从而增强公民纳税的自觉性。

② 还要加强税法的宣传工作,通过国际互联网及其他媒体进行大力宣传,使人们真正意识到逃税是一种丑恶的违法行为,进而通过道德规范来约束纳税人的行为。

(4) 加强国际税收协调与合作

电子商务的全球化,使国间的税收协调与合作显得非常重要。这种协调将不再局限于消除关税壁垒和避免对跨国公司的重复征税等方面,面对税收原则、立法、征管、稽查等方面也要协调一致,甚至在其他经济政策上都要广泛协调。我国已经加入 WTO,在推进国际经贸往来的同时,应积极参与国际电子商务税收研究和情报交流,防范偷税与避税行为。我们要在维护国家主权和利益的前提下,坚持世界各国共同享有对网络贸易平等课税的权利。尊重国际税收惯例,谋求能为各方所接受的税收政策。

随着信息技术的不断深入和发展,电子商务正成为国际贸易交往的主要手段和重要途径,是新时期国际贸易发展的大趋势。中国要发展,就必须与国际接轨,特别是在我国已经加入世贸组织的情况下,更应该适应市场全球化的新形式。我国税法体系的完善是刻不容缓的。

第 9 章 电子商务解决方案

随着经济的全球化发展，电子商务将会给企业带来巨大的经济潜力，为了把握住这一巨大商机，各企业纷纷把自己的公司形象及新产品展示给世界，以期望在网上实现品牌的推广及在网上进行电子商务的尝试，从而实现经济与国际接轨，参与经济的全球竞争。现在互联网所带来的优势正被许多企业所看到，也有很多企业想投身于这一电子商务的浪潮中。随着电子商务的发展，电子商务个性化也日益明显，从而电子商务平台的构建成为企业能否顺利开展电子商务活动的一个关键环节。

9.1 电子商务解决方案概述

9.1.1 电子商务解决方案的内涵

一般认为电子商务解决方案主要是指公司的网站设计，企业通过网络，实现从采购到销售一系列商务活动。但是，建立商务网站是开展电子商务所必须的，而网站建设并不是电子商务的充分条件。

一个完整的电子商务解决方案是一项复杂的系统工程，内涵广泛，它不仅包含了企业的信息化，还包括物流配送管理系统、在线市场定位、网站风格的个性化设计、如何开展网络商务活动等。因此我们可以这样给电子商务解决方案定义，所谓电子商务解决方案，是指为实现电子商务所需要的硬件、软件、技术、运行措施和管理机制的集合，围绕着产品或服务的交易提供一系列软件功能，用来帮助企业构建电子商务站点、构建网上交易平台、提供网上支付接口、解决交易的后续流程，是最终为用户建立的低成本、高效率、具有赢利能力的电子商务系统。它主要包括以下内容：

（1）硬件系统，是实现电子商务系统所需要的基本硬件设备，包括服务器、PC机、路由器等网络硬件设备。

（2）软件系统，是电子商务系统的运行及各个业务功能实现的平台。主要包括操作系统、数据库管理系统、Web服务软件以及一些必要的应用软件。

（3）技术系统，是建立软硬件的组合，实现电子商务的各项功能，并将企业内部的信息管理系统进行集成，以便在开展电子商务时发挥重要作用，同时保证系统的安全有效运行。

（4）管理系统，为实现电子商务所必须的人员配备、管理制度、商务策略、资金与资本运作规划、系统建设实施步骤、系统操作方法、各项业务处理方法等。

9.1.2 电子商务解决方案的几个关键问题

1. 安全性

安全性是电子商务方案中最重要的方面之一。没有严格的安全措施，就无法保障客户信息的安全。任何安全漏洞都会大大降低客户对电子商务服务的信心，从而造成巨大的业务损失，同时也必须权衡安全性和站点可用性的利弊关系，安全设置太严格，就会导致性能降低，使站点几乎无法使用。因此根据企业的不同要求，集成安全的程度也不尽相同。但是，设计的站点应该允许在必要时增加安全措施。

强大的安全性是电子商务网络基础结构的主要考虑事项。由于电子商务网络本身的特点就是用于财物交易，所以它很容易成为众多 Internet 团体进行恶意攻击的目标。但是，选择什么样的安全方案取决于电子商务的性质、IT 组织的安全等级以及对实施的每种安全等级有关风险的理解。电子商务解决方案的安全体现在以下几个方面：

（1）周边安全，主要防范恶意行为。周边安全措施为电子商务网络提供了第一道安全防线。通过在网络中使用边界路由器或防火墙，就可以很方便地实现这一安全目标。可以在边界路由器或防火墙上设置安全服务来防范恶意活动，只允许有效的通讯进入电子商务网络。如配置边界路由器或防火墙，只允许有效的Web通讯通过。

（2）身份安全，主要提供用户身份验证服务。对于身份安全来说，身份验证是所有请求的第一个任务，即便是匿名用户或公共用户，也是如此。身份验证可确定是谁发出的请求以及谁提供的授权，它控制请求可以访问的内容和服务。身份验证可以有各种安全级别，从简单的用户ID和密码组合到严格加密的证书。安全级别也可采用混合方式。

（3）数据完整性和隐私权，主要用加密技术来保密数据。为加强数据完整性和隐私权，电子商务站点应支持安全套接字层（SSL）连接。SSL可用于软件层或硬件加速卡，以减轻服务器中央处理器的处理负载。

（4）防火墙安全，主要提供状态判断安全服务。防火墙安全措施用于电子商务网络中需要状态判断安全服务的区域。防火墙通常放在存放客户信息的数据库服务器前面，确保数据的完整性不被破坏。状态判断安全服务跟踪每个用户会话的状态，并在会话结束时终止连接。

（5）安全监控，主要是找出薄弱环节、侦测入侵者并做出反应。每个电子商务系统都应该有一定程度的安全监控。安全监控提供了例行扫描电子商务基础结构的能力，可检测并报告任何潜在的安全漏洞，以便进行修补。安全监控还提供了发现当前攻击的能力，以便发出警告并终止攻击。

2. 可用性

高可用性是指为客户提供连续访问电子商务系统服务的能力。若想成功地提供这些电子商务系统服务，基础结构的各个层面都必须提供最大的可用性，包括会话和服务可用性。会话可用性是指出现故障时基础结构保持网络会话状态的能力。服务可用性是指出现故障时当前用户连接到电子商务服务的能力。

要获得高可用性的电子商务基础结构，必须从正确的网络设计入手。正确的网络设计可确保故障不会影响整个系统的高可用性。高可用性设计包括提供冗余网络设备和网络路径来消除单点故障。这样，在出现故障时，网络必须能够绕开故障设备，来做出迅速响应。此外，根据需要，设备必须能够具备状态判断，并且具有将服务转移到备用设备的能力。这可保证某些应用程序会话不会超时而造成用户会话丢失。

若想进一步提高可用性，可以建立一个远程站点，它按地理位置来提供电子商务系统服务，并通过使用地理负载平衡功能来扮演备用站点的角色。根据远程地点对事务需求程度的不同，这些解决方案也会有所变化。

也可以使用各种服务器冗余和故障转移，在操作系统、系统服务和应用程序代码层实现高可用性。在电子商务站点内，服务器冗余是指有多台服务器都可以处理某个请求。如服务器群中的任何一台 Web 服务器都可以处理某个 Web 页。故障转移的概念是指通过特定过程实施某一功能，如果该过程失败，备用过程就会自动接替它的工作。

3. 伸缩性

电子商务方案的伸缩性是企业要考虑的另一个重要问题。电子商务服务经常在很短的时间内就变得火爆起来，因而站点的负载增长速度也超出想象。当此类站点严重超载时，用维护窗口扩展站点以便处理更大容量的事务是不现实的。因此，应该直接提供可伸缩的基础结构，以便逐步更新站点的容量，同时又不会中断日常的事务，这一点非常重要。

电子商务站点最常见的错误之一就是对伸缩性要求估计不足。这是因为伸缩性通常只与性能增强有关，比如提高 CPU 速度、增加网络带宽等。但是，必须考虑到对大量并发用户会话和商业事务的支持。这就是说，电子商务基础结构的所有方面都必须考虑到伸缩性，包括 Web 应用程序、数据库、服务器操作系统和网络。

估计伸缩性要求可能比较困难。Forrester Research 分析了 2004 年 50 家电子商务站点的增长情况。报告显示，这些站点的增长幅度从 0%到 400%不等。很难估计到站点的增长率会达到 400%，关键是找出电子商务站点内的任何伸缩性问题，并尽快加以解决。

扩大电子商务站点的规模有两个办法：使用更大的服务器进行纵深扩展，或者使用更多的服务器进行横向扩展。纵深扩展是通过增加处理器、内存、磁盘存储等方式扩大单个服务器。纵深扩展是要求操作系统、系统设备和应用程序代码能够使用新增的硬件。电子商务站点可纵深扩展 Web、应用程序和数据服务器，来增加站点可处理的请求数量。横向扩展是将多台服务器作为一个逻辑单元或服务器群使用。横向扩展也能达到让站点处理更多请求的目的。同纵深扩展一样，横向扩展也可在任何逻辑站点层上实现。电子商务站点应该定位在既可利用纵深扩展，又可利用横向扩展。

电子商务站点也可以使用某些网络产品来实现基础结构的伸缩性。网络基础结构可使用服务器负载平衡产品来扩展 Web 服务器。服务器负载平衡产品可在一组服务器之间智能地分配用户请求，以便最大限度地利用服务器。也可利用内容缓存来减少用户对 Web 服务器静态内容的请求负载。这可加快将内容传递到最终用户的速度，让服务器集中精力处理交互性更高的会话。

9.2　电子商务解决方案的基础构架

电子商务解决方案的基础架构是企业用于实现向电子商务转型的完整电子商务基础设施，它为企业提供一个完全整合的环境，主要包括硬件、软件以及服务等组成部分，通过全面的系统继承管理，支持用户的多种应用。一般电子商务系统由三层框架结构组成，底层是电子商务网络平台，中间层是电子商务基础平台，第三层就是各式各样的电子商务应用系统。电子商务基础平台是各种电子商务应用系统的基础。

9.2.1　电子商务网络平台

电子商务应用系统网络平台包括硬件平台和软件平台两个方面。要开展电子商务，首先建立企业内部网（Intranet），然后再利用网络互联设备与 Internet 相连接。企业内部网的主要作用是把企业内部的各个职能部门连接起来，实现信息与资源的共享，提高效率及管理水平。

1. Internet

Internet 是企业电子商务系统的用户访问接口，是企业与客户之间相互交流的通道。建设电子商务系统 Internet 部分的目的主要是实现企业 Intranet 和 Internet 之间的互联，它的主要内容包括接口方式、接口规格的设计以及相互连接。

2. Intranet

电子商务系统 Web 服务器、应用服务器等一般运行在局域网上，且要有以下要求：
（1）由于用户通过 Internet 访问服务器时，要求服务器要有比较高的响应速度，因此，需要在局域网上配置高性能的服务器，而且要求网络具备较高的带宽。
（2）电子商务系统的局域网必须是安全可靠的网络环境。电子商务系统的局域网不仅和 Internet 互联，而且还需要和企业的内部网络连接，在这种情况下，局域网上的主机设备、应用系统和企业内部信息系统都存在被非法用户入侵的可能。如果商务应用系统一旦遭到恶意攻击，那么企业的商务活动就可能受到影响，所以强化网络的安全是非常必要的。通常都是采取设置防火墙，将网络隔离成敏感程度不同的区域，或者将网络划分为不同信任等级的网段，通过路由设备隔离等措施。

3. Extranet

从电子商务系统的体系结构来看，Intranet 建设所包含的主要任务是完成企业内部信息系统和电子商务应用系统的互联，而建设 Extranet 则主要是实现电子商务系统如何和网上银行、CA 认证机构的管理信息系统互联。

电子商务网络平台从硬件的角度考虑，网络设备的简单构成主要是网络服务器、应用终端设备以及用于连接网络服务器和终端的交换机、路由器、集线器等设备和其他保障网站实现电子商务功能的网络硬件设备。

4. 软件体系

（1）网络操作系统。网络操作系统主要是为所有运行在企业内部网上的系统提供网络通信服务，即实现网络协议。

（2）服务器软件。服务器软件主要包括Web服务器软件、电子邮件服务器软件、文件服务器软件、打印服务器软件、远程登录服务器软件等。

（3）客户端软件。客户端软件包括为实现电子商务系统特定功能而设计的专业软件、浏览器软件、电子邮件软件、ftp软件等。其中，浏览器软件是Internet上提供给最终用户（客户机）的应用界面管理软件，通过浏览器可以使用URL来制定被访问的各种资源，集WWW、电子邮件、ftp等需求于一体。

（4）数据库管理系统。数据库管理系统主要用来完成对企业内部信息资源及网络信息资源的维护和管理。对Intranet来说，企业的信息资源使企业的关键数据具有极高的商业价值，对企业的经营管理至关重要。它们是海量数据的存储中心，这些数据在数据库管理系统中完成复杂的计算，并通过CGI、ASP、API等接口提供存储和更新操作。

（5）管理软件。主要包括安全管理软件和系统维护与管理软件，如防火墙软件、电子交易安全软件、Web服务器管理软件、CGI接口管理软件、数据恢复与备份软件等，以维护和完成系统正常运行的特殊功能。

9.2.2 电子商务基础平台

电子商务基础平台是各种电子商务应用系统的基础，是整个电子商务系统框架的中间层。一般认为，它主要包括身份认证（CA认证）、支付网关和客户服务中心三大部分。广义上讲还包括社会配送体系、公关广告公司等相关部分，其真正的核心是CA认证。

1. 身份认证

认证是证实实体身份的过程，是保证系统安全的重要措施之一。当服务器提供服务时，需要确认来访者的身份，访问者有时也需要确认服务提供者的身份。大多数电子商务公司都在为网上支付的安全问题而苦恼，尽管他们采取了各种各样的防范措施，但盗用他人账号的事情还是时有发生，这严重影响了消费者对网上消费和参与电子商务的热情。

身份认证是指系统的计算机及网络系统确认操作者身份的过程。计算机和计算机网络组成了一个虚拟的数字世界。在数字世界中，一切信息包括用户的身份信息都是由一组特定的数据表示，计算机只能识别用户的数字身份，给用户的授权也是针对用户数字身份进行的。而我们生活的现实世界是一个真实的物理世界，每个人都拥有独一无二的物理身份。如何保证以数字身份进行操作的访问者就是这个数字身份的合法拥有者，即如何保证操作者的物理身份与数字身份相对应，就成为一个重要的安全问题。

由于电子商务是用电子方式和网络进行商务活动，通常参与各方是互不见面的，因此身份的确认与安全通信变得非常重要，解决方案就是建立中立的、权威的、公正的第三方电子商务认证中心来完成。认证中心是承担网上安全电子交易认证服务，能签发数字证书，并能确认用户身份的服务机构。它所承担的角色类似于网络上的工商管理部门，其本身不从事商业业务，不进行网上采购和消费。

2. 支付网关

支付网关是银行金融系统和互联网之间的接口，是由银行操作的将互联网上的传输数据转换为金融机构内部数据的设备，或由指派的第三方处理商家支付信息和顾客的支付指令。其主要作用是安全连接银行专用网络与 Internet 的一组服务器，是完成两者之间的通信、协议转换和进行数据加、解密，将不安全的 Internet 上的交易信息传给安全的银行专网，起到隔离和保护专网的作用。这样可以确保交易在用户与交易处理商之间安全、无缝隙地传递，并且无需对原有主机系统进行修改。它可以处理所有 Internet 支付协议、Internet 特定的安全协议、交易交换、消息及协议的转换以及本地授权和结算处理。另外，它还可以通过配置设定来满足特定交易处理系统的要求。离开了支付网关，网上银行的电子支付功能也就无从实现。

在整个电子商务交易过程中，网上金融服务是其中很重要的一环，并随着电子商务的普及和发展，网上金融服务的内容也在发生着很大的变化：网上金融服务包括了网上购买、网络银行、家庭银行、企业银行、个人理财、网上股票交易、网上保险、网络交税等。所有的这些网络金融服务都是通过网络支付或电子支付的手段来实现的。所以，从广义上说，电子支付就是资金或与资金有关的信息通过网络进行交换的行为，在普通的电子商务中就表现为消费者、商家、企业、中间结构和银行等通过 Internet 网络所进行的资金流转，主要通过信用卡、电子支票、数字现金、智能卡等方式来实现的。但由于电子支付是通过开放的 Internet 来实现的，支付信息很容易受到黑客的攻击和破坏。这些信息的泄漏和受损直接威胁到企业和用户的切身利益，所以安全一直是电子支付实现所要考虑的最重要的问题之一。随着网络市场的不断增长，Internet 网络交易的处理将成为每一个支付系统的必备功能。支付网关，可以使银行或交易处理商在面对网络市场高速增长和网络交易量不断膨胀的情况下，仍可保持其应有的效率。

3. 客户服务中心

客户是企业生存和发展的基础，改善企业与客户的关系是企业战略的中心。由于公司的利益直接来自于客户的满意度，因此为客户提供优质的服务对于企业形象、客户关系及市场地位都是至关重要的。客户服务中心代表了一种先进的企业经营理念。

客户服务中心（Customer Service Center）是以电话、传真、E-mail、Internet 等作为主要接入手段，运用计算机、通信和网络技术，快速完成大规模数据计算和信息分配，及时、准确、亲切、友好地解决客户请求的综合业务电子处理系统。服务中心通过电话、面谈、服务代理或自助方式向客户提供多种服务，为企业开创新的商业机遇，使客户在其方便的时间和地点能轻而易举地获得需要的信息和服务。服务中心为各地分散的客户提供服务优势更加明显，服务中心在各类企业的销售和市场活动中能起到长期的战略作用，有效协调市场并使企业增加销售量和业务量。

服务中心的三个主要要素是人、技术和业务处理。目前的客户服务中心分为呼入服务中心和呼出服务中心两类应用系统。呼入服务中心是回答客户查询的一种常用途径，所有客户都期望他们的呼叫得到快捷、准确、亲切的应答服务。呼叫者也可能不只是要求通话应答，他可能想输送信息给一个机构，例如故障查询，或者利用电话进入银行系统进行事务交易。呼出服务中心有资料收集、市场调研、政策发布、数据核对及特约服务等。客户服务中心常常是公司与客户之间的第一个接触点，因此，为客户提供优质的服务对于企业形象、客户关系及市场地位都是至关重要的。由于公司的利益直接来自于客户的满意度，各类公司纷纷建立服务中心，以此强化建立一流的客户关系。

在当今瞬息万变的社会中，企业只有不断提高自身的服务水平和工作效率，才能在激烈的市场竞争中立于不败之地。客户服务中心作为现代化的顾客服务手段，将计算机技术、信息技术与管理有机地结合在一起，从而将企业以顾客为本的发展战略提升到一个全新的高度。它主张以"客户为中心"为客户提供全面服务，同时客户服务中心还实现客户信息的集中管理，提供业务统计和分析等功能，为客户提供更加人性化的服务，并且帮助企业实现客户智能决策分析。

9.2.3 电子商务应用系统

电子商务应用系统是电子商务系统的最顶层，主要是面向应用，提供具体电子商务系统的特定功能，以实现特定网络业务。

1. 企业内部网系统

建立内部网系统就是为了更合理和迅速地使用企业内部信息资源、加快企业内部聚合力和提高工作效率。企业内部网解决企业内部的信息资源利用问题。作为一般企业信息化一般由企业内部网站、OA、MIS/ERP、CRM、财务软件等相关系统组成，这时需要做一个整体规划以及周边系统的准备，需要确定哪些系统的哪些数据是需要放在内部网站上的、哪些是需要动态发布的、哪些是静态的、哪些模块是哪些人有权限进入的，是不是需要将企业内部网站与其他应用系统做成同一个界面、结构（如 B/S 结构）等，关键还是需要将各个系统的数据进行统一管理，而不能是一套系统一个数据库，避免信息孤岛。一个良好的内部网系统，不仅仅可以让企业的内部资源进行有效的整合和共享，还可以加快各个部门间信息的流动速度。如果公司本身的管理很混乱，这不但不会加快效率，甚至可能加大混乱。所以只有在良好的管理平台下，计算机网络系统才能更好地发挥它的作用。

2. 企业外部网系统

企业外部网系统是利用 Internet 的协议和标准，并通过公共通信系统（可以是 Internet 网络或专用线路），使通过认证的指定用户能够分享企业内部网上部分信息和部分应用服务的半开放专用网。利用企业外部网 Extranet 解决企业之间协作问题，使企业对外有选择地对合作者开放或提供有选择的服务，使信息共享。

企业外部网（Extranet）是一个使用与因特网（Internet）同样技术的计算机网络，它通常属于一个企业或组织的内部网（Intranet），是建立在因特网（Internet）中并为指定的用户提供信息的共享和交流等服务。企业外部网是企业的一个强有力的工具。有了它，企业可以自由地登录环球网（World Wide Web）；让员工通过浏览器方便地访问对外保密的内部数据库；还可以通过密码保护的方式允许客户和供应商查阅企业指定的部分机密数据。

3. 电子商务应用系统

在建立了完善的企业内部网和实现了与互联网之间的安全连接后，企业已经为建立一个好的电子商务系统打下了良好基础，在这个基础上，再增加电子商务应用系统，就可以开展电子商务活动了。一般来讲，电子商务应用系统主要以应用软件形式实现，它运行在已经建立的企业内部网之上。电子商务应用系统分为两部分，一部分是完成企业内部的业务处理和向企业外部用户提供服务，比如用户可以通过互联网查看产品目录、产品资料等；另一部分是极其安全的电子支付系统，电子支付系统使得用户可以通过互联网在网上购物、支付等，真正实现电子商务。

电子商务的应用系统是整个电子商务系统的核心，它的设计和建设直接关系到整个电子商务系统的成败。电子商务应用系统主要功能是完成企业内部的业务处理和向企业外部用户提供服务，因此，电子商务应用系统可以划分为基础数据层、作业处理层、统计分析层和决策支持层四个层次。

基础数据层的功能主要是对整个应用系统的基础数据进行维护，包括对商品信息、客户信息以及用户权限的管理等；作业处理层的功能主要是进行企业日常业务的处理，其主要目的是替代手工操作，减轻工作人员的劳动强度，加强信息记录的准确性、实时性，同时还可以收集手工操作无法完成的信息资源；统计分析层的功能主要负责对基础数据层和作用处理层采集到的信息进行查询和统计，然后通过各种图表的方式将各种信息按照用户的要求进行分类、检索等，并将信息反馈给用户。随着数据仓库技术的应用，信息系统通过对大量业务数据进行分析，可以预测商业经营趋势，并通过计算机系统的高速运算能力，进行未来的经营决策模拟，为企业管理层提供决策支持。

9.3 电子商务应用系统的设计与实现

9.3.1 域名申请

从技术上讲，域名只是一个 Internet 中用于解决地址对应问题的一种方法，可以说域名只是一个技术名词；从社会科学的角度看，域名已成为了 Internet 文化的组成部分；从商界看，域名已被誉为"企业的网上商标"。没有一家企业不重视自己产品的标识，而域名的重要性和其价值，也已经被全世界的企业所认识。

域名就是在 Internet 上为企业网站申请的名字。域名是现代企业 Web 策划中重要组成部分，和企业的名称一样举足轻重，不容忽视。域名应当简单和易记，要与企业形象相辅相成，相互辉映。对于申请国内域名，可以直接与 CNNIC 联系（http://www.cnnic.net.cn），国际域名的申请，可以直接向 INIC 注册。现在有很多公司专门从事域名申请代理。

申请域名前，必须先查询所需的域名是否已被注册。申请域名时要注意域名的注册规范：

(1) 国际域名最多可以使用3－10个英文或数字。
(2) 中文可以作为国际域名。其格式为www.中文.com，www.中文.net，www.中文.org，

www.中文.cn。

（3）域名不能以"—"、"_"开头或结尾。

（4）不能包含"."、"$"、"&"等字符。

9.3.2 系统设计

电子商务应用系统的设计包含两个方面，即硬件系统设计和软件系统设计。

1. 硬件系统设计

构建企业电子商务系统，所包含的硬件体系非常多，主要有以下几个方面：

（1）服务器

服务器是网络的主要设备，它的性能直接影响着电子商务系统运行的好坏。一般来说，一个企业至少有一台主服务器，但主服务器的负担直接影响着网络的运行效率，所以尽可能地配备多台服务器以分别完成不同的功能，如 Web 服务器、ftp 服务器、E-mail 服务器等，以提高网络效率。

（2）网络拓扑结构

网络拓扑结构是指网络中各个站点相互连接的方式，主要有总线型、星型、环型以及它们的混合型拓扑结构。每种拓扑结构各有优缺点和适应范围。网络拓扑结构的选择往往和传输介质的选择、介质访问控制方法的确定等紧密相关。选择拓扑结构时，应该考虑的主要因素有以下几点：

① 费用。不论选用什么样的拓扑结构都需进行安装，如电缆布线等。要降低安装费用，就需要对拓扑结构、传输介质、传输距离等相关因素进行分析，选择合理的方案。

② 灵活性。在设计网络时，考虑到设备和用户需求的变迁，拓扑结构必须具有一定的灵活性，容易被重新配置。此外，还要考虑原有站点的删除、新站点的加入等问题。

③ 可靠性。在局域网中有两类故障：

➢ 网中个别结点损坏，这只影响局部；

➢ 网络本身无法运行。拓扑结构的选择要使故障的检测和隔离较为方便。

一般对局域网来说，总线型和环型是比较理想的拓扑结构，而总线型比环型的可靠性更高一些。因此，目前局域网中最常采用总线型拓扑结构，其次是环型拓扑结构。

2. 软件系统设计

（1）操作系统

网络操作系统（NOS），是网络的心脏和灵魂，是向网络计算机提供网络通信和网络资源共享功能的操作系统。它是负责管理整个网络资源和方便网络用户的软件的集合。目前可很好运用于电子商务系统的网络操作系统主要有 Unix、Windows 2003、Linux 和 Netware。

Unix 操作系统已有几十年的发展历程，它的技术非常成熟，系统具有极高的可靠性和稳定性。目前已经出现了 64 位的 Unix 操作系统。但由于它多数是以命令方式来进行操作的，不容易掌握，特别是初级用户。正因如此，小型局域网基本不使用 Unix 作为网络操作系统，Unix 一般用于大型的网站或大型的企、事业局域网中。Unix 网络操作系统历史悠久，其良好的网络管理功能已为广大网络用户所接受，拥有丰富的应用软件的支持。

Windows 系统不仅在个人操作系统中占有绝对优势，它在网络操作系统中也是具有非常强劲的力量。这类操作系统配置在整个局域网配置中是最常见的，但由于它对服务器的硬件要求较高，且稳定性能不是很高，所以微软的网络操作系统一般只是用在中低档服务器中。

Linux 是一种新型的网络操作系统，它的最大的特点就是源代码开放，可以免费得到许多应用程序。目前也有中文版本的 Linux，如 Redhat（小红帽），红旗 Linux 等。在国内得到了用户充分的肯定，主要体现在它的安全性和稳定性方面，它与 Unix 有许多类似之处。但目前这类操作系统仍主要应用于中、高档服务器中。

Netware 以对网络硬件的要求较低而受到一些设备比较落后的中、小型企业，特别是学校的青睐。且因为它兼容 DOS 命令，其应用环境与 DOS 相似，经过长时间的发展，具有相当丰富的应用软件支持，技术完善、可靠。Netware 操作系统由服务器软件和客户端连接软件所组成，该操作系统在局域网建设的早期曾席卷网络操作系统市场，许多单位都选择了它作为网络操作系统。Netware 操作系统直接针对硬件进行设计，具有良好的性能。该系统的容错技术和目录服务等功能均有独到之处。

具体网络操作系统的选择要根据企业网络的具体情况来确定。

（2）Web服务器软件系统

Web 服务器软件的选择应首先考虑的是安全性，软件系统应能很好支持电子商务应用中的安全技术及安全协议的要求。其次服务器软件系统的可扩展性，应该能够支持服务器端脚本程序调试，支持动态脚本语言、API 等。另外还应考虑易管理性，应能够方便地进行 Web 站点信息发布、修改、维护等。

现在主流的 Web 服务器软件系统主要是 Apache 和 IIS。

（3）数据库管理系统

选择数据库管理系统时主要考虑构造数据库的难易程度、程序开发的难易程度、数据库管理系统的性能分析、对分布式应用的支持、并行处理能力、可移植性和可扩展性、数据完整性约束、并发控制功能、容错能力、安全性控制、支持汉字处理能力等。

目前主流的数据库管理系统主要有 IBM 公司的 DB2、Informix 公司的 Informix、Sybase 公司的 Sybase。Microsoft 公司的 SQL Server 和 Oracle 公司的 Oracle 数据库管理系统。

（4）其他软件系统

电子商务系统使用的其他软件主要包括：防火墙软件、网络管理软件、安全交易软件等。

9.3.3 网站建立

网站是企业向网上用户提供产品和服务的一种方式，是企业开展电子商务的基础设施和信息平台。成功的商业网站必然能够把网站的业务需求，Internet 技术以及网站的美术设计很好的集成在一起。网站的建设是一个动态过程，不断会有新的内容、新的页面加入，在设计阶段就应充分考虑到网站的可维护性。网站的整体框架应具有开放性、动态性和可扩展性。网站的维护是一个长期性的工作，其目的是提供一个可靠、稳定的系统，使信息与内容更加完整统一，并使内容更加丰富，不断满足用户更高的要求。

1. 网页的设计

做网页设计时，应以系统功能规划目标为依据，整理出网站的内容框架和逻辑结构。以访问者为中心，主题鲜明、富有特色，提供一个安全、高效、美观、快捷的电子商务环境。网页设计时应注重设计规范的统一，形式内容和谐统一，注重视觉效果，版式编排布局合理，页面内容要新颖，并能及时更新网页内容。

2. 建立 Web 服务器

它的过程就是将企业内部网和外部网进行连接，安装服务器网络操作系统软件，配置网络软件，安装配置 Web 服务器软件，安装配置数据库管理系统。

3. 网站的发布

将设计好的企业网页分发到 Web 服务器硬盘，确定网站的主目录和虚拟目录，指定默认的主页面文件。

4. 网站测试

测试实际上就是模拟用户访问网站的过程，得以发现问题改进设计。由于一般网站设计都是一些专业人员设计的，他们对计算机和网络有较深的理解，但要考虑到访问网站的大部分人只是使用计算机和网络，应切实满足他们的需要。所以有许多成功的经验表明，让对计算机不是很熟悉的人来参加网站的测试工作效果非常好，这些人会提出许多专业人员没有顾及到的问题或一些好的建议。

网站建立成功后应进行全面测试，主要包括：

（1）网络连接测试。保证在权限允许的情况下，服务器、主机及客户机之间都能实现可靠的网络连接。

（2）网页测试。主要测试网页显示的正确性，风格的统一性。

（3）网站功能测试。具体测试电子商务应用系统设计的每个功能，特别是网上交易与支付，应保证数据安全性与设计要求一致。

9.3.4 维护与管理

1. 网站宣传

网站宣传主要是指企业网站的网址的宣传，其目的是吸引站点的访问者，提高访问率，采取的方式是通过邮件群组宣传网址、在新闻组中宣传网址、利用网上广告宣传网址、利用传统媒体宣传网址、在搜索引擎站点注册网址等。可以利用传统的媒体（如印刷广告、公关文档及促售宣传等），欢迎所有人参观是一种十分有效的方法。对待公司的网址像对待其商标一样，印制在商品的包装和宣传品上。与其他网站交换链接或购买其他网站的图标广告。向因特网上的导航台提交本站点的网址和关键词,在页面的原码中,可使用 META 标签加入主题词,以便于搜索引擎识别检索,使站点易于被用户查询到。

2. 日常监测

审看日志文件,掌握访问者来访的统计数据;审看新闻组中是否有人回应,并及时给与回复;审看加入的电子邮件群组的反应,并及时回复;搜集潜在客户的电子邮件地址,以备在适当的时候使用;定期审看在搜索引擎站点的排名状况;检测网络的安全情况。

3. 内容的更新、应答与复函

企业 Web 站点建立后,要不断更新内容,利用这个新媒体宣传本企业的企业文化、企业理念、企业新产品。站点信息的不断更新和新产品的不断推出,让浏览者感到企业的实力和发展,同时也会使企业更加有信心。

在企业的 Web 站点上,要认真回复用户的电子邮件和传统的联系方式,如信件、电话垂询和传真,做到有问必答。最好将用户进行分类,如售前、一般了解、销售、售后服务等,由相关部门处理,使网站访问者感受到企业的真实存在,产生信任感。

9.4 国内外电子商务系统解决方案简介

9.4.1 Microsoft 的电子商务解决方案

1. BizTalk Server

BizTalk Server 是 Microsoft 的电子商务平台,用于构建基于 Internet 的商务应用,如企业应用集成等。现在致力于企业应用集成(EAI)和电子商务的企业都面临的问题就是,如何将使用不同通信和数据格式的应用程序集成在一起并和业务伙伴实现无缝连接。Microsoft BizTalk Server 使用一台集成服务器和一套应用集成工具使企业不需对代码做大的修改就能实现跨平台的应用集成。电子商务服务器软件产品市场的竞争十分激烈,微软的 BizTalk Server 软件就是为了帮助商业公司整合不同的商业软件和连接商业合作伙伴而设计推出。微软声称,BizTalk Server 软件现在已经拥有几万个用户,在市场上与 BEA Systems、IBM、SeeBeyond Technology、Tibco 和 WebMethods 等公司提供的类似产品竞争。

BizTalk Server 能帮助企业有效解决所有整合的挑战,无论是企业内部到网络的整合。BizTalk Server 以其支持多种传输方式与通讯协议的能力,能帮助企业让既有的信息系统投资,具备 XML 的传送功能,并将其与新的电子商务技术融合为一体。BizTalk Server 提供一组先进的生产力工具,让商务分析师、信息专业人员,以及开发人员能在共同的环境下作业。透过此工具,他们可以迅速完成定义、设计,以及部署跨应用程序、跨平台、跨组织的全方位整合性解决方案。

2. Microsoft Site Server

Microsoft 的电子商务产品很多，其中广为应用的有 Microsoft Site Server 3.0 和 Microsoft Site Server 3.0 电子商务版，它们是 Microsoft BackOffice 家族的两个最新成员。这两个站点服务器产品为 Microsoft Windows NT Server 和 Microsoft Internet Information Server 进行了优化，提供了综合的解决方案。

Microsoft Site Server 具有发布（包括内容管理和部署）、知识管理（包括搜索、推广技术、知识管理器及成员管理）和分析（包括日志文件导入、创建报表和内容分析）等特性，是企业建立电子商务系统必备的功能。Site Server 电子商务版是 Microsoft Site Server 的一个超集，加入了功能强大的商务特性，适合 B To B 以及 B To C 的应用。除了包括 Microsoft Site Server 的所有特性之外，Microsoft Site Server 电子商务版还提供了集成功能，使得企业可以分析商务使用数据，向购物者提交个性化的邮件，并对用于内容订购站点的访问进行验证。Microsoft Site Server 电子商务版具有以下 7 项主要功能：

（1）提供在线广告能力；
（2）提供在线销售解决方案；
（3）可动态销售和促销；
（4）可进行 B To B 商务活动；
（5）可进行 B To C 商务活动；
（6）Microsoft Transaction Server 集成，保证可靠性；
（7）支持 Microsoft Wallet，便于在线支付。

Dell 计算机公司是网上直销最成功的范例之一，其网站每周有 80 万人访问。通过 Dell 的电子商务网站，客户可以在网上组装、定制规格并购买台式机、笔记本电脑甚至服务器。Dell 的电子商务网站使用的软件有 Microsoft Site Server 电子商务版、Microsoft Windows NT Server、Microsoft Internet Information Server、Microsoft SQL Server 及 Microsoft Visual SourceSafe 等。

9.4.2 Oracle 电子商务套件

Oracle 公司作为数据库厂商，开发了许多电子商务的应用程序，特别是他们新近推出了 Oracle.com 套件。该套件是专为中小企业及新兴 ICP/ISP 量身定制的、易于安装的全方位 Internet 高级电子商务软件包。它具有先进的体系结构，集 Oracle9i 标准版、Oracle Jserver、Oracle 应用服务器、Oracle Jdeveloper 和 Oracle WebDB 及 Oracle 铜牌技术支持于一体，基于开放式 Internet 和业界标准，支持 Internet 语言 Java，并部署于 Solaris、HP-UX、Windows NT 及 Linux 等操作平台之上，可以扩展且能随企业的发展轻松升级。目前该套软件结构已得到全球 17000 多家独立软件公司的支持，该套软件的价格极具竞争力。

Oracle 完整的电子商务套件是实现企业智能的捷径。Oracle 电子商务套件 11i.10 提供了 2100 多种新功能，其中一半用于满足特定行业的需求，是业界惟一一套完整而集成的企业应用软件，它通过无缝的协同工作来简化企业的各个方面，从销售、服务和市场营销到财务和人力资源以及供应链和制造等。Oracle 电子商务套件是实现高质量企业智能的捷径,能够为企业提供有关财务、客户以及供应链的真正的 360 度全方位视图,从而使企业能够更快做出更加英明的决策,并在竞争激烈的市场中增加收益。

9.4.3 IBM 整体解决方案

作为 e-Business 概念的最早提出者和市场的积极参与者,IBM 已经推出了众多的电子商务产品和技术方案:既有基于单一 PC 服务器的解决方案,也有基于大型主机 S/390 的解决方案;更具特色的是,该公司基于电子商务的软件产品,几乎在所有的硬件平台上都有相应的版本,也就是说,用户可以根据自己目前的业务需要选择相应的硬件和软件平台,当业务发展需要升级扩展时,将会变得十分容易。

IBM 将自己的电子商务产品和技术方案纳入它的电子商务应用框架(Applications Frame work for e-Business)。该框架提供了基于开放标准和 Java 技术的全面网络计算模型,帮助客户将不同的解决方案和应用集成到电子商务中,同时非常方便地将用户已经存在的商业应用和数据扩展到互联网上。该框架还支持不同类型的客户端,对于移动用户和设备提供方便的系统管理;将员工、客户和供货商之间的联系纳入统一的商业运作模式之下。

在电子商务应用框架的构想之下,IBM 公司推出了众多的电子商务软件产品和解决方案,如 Net.Commerce、WebSphere 系列、Commerce Point 家族、Domino 家族;用于网络管理的 Tivoli 系列,还有数据库软件 UDB,以及丰富的中间件产品 MQSeries 和 TXSeries 等。

1. Net.Commerce

Net.Commerce 在电子商务领域已经广为人知,作为 IBM 电子商务软件产品中的主要产品,现在已推出第 3 版。Net.Commerce 是电子商务的高端解决方案,为在互联网上进行交易提供一个安全和易于扩展的框架,它能够提供从编目和店面创建到支付处理以及与后端系统集成的全面电子商务功能。利用该产品可以方便地建立一个电子商务站点,并降低站点维护的工作量;建设网上虚拟商店和商业一条街;也可以用于生成商家对商家、商家对顾客的应用;它还可以成为在供应商、销售商和商家或消费者之间的互联网商务中心。

Net.Commerce 是一个集成的解决方案,包括 Domino GO Web Server、商城服务器、定制站点的组件和关系数据库 UDB。用户可以利用它提供的任务、命令和可重载函数功能,UDB 数据库设计和 SQL 查询,Net.Data 宏语言,C++、Java 和 JavaScript 等进行扩展。该产品分为两个版本:Net.Commerce Start 和 Net.Commerce PRO。

IBM 支付服务器使用安全电子交易 SET(Secure Electronic Transaction)协议进行信用卡支付。在一个商店区环境中,每一个商店都能够定义他们希望支持的信用卡品牌和金融机构(支付网关),同时这些商店还能够以在线方式接收信用卡(利用 SET 技术、SSL 或第三方支付组件)。

支持 Domino GO 网络服务器和 Lotus Domino 集成。提供通常的电子邮件功能,允许从 Net.Commerce 环境中发电子邮件给购买者,并提供讨论组和布告牌功能。

目前 Net.Commerce 支持多种平台,Net.Commerce V3 Start、PRO 和 Hosting Server(虚拟主机服务器)可以在 Windows NT、AIX、Sun Solaris,AS/400 上运行,PRO 还可在 OS/390

平台上运行；它还将提供简体中文、繁体中文、韩语、日语等版本。

2. WebSphere

自从 IBM 于 1998 年第二季度发布以来，该产品目前已经发展到 2.0 版本。WebSphere 软件产品能够帮助用户建立和管理高性能的网页，其设计目标是使用开放、标准的网络服务器配置平台和网页开发管理工具将现有的应用方便地迁移到先进的电子商务应用平台。WebSphere 软件主要包括：Web Sphere 工作室工具（WebSphere Studio Tools）、WebSphere 应用程序服务器（WebSphere Application Server）以及优化服务器性能的 WebSphere 性能优化软件包（WebSphere Performance Pack）。

WebSphere 工作室是到目前为止面世的覆盖面最广的网络应用开发工具，包括集成的开发环境 Workbench、开发企业级应用系统的 Visual Age for Java、开发网页的 Net Object Fusion、开发 Java Beans 的工具 Bean Builder、开发多种描述语言（Java Script、Lotus Script 等）应用的 Script Builder。采用该软件包开发电子商务应用能够最大限度地利用企业现有的人力资源。

Web Sphere 应用程序服务器软件以基于 Java 的 Servlet 引擎为基础，可以将现有的网络服务器（如 Apache Server、IIS、Netscape 企业服务器、Lotus Domino GO Web Server 及 Domino Server 等）转变为 Java 网络应用程序服务器，它允许用户使用 IBM 或其他厂商的 Java 类扩充运行环境。该服务器具有基于网络的远程管理和安全功能；支持标准的 Java Servlet，可以使用 IBM Connector 系列访问其他资源（如 CICS 和 IMS）；1.1 版本支持业界标准的 EJB 编程模式，对于 CORBA 标准也提供强有力的支持。该服务器可以运行于多种平台，包括 Windows NT、AIX、Solaris、AS/400、OS/390 等。

优化性能的软件包是同应用程序服务器软件一起发布的提高该服务器性能的软件包，它具有良好的可用性和可伸缩性。

3. Commerce Point

IBM 在安全电子商务，特别是安全电子交易（SET）领域，推出全套解决方案—IBM Commerce Point 家族，该产品系列包括：

（1）消费（付款）者使用的电子钱包（Commerce Point Wallet）；

（2）商家（收款者）使用的电子收银机（Commerce Pointe Till）；

（3）付款处理器使用的支付网关（Commerce Point Gateway）；

（4）对参与交易的各种角色进行管理的认证中心（Registry for SET）。Commerce Point 家族为电子商务的安全提供了必要的保障。

可以看出，IBM 以自己的软硬件产品为基础，从不同层面提供了电子商务整体解决方案；其强大的系列商用服务器如 Netfinity、RS/6000、AS/400e 以及 S/390 等都可作为电子商务的硬件支撑平台。高质量高价格一向是 IBM 产品的特点，其方案主要适用于大中型企业。

iGo 是美国最大的笔记本电脑和移动电话配件供应商。他们实现了网上购物，月销售额的增长速度超过 100%，访问人数的增长率为 15%。该供应商在网站建设上采用了 IBM 的 Net.Commerce、DB2 Universal Database on Windows NT、Net.Data、eNetwork Firewall

和 HTTP Server 等产品。

9.4.4 HP 电子服务（E-Services）

作为电子商务的大力倡导者，HP 把电子化世界视为下一步战略发展目标，在推出众多产品和技术方案的同时，如今将电子商务概念进一步发展，又提出了电子服务（E-Services）概念。其理念是：互联网发展的第一阶段重点集中在各种商业机构将他们的业务处理"搬迁"到网上，而第二阶段的主旋律将是如何使这些电子业务变成更便捷、高度模块化并且是紧密集成的电子服务。

1. HP Domain Commerce

中国建设银行和中国银行都采用 Virtual Vault 保障其系统环境的安全，并开展网上银行业务。全球 120 余家金融机构采用 HP Praesidium 系列产品来保障网上电子服务，管理的资产超过 7 亿美元。此外，它在电信、保险及政府部门等方面也有许多用户。

HP Domain Commerce 平台运行在 HP9000 系列企业服务器上，它是一种全面的、高伸缩性的软件平台，与 HP 的合作伙伴一起，提供企业成功开展电子商务所需的一切产品。该平台包括：HP Service Control、HP Domain 管理系统、Veri Fonev POS、HP Open Pix 互联网成像软件、HP Java、Netscape 企业服务器等；另外还有几个电子商务应用程序，如 iCat、INTERSHOP、Broad Vision 和 Open Market 公司的电子商务软件等已经通过该平台的验证，能够为商家提供更加广泛和复杂的电子商务系统。

2. HP Service Control

HP Service Control 提供网络服务质量（Web QoS）功能，使商家能够根据客户或事务的类型，提供可预测和有区别的服务级别。该系统还能够防止服务器过载和确保高峰期间的一致性，消除等待时间，从而抓住客户。

3. HP Domain 管理系统

HP Domian 管理系统使管理人员能够从一个标准浏览器实现对系统、网络和电子商务应用程序的管理，从而简化了操作，使商家能够在技术问题造成商务问题之前予以纠正，降低管理费用。HP Domain 管理系统是围绕各种基于 HP Open View 技术的工具而创建的，用于测量和管理客户使用和服务；它基于一个分布式体系结构，能够提供远程监视功能。该系统包括两个主要部件：HP Web Admin 和 HP Open View IT/Operations 专用版（IT/O-SE）。

HP Web Admin 能使网络管理员从一个浏览器管理和配置网络服务器，从而减少了管理性任务所需的时间，并允许远程控制关键的操作参数和跨互联网监视性能；它以图形格式提供状态和历史信息。

4. Veri Fonev POS

Veri Fonev POS 是惠普的一家全资子公司。Veri Fone 开发的用于安全处理互联网支付事务的系统。vPOS 支付软件依靠先进的密码技术以及安全电子事务（SET）协议来请求授权和处理,可以确保事务处理的安全;该软件在设计中充分考虑了用户未来的需求,可以方便地与智能卡、电子货币和电子支票等连接。它能够提供支付事务管理、报告和联机认证检索;可以直接向金融机构传送事务,替代代价高、易出错的人工处理;能够在单一地点同时处理多个请求;支持现有的商业商务过程,包括商业目标的基本事务、回报和日终调节。

5. HP Open Pix 互联网成像软件

对于希望通过图像丰富的网络站点来增加基于网络的商业机会的商家来说,HPOpenPix 互联网成像软件是一个不错的选择,通过该软件,客户可以容易、高效地查看、传送和打印高分辨率图像。该软件基于开放的 HP 互联网成像协议,支持 FlashPix 和 JPEG 格式。

6. 企业安全框架—HP Praesidium 系列

HP 公司的企业安全产品、解决方案以及服务的完整集合就是 HP Praesidium,包括安全咨询服务,以及专业化组件,如授权服务器(Authorization Server)、虚拟保险箱(Vitual Vault)以及智能卡(Smart Card)和防火墙等。

该系列产品和解决方案具有很好的模块化特点,可以构成功能强大的满足特定要求的安全解决方案,包括企业网解决方案、互联网解决方案、用户解决方案。

7. HP Praesidium 授权服务器

该产品加强了网络(企业网和互联网)应用的安全性;简化了管理和编程,将集中式安全客户机和主机环境的最终用户的一致性与分布式环境中的灵活性及功能性结合起来,缩短应用推向市场的时间;有助于在开发公司网络和信息基础设施时同步引进公司的安全策略。

授权服务器根据一些业务规则来确定授权,这些业务规则用来确认一个特定用户对于那些需要运行的应用或进行的交易所具有的权限,所以适合于解决当今日益频繁的人员流动所带来的安全问题。

8. HP Virtual Vault 虚拟保险箱

虚拟保险箱是 HP Praesidium 系列互联网安全产品的核心,为网络应用提供一个安全的环境。它将安全性套件与一个商业版的操作系统 HP-UX 结合起来,形成该操作系统的一个安全增强版本 VVOS(Virtual Vault Operating System,虚拟保险箱操作系统),该操作系统达到了美国国防工业 B1、B2 和欧洲 E3 安全标准。

在 HP 虚拟保险箱解决方案中,采用 Netscape 企业服务器作为核心网络服务器,它具有客户机/服务器保密编码 SSL 协议支持,确保数据在互联网上传输的安全性。

HP 以 HP9000 系列作为电子商务的硬件支撑平台,加上其软件产品的支持,能够提供相当全面的解决方案;该方案可以将第三方的产品如 Netscape Enterprise Server 集成进来,为客户提供整体解决方案;但是在电子商务的关键一环 CA 上,尚没有相应的产品支持。

9.4.5 CA Jasmine 平台

Jasmine 是一个包含了完整开发系统（Jasmine Studio）、完全面向对象数据库管理系统，建立在该公司所提供的一个对象数据库模型基础上的，为下一代面向对象、数据驱动的应用提供了开发和实施的解决方案。

Jasmine 既是一个对象数据库引擎，又可作为互联网的开发平台。Jasmine 的基本优势在于它有能力通过管理和操作在当今业务环境中普遍存在的复杂数据推进企业业务目标的实现，并最终实施于不同的、异构的客户端方式，包括网络浏览器、Windows PC、网络计算机（NC）和网络化 PC（Net PC）等。Jasmine 提供存储和处理多媒体对象，并具有互联网/企业网业务处理的能力；提供了一个易于扩展的、开放的体系结构，支持对传统形式的信息存取。

9.4.6 康柏 Pro Liant 平台

康柏 Pro Liant 电子商务服务器系列是一套全面的解决方案，可以帮助客户快速有效地设计并创建 Web 商务站点。康柏 Pro Liant 电子商务服务器基于微软 Windows NT 平台，使用微软 Site Server 商务版。微软 Site Server 商务版为开发、部署和管理电子商务站点提供了完善的 Web 站点环境；微软 SQL Server 可用来存放商家的产品目录。康柏 CarbonCopy32 是一项远程管理解决方案，康柏 Pro Signia 和 Pro Liant 防火墙服务器用来确保互联网访问和企业网络的安全性。

天腾的 iTP 付款解决方案是用于支持 Web 电子付款的端对端安全电子交易（SET）软件解决方案。天腾的 SET 软件组件扩展了付款流程，并可与其他 SET 认证产品结合使用。iTP 虚拟商店（Vitual Store）是一个多主机互联网购物解决方案，它可轻松地与 SET 兼容的 iTP 付款解决方案和后台服务系统集成，使商家很容易将后台系统功能扩展至电子商务领域。iTP 认证安全解决方案（iTPCSS）是一系列安全产品，为各种应用提供密码服务并支持大多数通用安全标准。这些 iTP 解决方案可以在基于 Windows NT 的康柏 Pro Liant 服务器上使用，也可以在天腾 Nons Stop Himalaya 服务器上使用。

第 10 章　电子商务的发展与应用

10.1　电子商务发展战略

作为一种新型的商业运作模式，电子商务给各个国家的经济发展带来了全新的机遇与挑战。各国政府纷纷制定有关电子商务的政策和发展规划，大力支持本国企业抢占电子商务制高点。

10.1.1　电子商务的发展总体战略

目前在电子商务较发达的欧美各国，电子商务的发展已经积累了一定的经验供我们参考。特别是美国，事实上已经成为电子商务发展的领头羊和主要的推动者。

早在 1997 年，美国就颁布了联邦政府促进、支持电子商务发展的"全球电子商务框架"（A Framework For Global Electronic Commerce）的重要文件。该文件确立了美国政府政策的基本框架，对于美国乃至世界各国电子商务的发展产生了积极影响。该文件提出了 5 点发展电子商务的重要原则。

（1）市场必须发挥主导作用。Internet 发展应该以市场为驱动，因为创新、拓展服务、广泛参与、降低价格等只有在市场主导的环境下才能实现，在一个受管制的行业中则无法实现。即使是在某些需要共同行为的领域，政府也应该尽可能地鼓励产业界自我管理，以市场这只无形的手来规范电子商务的发展；

（2）政府应该避免对电子商务的不当限制。政府将严格控制对通过 Internet 进行的商务活动制定新的以及不必要的规定，简化政府办事程序或者避免征收新的税收和关税；

（3）政府角色改变。当政府必须参与时，政府参与的目标应该是支持和创造一种可以预测的、受影响最小的、持续简单的法律环境，为商业发展营造合适的环境。那些需要政府干预的领域，政府的作用应是确保公平竞争、保护知识产权和私有权利、防止假冒、增强透明度、增进商业贸易、促进争端的解决；

（4）政府必须认清 Internet 的特性。Internet 的优势和获得的巨大成功在一定程度上应该归功于其分散的本质，以及其自下而上的管理方式。应对现有的一些可能阻碍电子商务发展的法律法规重新进行审议、修改或者废止，以满足电子时代的新要求；

（5）Internet 上的电子商务应该在全球范围内进行。当今 Internet 本身就是一个全球性的市场，网上交易的法律框架必须打破地区、国家和国际之间的界限，采取一致的管理原则。对 Internet 进行不同的、多重的管理只会阻碍自由贸易和全球商业发展。

10.1.2 电子商务发展战略

从发达国家电子商务的应用实践来看，电子商务发展应遵循一些普遍的规则：

（1）需营造良好的市场环境。电子商务作为一种新型商务模式，其发展需要良好的市场环境，包括适宜的社会环境、竞争环境、管理和服务环境等。为此，政府强调市场化原则，主张发挥私营企业在电子商务发展中的主导作用，鼓励私人投资，建立自律性产业规范与规则，尽量减少政府的干预；

（2）需创造适宜的制度环境。电子商务的发展还需要适宜的制度环境，为此政府必须建立和完善法律法规、税收政策、电子支付系统、知识产权保护、信息安全、个人隐私、电信技术标准等；

（3）需实施全球一体化战略。Internet全球性开放的特点，使得建立网上国际贸易自由区的理想成为可能。为此必须打破地区、国家和国际之间的界限，建立一套国际统一的贸易规范与法律框架。包括对电子合同的认可、接受电子签名以及其他类似授权程序的规则、制定争端解决机制、制定权责明确的根本原则等；

（4）需确立一致性原则。对Internet采取多重管理措施，只会阻碍自由贸易和全球商业发展。为此，应该大力促进世界各国及国际组织对电子商务普遍规律的认同。事实上，美国政府颁布的"全球电子商务框架"现已受到发达国家的普遍支持，成为商讨全球电子商务政策及法规问题的实际准则。

10.1.3 中国发展电子商务的策略

一场以互联网络和信息系统为工具的新一轮全球经济竞争已经开始，中国要想在新一轮的竞争中立于不败之地，现在就必须制定适应未来电子商务时代的发展战略。中国电子商务的发展要考虑中国的实际国情，既要走具有中国特色的发展之路，又要注意吸收借鉴其他国家的发展经验，并要同全球电子商务接轨。

1. 加强政府在电子商务发展过程中的宏观规划和指导作用

加强政府有关部门间的相互协调，有利于保证与电子商务有关的政策、法规和标准的一致性、连续性。通过宏观规划、协调组织，制定有利于电子商务发展的优惠政策，引导和推动电子商务的持续发展。

2. 建立和完善符合中国国情的电子商务法律和法规

要加强电子商务政策的研究，积极参与有关电子商务的国际对话和有关规则的制定，借鉴其他国家、国际组织成功的经验，尽快建立一套既符合中国的具体情况又与国际接轨的法规、制度和办法，使中国电子商务的运作有章可循，有法可依。

3. 建设电子商务所必需的信息化基础

要抓好发展电子商务所必须的基础设施建设，尤其要抓好中国高速宽带网的建设，提高上网的速度，降低上网的费用。要组织必要的技术攻关，购置必要的硬件设备，开发和引进相关软件，使中国电子商务基础设施的建设能够跟上世界的步伐。同时，要采取切实措施，进一步鼓励企业加大对信息化建设投资的力度，要鼓励企业及时申请和登记自己的域名，建立自己的 Internet 站点。此外，要促进政府管理部门联网，加快商务管理电子化的步伐。

4. 尽快建立有权威的电子商务认证中心，确保安全交易

为了建立安全的电子商务环境，中国必须建立权威的电子商务认证中心。电子商务认证中心是具有权威性和公正性，能承担网上安全电子交易认证服务、签发数字证书并能确认用户身份的服务机构，其主要任务是受理数字证书的申请、签发及对数字证书的管理。在国外，认证中心通常是企业性的服务机构。从中国的国情看，现阶段应由政府主管部门和工商行政管理部门负责，并赋予其适当的管理权限，以保证其权威性和公正性。

5. 加快支撑电子商务的物流配送体系和金融体系的建设

在完善物流配送体系方面，除了要鼓励邮政部门发挥自身的优势，与从事电子商务的部门签订合作协议，积极开展各种新服务外，还要逐步开放市场，欢迎国内外的速递公司参与竞争。通过竞争，使中国的物流配送体系日趋完善。在物流配送体系的建设上，要发展建设以商品代理和配送为主要特征，物流、商流、信息流有机结合的社会化物流配送中心，要将流通过程中的物流、商流和信息流三者有机地结合起来。在金融支撑体系方面，要鼓励有条件的银行开设网络银行，提供各种形式的在线服务。

6. 加强电子商务相关技术研究

电子商务是一种全新的商务模式，它需要很多先进技术来支撑。这些技术涉及到 Internet 网络技术、Web 浏览技术、数据库技术、电子支付技术、安全技术和物流配送技术等。虽然有些技术已经发展到了成熟阶段，但仍然有许多是最近几年才发展起来的新技术，甚至还有许多新技术不断涌现出来。

（1）Internet 网络技术解决的是电子商务的承载平台问题。电子商务的开展是以 Internet 网络平台为基础的，电子商务发展的好坏与 Internet 网络技术有直接的关系。

（2）Web 浏览技术解决的是电子商务信息呈现问题。电子商务进行过程中商家与客户以及其他相关角色之间所交换的各种信息都需要通过 Web 浏览技术呈现出来。Web 服务器利用 HTTP 协议来传递 HTML 文件，Web 浏览器使用 HTTP 检索 HTML 文件。随着电子商务的发展，仅仅使用 HTML 表示信息已经不能满足需要，为此，XML（扩展的标记语言）和 CXML（Commerce XML）应运而生并迅速发展。

（3）数据库技术解决的是电子商务的数据存储问题。在电子商务交易过程中，涉及到商家、商品、客户、物流配送等大量的信息，这些信息都需要储存在数据库中以方便各种查询和处理。

（4）电子支付技术解决的是电子商务货款支付的问题。电子支付过程中安全问题解决的好与坏直接影响到电子支付是否可以顺利进行。目前金融界普遍使用的有 SSL/TLS 和 SET 两种电子支付模式。

7. 加强电子商务相关技术标准的制定

电子商务所涉及的技术非常多，而且每种技术又有多种实现方式，如果这些技术没有标准或标准不统一，都将会影响电子商务的数据交换与传递。因此，加强电子商务相关技术标准的制定工作，是电子商务发展的关键环节之一。

到目前为止，国际上一些电子商务标准化组织已经分别制定了与电子商务相关的一系列标准。如IETF的IOTP（Internet Open Trade Protocol）标准、OBI协会的OBI(Open Buying on Internet)标准以及其他一些标准化组织像OFX、W3C等制定的实现电子商务交易相关的信息格式等方面的标准。目前，我国已经开始了相关标准的制定工作。其中，《基于XML的电子商务》的国家标准已经发布，《B2B电子商务技术体制》和《B2C电子商务技术体制》的国家标准已经形成讨论稿。

8. 积极探索电子商务盈利模式

电子商务的经营模式有许多。然而，对于一个特定的企业来说，并不是每一种模式都适合自己，因此企业必须积极探索适合自己特点的商业模式，达到盈利的目的。目前，各行各业都在积极探索属于自己的电子商务模式，银行业开办网上银行业务、证券业开办网上证券业务、学校开办远程教学业务等，但是不管怎样，都必须要坚持"以客户为导向"的原则。

9. 大力培养相关人才，推广与普及电子商务知识

必须加强对电子商务专业人才的培养，大力推广与普及电子商务知识，提高计算机和网络利用的普及率。要鼓励各类学校根据社会需要，开设电子商务专业，讲授相关课程。此外，还要更多地采用在职培训、远程教育等多种多样的形式，使各部门、各单位现有的业务骨干掌握电子商务的应用技能和相关知识。

10.2 电子商务的发展趋势

电子商务应用的第一个阶段称之为内容发布，这时大多数企业只是通过网络发布自己的产品信息，仅仅是把Internet作为另一种向顾客提供信息的途径。这些宣传类的活动对于企业的营销当然会带来一定的好处，但是这些好处可能并不会对企业的收入带来太大的影响。第二个阶段是简单交易阶段，创新主要体现在局部的集成和新型商务模式上。在这个阶段中，企业允许客户进入公司的内部信息环境，如查询银行账户，通过电子交易购买产品等。在这个阶段，建立一个安全可靠的信息系统成为对企业的必然要求。此时，电子商务已经为企业带来了实际的成本节约，产生了初步的、客观的效益。

电子商务下一个阶段的发展，将呈现出新的特色。在信息技术的帮助下，公司可以调整自己的业务流程，从根本上把企业改造成以客户为中心的模式。这类电子商务不再是局部的、前端的信息化，而是企业内部所有业务的完全整合，同时这种整合还包含整个产业链中合作伙伴关系的整合，以便最终为用户提供完全整合的服务。在这个阶段虽然商务的

基本法则没有改变，但利用电子商务，传统业务的完成速度和运营质量能提高几个甚至几十个数量级，更大地降低成本，更快地捕捉市场，更好地与供应链上的合作伙伴巩固合作关系，并建立起长期、可持续盈利的商务模式。

10.2.1 透视电子商务的走向

1. 传统企业——电子商务的主体

纵观电子商务的发展过程：电子商务从20世纪90年代初、中期开始发展，至90年代末形成第一个高潮，但好景不长，由于炒作过度，到1999年下半年和2000年，电子商务热急剧降温，许多企业的股票价格急剧下跌，许多从事电子商务的企业严重亏损，有的甚至被淘汰出局，此后又逐步回升。人们在2000年网络泡沫破灭后深刻体会到：企业，尤其是传统企业才是电子商务的主体。因而，电子商务发展到今天，必须有大量传统企业的加盟，才能推动电子商务走向下一个高潮。

2. B2B——全球电子商务发展的主流

在电子商务的几种交易方式中，B2C和B2B两种所占分量最重，而B2B又是重中之重。从国际电子商务发展的实践来看，B2B业务在全球电子商务销售额中所占比例高达80%—90%。中国同样如此，2000年中国有近99.5%的电子商务交易额为B2B，B2C只占0.5%。

3. 电子商务市场的企业呈现多元化趋势

从国际电子商务的发展来看，进入B2B市场的企业越来越多，主要有四种类型：

（1）传统的IT巨头。微软公司、IBM、Sun、Intel等，这些较早进入B2B领域的IT公司将来会进一步加大投资，扩张规模；

（2）新兴Internet巨头。如Yahoo、AOL、eBay等。与传统IT企业不同，这些新兴Internet巨头凝聚了网上大部分人气，并且有足够的Internet经营经验，他们的兴起将引起B2B市场竞争格局的改变；

（3）传统行业的跨国公司。通用汽车、杜邦公司等传统领域的巨头纷纷斥巨资进入这一领域，希望通过B2B平台优化，改造其原有的价值链，挖掘新的利润增长点，以创造Internet时代新的竞争优势；

（4）现有的B2B电子商务公司。面对各种各样的公司纷纷涌向B2B市场，Ariba和Commerce One等这一领域的先行者认识到挑战的临近，他们也不甘示弱，纷纷表示将凭借他们已经建立起来的技术优势和经验与后来的竞争者抗衡。

4. 电子商务地区发展不平衡不断加剧

美国电子商务的应用领域和规模远远领先于其他国家，在全球所有电子交易额中，大约占50%以上。目前，世界范围内已经形成了以美国为首，欧洲和亚洲发达国家随后的国际电子商务发展格局。表10-1所示是2000年～2004年全球各地区B2B的发展及预测情况比较，从中可以看到电子商务发展的地区差异日益扩大。

表 10-1 2000 年～2004 年全球各地区 B2B 的预测发展情况比较（单位：亿美元）

地区\年份	2000 年	2001 年	2002 年	2003 年	2004 年	2004 年所占比例
北美	1592	3168	5639	9643	16008	57.7%
亚太地区	362	686	1212	1993	3006	10.8%
欧洲	262	524	1327	3341	7973	28.7%
拉丁美洲	29	79	174	336	584	2.1%
非洲/中东	17	32	59	106	177	0.6%
交易总额	2262	4489	8411	15419	27748	100.0%

5．电子商务在各个行业的应用程度不同

电子商务给不同行业所带来的发展机会是大不相同的。这一点不仅表现在向各个行业渗透的顺序不一样，而且各行业从中获得的收益也不尽相同。曾经有资料研究表明（如表10-2 所示），计算机和通信设备生产厂商是比较适合采用电子商务的。同时，美国在未来几年内，计算机和通信设备、食品和饮料、汽车以及配件、制造业设备和原材料、建筑业和房地产等五大行业将是未来运用电子商务的重点行业。

表 10-2 电子商务在不同产业的增长预测（单位：10 亿美元）

产　业	2000 年	2005 年
计算机/通信设备	90	1028
食品和饮料	35	863
汽车以及配件	21	660
制造业设备和原材料	20	556
建筑业和房地产	19	58

10.2.2　客户服务的趋势——电子商务带来更快捷、更方便的服务

1．快捷服务

享受快捷的服务是客户进行商家选择时考虑的一个重要的因素。为了争夺并保持客户，企业必须减少客户搜索产品、选择产品、确立订单和售后服务等的处理时间。任何一个环节的迟缓，将导致整个客户服务的延迟。通常服务时间的延迟是由于大量的手工传递作业造成的，因此必须构建一体化的、集成化的信息系统，满足整个商业运作流程的需要，从接受订单、审核订单有效性、订单传递，到库存要求的传递、更新库存信息、更新账目信息、要求补充存货等，环环相扣，减少延迟。现在的市场竞争日趋激烈，为了满足日益挑剔的客户，商家只有改变其商务运作的模式，缩短客户服务等待的时间才可能求得生存和发展。因此，可以预测，快速的客户服务将是电子商务发展的一个重要趋势。

2. 自助服务

自助服务是电子商务发展的另一个趋势。在房地产、保险业、旅游业、拍卖以及零售业等行业中,客户和商家将通过网络完成商业过程,人工干预很少。客户将面对一天24小时、一周7天开通的自助服务系统,通过该系统,客户可以查询到公司信息、产品信息、订单信息以及获得一定的技术支持,减少了人工干预,使服务更加方便和快捷。例如在线自助旅游业,客户通过旅游预订系统,浏览了解全世界各个旅游景点、选择旅游路线、预订交通工具以及饮食住所等,降低了旅行成本,极大地方便了客户。

3. 集成化服务

方便、快捷、个性化服务是新的商业模式下客户服务的基本特征。为了达到这个要求,客户面对的电子商务系统必须是集成的、一体化的,这种集成和一体化不仅仅是功能上的集成,还包括内容数据上的全面。功能上的集成是指客户可以通过电子商务系统来完成一系列相关的功能,比如说网上拍卖系统,客户可以输入拍卖产品的资料,可以查询到历史上该产品的一般定价,可以设定拍卖起止时间,可以随时获知买家的最新报价等信息,所有相关的功能都集成在该系统中。内容的全面是指数据资料的全面性,用户通过一个系统就可以在最大范围内进行资料和信息的查找匹配。比如说在线产品的搜索,搜索数据库应该尽可能地全面和丰富,为用户提供"一站式"的搜索服务。

10.2.3 企业趋势——电子商务成为企业发展的新动力

1. 以服务为导向,全面改进客户关系

争取和保持客户对大多数商家来说都是非常重要的。在产品质量和服务项目基本一致的情况下,企业为客户提供的产品和服务的质量以及客户个性化需求的满足程度就显得尤为重要了。因此采用新技术,为每个客户定制商品和服务将成为企业新的利益增长点。在这种情况下,销售和服务将不再具有明显的界限,不会像往常那样,先销售产品,然后再提供售后服务。取而代之的是一种新的模式——在提供产品之前,就提供快捷方便的服务帮助客户搜索商品,做出决策;在提供售后服务的同时,促进新的购买倾向,最终把客户培养成为"忠诚客户"。

2. 消除孤岛效应,走向应用集成

据META Group的统计,一家典型的大型企业平均拥有49个应用系统,这些应用系统包括CIMS、MPR、ERP、SCM、CRM、DSS等。在这种模式下各个部门运行不同的系统,导致数据缺乏一致性,系统模块功能重复,信息集成化程度不高,系统间信息传递缓慢,安全性得不到保证等问题,最终形成信息孤岛,严重制约着企业信息化管理的进程。

电子商务的发展要求供应商、合作伙伴,当然还包括客户之间具有更高程度的系统集成、协调和协作。而且将企业核心应用和新的Internet解决方案结合在一起还不能说完成了电子商务的构建,还必须使这些系统能够协调地工作才行。例如当用户通过Internet订购一个产品时,该产品需要被包装发运,用户需要付款,产品库存信息需要进行修改更新,原

材料或新的备件需要被及时订购,这一电子商务过程的实现,需要通过新的基于 Web 的系统和现有的在企业中运行的各个后台应用系统之间的集成来实现。

3. 实施外包,提高核心竞争力

为了专注于企业自身的核心业务,提高企业核心竞争力,越来越多的企业选择业务外包而不是自己建设基础设施。常见的电子外包有 Web 托管、存储托管、应用服务外包等,同时,为电子外包提供的电子商务运营维护服务也将非常全面。它是一个包括网络架构、数据处理、企业应用程序运营维护管理等方面在内的"全面"服务,其内容涵盖了从行业战略层面的商务战略咨询和托管服务,到企业管理层的电子交易、电子协同、客户关系管理、供应链管理、企业资源规划、商务信息咨询等全方位应用系统管理服务。当然,还包括了 IT 系统的设计、实现和后期的维护服务。

10.2.4 网上政府的趋势——电子政务带来什么

关于电子政务,国内外存在着多种多样的说法,如电子政府、数字政府、网络政府、政府信息化等。这些提法都只是从某个角度说明了电子政务的概念与特征。严格来说,所谓电子政务,就是政府机构应用现代信息和通信技术,将管理和服务通过网络技术进行集成,在互联网上实现政府组织结构和工作流程的优化重组,超越时间、空间与部门分隔的限制,全方位地向社会提供优质、规范、透明、符合国际水准的管理和服务。

这个定义包含三个方面的内容:

(1) 电子政务必须借助于电子信息和数字网络技术,离不开信息基础设施和相关软件技术的发展;

(2) 电子政务处理的是与政权有关的公开事务,除了包括政府机关的行政事务以外,还包括立法、司法部门以及其他一些公共组织的管理事务,如检务、审务等;

(3) 电子政务并不是简单地将传统的政府管理事务放到互联网上实现,而是要对其进行组织结构的重组和业务流程的再造,电子政府与传统政府之间有着显著的区别(见表 10-3)。

表 10-3 传统政府与电子政府的比较

传统政府	实体性	地域性	集中管理	政府实体性管理	垂直化分层结构	在传统经济中运行
电子政府	虚拟性	超地域性	分权管理	系统程序式管理	扁平化辐射结构	适应新经济发展

从服务对象来看,电子政务主要包括这样几个方面:政府间的电子政务(G2G);政府对企业的电子政务(G2B);政府对公民的电子政务(G2C)。

1. G2G

G2G 是上下级政府、不同地方政府、不同政府部门之间的电子政务。G2G 主要包括以下内容:

(1) 电子法规政策系统。对所有政府部门和工作人员提供相关的现行有效的各项法律、法规、规章、行政命令和政策规范，使所有政府机关和工作人员真正做到有法可依，有法必依。

（2）电子司法档案系统。在政府司法机关之间共享司法信息，如公安机关的刑事犯罪记录、审判机关的审判案例、检察机关检察案例等，通过共享信息改善司法工作效率和提高司法人员综合能力。

（3）电子公文系统。在保证信息安全的前提下在政府上下级、部门之间传送有关的政府公文，如报告、请示、批复、公告、通知、通报等等，使政务信息十分快捷地在政府间和政府内流转，提高政府公文处理速度。

（4）电子财政管理系统。向各级国家权力机关、审计部门和相关机构提供分级、分部门历年的政府财政预算及其执行情况，包括从明细到汇总的财政收入、开支、拨付款数据以及相关的文字说明和图表，便于有关领导和部门及时掌握和监控财政状况。

（5）电子办公系统。通过电子网络完成机关工作人员的许多事务性的工作，节约时间和费用，提高工作效率，如工作人员通过网络申请出差、请假、文件复制、使用办公设施和设备、下载政府机关经常使用的各种表格，报销出差费用等。

2. G2B

G2B 是指政府通过电子网络系统进行电子采购与招标，精简管理业务流程，快捷迅速地为企业提供各种信息服务。G2B 主要包括：

（1）电子证照办理。让企业通过因特网申请办理各种证件和执照，缩短办证周期，减轻企业负担，如企业营业执照的申请、受理、审核、发放、年检、登记项目变更、核销，统计证、土地和房产证、建筑许可证、环境评估报告等证件、执照和审批事项的办理。

（2）电子采购与招标。通过网络公布政府采购与招标信息，为企业特别是中小企业参与政府采购提供必要的帮助，向他们提供政府采购的有关政策和程序，使政府采购成为阳光作业，减少循私舞弊和暗箱操作，降低企业的交易成本，节约政府采购支出。

（3）电子税务。使企业通过政府税务网络系统，在家里或企业办公室就能完成税务登记、税务申报、税款划拨、查询税收公报、了解税收政策等业务，既方便了企业，也减少了政府的开支。

（4）信息咨询服务。政府将拥有的各种数据库信息对企业开放，方便企业利用，如法律法规规章政策数据库、政府经济白皮书、国际贸易统计资料等信息。

3. G2C

G2C 是指政府通过电子网络系统为公民提供的各种服务。G2C 主要包括：

（1）教育培训服务。建立全国性的教育平台，并资助所有的学校和图书馆接入互联网和政府教育平台；政府出资购买教育资源，然后对学校和学生提供；重点加强对信息技术能力的教育和培训，以适应信息时代的挑战。

（2）就业指导服务。通过电话、互联网或其他媒体向公民提供工作机会和就业培训，促进就业。如开设网上人才市场或劳动市场，提供与就业有关的工作职位缺口数据库和求职数据库信息；在就业管理劳动部门所在地或其他公共场所建立网站入口，为没有计算机的公民提供接入互联网寻找工作职位的机会；为求职者提供网上就业培训，就业形势分析，指导就业方向。

（3）电子医疗服务。通过政府网站提供医疗保险政策信息、医药信息，执业医生信息，为公民提供全面的医疗服务，公民可通过网络查询自己的医疗保险个人账户余额和当地公共医疗账户的情况；查询国家新审批的药品的成分、功效、试验数据、使用方法及其他详细数据，提高自我保健的能力；查询当地医院的级别和执业医生的资格情况，选择合适的医生和医院。

（4）社会保险服务。通过电子网络建立覆盖地区甚至国家的社会保险网络，使公民通过网络及时全面地了解自己的养老、失业、工伤、医疗等社会保险账户的明细情况，有利于加深社会保障体系的建立和普及；通过网络公布最低收入家庭补助，增加透明度；还可以通过网络直接办理有关的社会保险理赔手续。

（5）公民信息服务。使公民得以方便、容易、费用低廉地接入政府法律法规规章数据库；通过网络提供被选举人背景资料，促进公民对被选举人的了解；通过在线评论和意见反馈了解公民对政府工作的意见，改进政府工作。

（6）市民电子税务服务。允许公民个人通过电子报税系统申报个人所得税、财产税等个人税务。

（7）电子证件服务。允许居民通过网络办理结婚证、离婚证、出生证、死亡证明等有关证书。

电子政务是现代政府管理观念和信息技术相融合的产物。面对全球范围内的国际竞争和知识经济的挑战，许多国家政府都把电子政务作为优先发展战略。

美国是较早发展电子政务的国家，也是电子政务最发达的国家。1993 年，克林顿政府在建立"国家绩效评估委员会"（NPR）时，就提出应用先进的信息网络技术克服美国政府在管理和提供服务方面所存在的弊端，构建"电子政府"成为政府改革的一个重要方向。1995 年 5 月，克林顿签署《文牍精简法》，要求各部门呈交的表格必须使用电子方式，规定到 2003 年 10 月全部使用电子文件，同时考虑风险、成本与收益，酌情使用电子签名。1996 年，美国政府发动"重塑政府计划"，提出要让联邦机构最迟在 2003 年全部实现上网，使美国民众能够充分获得联邦政府掌握的各种信息。2000 年 9 月，美国政府开通"第一政府"网站（WWW.firstgov.gov）。这是个超大型电子网站，旨在加速政府对公民需要的反馈，减少中间工作环节，让美国公众能更快捷、更方便地了解政府，并能在同一个政府网站站点内完成竞标合同和向政府申请贷款的业务。

欧盟成员国在电子政务发展方面也取得了长足的进步。欧盟制定了信息社会行动纲领，各成员国也分别制定了本国的信息社会行动计划和电子政务规划，并积极付诸行动。以英国为例，英国政府先后发布了《政府现代化白皮书》、《21 世纪政府电子服务》、《电子政务协同框架》等政策规划，并提出了到 2008 年在英国全面实现政府电子服务的目标。2000 年 3 月 30 日，英国首相布莱尔在"信息时代特别内阁会议"上提出，把英国全面实施电子政务的时间从 2008 年提前到 2005 年；到 2002 年，英国政府机构服务的上网率要达到 25%。2001 年 1 月，英国内阁办公室宣布，英国建设"电子政务"的工作成效显著，现在已经有 40%的政府服务可以通过互联网提供给公众，提前一年超额完成了预定的目标。根据英国国家统计局的报告，目前英国的成年网民中，有 18%的人使用政府机构网站获取服务或官方文件等信息。政府机构网站总数达 1000 多个，每星期的访问请求超过 2000 万。

亚洲的日本、新加坡等国家电子政务的发展步伐也较快。日本政府于 2000 年 3 月正式启动了"电子政务工程"。这项电子政务工程的主要内容是通过因特网等网络系统办理各种申请、申报、审批等手续，实施政府网上采购计划。该工程预计将于 2003 年以前全面投入实际使用，届时，日本政府将在网上办理申报税金、递交有价证券报告、出口产品审批等政府各部门的 3000 多项业务，政府网上采购计划也将全面实现。为了保证电子政务的可靠性和安全性，日本政府于 2000 年 3 月向国会提出了《电子签名与认证法案》，从而使电子签名具有同本人签字、盖章同等的法律效力。按照该项工程的计划，日本政府将在 2005 年以前让政府各部门的主要业务全部通过互联网进行，这标志着日本将全面进入办公电子化、无纸化的时代。

新加坡从 20 世纪 80 年代起就开始发展电子政务，现在已成为世界上电子政务最发达的国家之一。目前，普通公民在家里通过政府的"电子公民中心"网站即可完成各种日常事务，例如查询自己的社会保险账号余额、申请报税、新买的摩托车上牌照、登记义务兵役等。2000 年新加坡政府借助互联网完成了第四次人口普查，普查的速度和效率都比以前得到极大的提高。

10.3 电子商务的应用

10.3.1 电子商务在信息服务中的应用

Internet 最大的优势就在于它能够方便快捷地提供用户需要的各种信息。从某种程度上讲，电子商务最适合的行业就是信息服务业。因为信息服务不需要任何实物形式的交割，整个交易过程可以完全通过 Internet 来完成，实现真正意义上的网上交易。

1. 网上就业信息服务

网上就业信息服务是随着 Internet 的兴起而逐渐发展起来一种新型服务行业。目前我国存在一定的失业率，其中一个很重要原因就在于劳动力供需信息不顺畅。由于我国地域广阔，交通运输条件差，劳动力市场还不完备，各种就业中介机构并未有效投入运作，因而劳动力供求信息的传播速度较低、辐射面较窄，形成有的地区劳动力富余，而有的地区劳动力又紧缺的现象，大大影响了下岗失业人员的再就业。

通过 Internet 提供就业信息服务，一方面把企业对劳动力的需求信息快速及时地发布在 Internet 上，让求职者能够及时了解劳动力市场的需求，调整和完善自己，寻找自己合适的岗位；另一方面，把求职者的信息也及时发布在 Internet 网站上，让劳动力缺乏的企业能够及时从网上找到所需的合适人才，这样一种双向的、互动式的信息服务势必会大大减少摩擦性失业。

2. 法律法规信息服务

法规信息浩如烟海，而每个人需要的信息只是这庞大的信息库中的沧海一粟，这就要求法规信息服务必须全面、准确、快速。鉴于法规信息不断变化,因此法规信息服务又必须能够及时反映出法规的变化情况。通过 Internet 提供法规信息服务可以非常容易地满足这些需求。

3. 网上信息搜索

还有一种信息服务,就是网上信息搜索的门户站点。该种门户站点按照一定的分类和标准集中了众多 Internet 网页的摘要,用户可以输入某些搜索关键词,非常方便地从中找到自己需要的各种信息及其站点。这些搜索门户网站通常采用的经营模式是广告支持模式。

广告支持模式(Advertising-supported Model)是指在线服务商免费向消费者和用户提供信息在线服务,而营业活动全部用广告收入做支持。此模式是目前最成功的电子商务模式之一,例如 Yahoo 和 Lycos 等在线搜索服务网站就是依靠广告收入来维持经营活动。信息搜索对于上网人员在信息浩瀚的互联网上找寻相关信息是最基础的服务,企业也最愿意在信息搜索网站上设置广告,特别是通过付费方式在网上设置广告图标(Banners),网民通过点击图标就可直接到达企业的网站。

在此我们不得不提 Yahoo。Yahoo 是美国两个大学生创办的网上门户站点,仅仅过了 1 年,该网站就"处在了改变世界的位置"上。利用 Yahoo 检索软件,人们可以通过分类检索和主题词检索,从 Internet 上大量的信息中,筛选出与主体相关的有用信息。表面上看来,这是无"利"可图的事,但正是这种本身不赚钱的工作,产生了意想不到的效果。正如该站点的首席执行官杨致远所说:"目前每天大约有 1000 万人次访问我们的主页,我们可以利用那 1000 万人次访问来发现新业务或驱动别人的产品来开发别人的内容,而目前没有其他人有这样的影响力。"这里杨致远讲到的"影响力"是低成本扩张的精髓所在,是低成本扩张的真谛,每天 1000 万人进入 Yahoo 网址,为 Yahoo 的成长营造了巨大的群众基础。一方面,由于 Yahoo 影响力与日俱增,不是 Yahoo 到别人那里做广告,而是别人争先恐后到 Yahoo 上做广告。从 1996-1999 年,Yahoo 广告收入始终处于网络站点广告收入的前列。另一方面,由于 Yahoo 本身知名影响力的极度膨胀,Yahoo 这个品牌直接具有了巨大的价值。1996 年 4 月 12 日雅虎公司股票上市,开盘每股价位定在 13 美元,由于需求惊人,价格迅速被推到 24.50 美元,最高时达到每股 43 美元,最后以每股 33 美元收盘。1999 年初,Yahoo 的创始人杨致远已经拥有了 1.3 亿美元的资产,现在杨致远的身价已经达到了 17 亿美元,身居美国华人财富榜首位。Yahoo 的胜利,杨致远的成功,表明无形、虚拟的 Internet 不是虚设、虚无的,相反的,它是一个蕴藏着巨大商机的宝藏,各行各业都应该审视它的作用,挖掘它的潜能。

4. 传播业

信息传播的基本要求是准确、快速、及时,由于 Internet 传播不需经过印刷、递送等报纸所必须经过的程序,只需要简单地编排,并且信息更新几乎不受任何时空的限制,因此更及时、更快捷。而且用户也不必像买报纸一样把全部信息都买下来才行,他只需根据自己的兴趣和爱好选择自己需要的信息来阅读就行了,完全是一种互动的过程,这可以满足用户的个性化需求。

随着多媒体技术的发展,Internet 上的传播完全可以做到集报纸、广播和电视的功能于一体，并且具有传统传播模式所没有的新的功能。现在新闻信息、音乐、视频节目点播等都可以通过 Internet 来实现，Internet 已经完全变成了一个传统传播无法抗衡的新型媒体。

5. 网上出版物

与传统的印刷出版物相比，网上出版物具有许多特点。首先，两者的存储介质不同，网上出版物的存储形式是网页而不是纸张。而且，网上出版物的成本极为便宜，建立网页并不需要纸张，人们可以方便地在 Internet 上建立自己的网页来宣传自己，发布信息。其生存和发展不再依赖资金而是网页的内容。其次，网上出版物的另一优点是读者面广。谁都喜欢多看一些东西，看自己喜欢的东西，因此，好的网页比好的书报传播得更广，这一现象将随着网络用户的增加而越来越明显。更为重要的是，由于网上出版物使用超文本文件，可以通过超级链接的方式指向互联网中所有与该网页相关的内容，而且网上出版物的表现形式是多媒体，借助图片，视频和音频等手段，可以给读者全方位的感官刺激，收到更好的阅读效果。

作为这样一种具有私人和公共的双重功用的媒体，实现 Internet 的效用从根本上还是依赖于其参与者，也就是用户的增加。这一点和网络的本质是完全吻合的。网络传播信息有着双向性、互动性的特点，客户根据自己的需要获取信息，提出疑问，没有时间、地域的限制。如体育站点吸引众多体育爱好者，是它不仅有实时的体育报道，而且允许体育爱好者在上面发表自己的评论。通过网络还可以得到其他双向的信息服务，如通过网页你可以找到商业机会；通过招聘站点可以寻找工作等。因此，Internet 的信息服务业的发展，在很大程度上要依靠网民的数量、参与的热情，而这要以信息服务本身的质量和是否能吸引网民为前提。

10.3.2 电子商务在旅游业中的应用

旅游电子商务，是指以网络为主体，以旅游信息库、电子化商务银行为基础，利用最先进的电子手段运作旅游业及其分销系统的商务体系。它集合了客户心理学、消费者心理学、商户心理学、计算机网络等多门学科，展现和提升了"网络"和"旅游"的价值，具有运营成本低、用户范围广、无时空限制以及能同用户直接交流等特点，提供了更加个性化、人性化的服务。

旅游电子商务由三个元素构成：电子商务应用软硬件平台及其供应商称平台供应商、旅游企业对旅游企业的在线电子商务模式"B2B"服务商、旅游企业对网上游客的在线电子商务模式"B2C"服务商。这三个元素是相辅相成、互相作用的。

旅游电子商务相对于电子商务中的其他行业而言有两个优势：

（1）作为服务领域的旅游行业较少涉及实物运输，因此旅游电子商务不用面临目前最复杂、费力的物流配送问题；

（2）随着金融业的参与，资金通过网上结算方式直接付款，免去了旅游者携款麻烦。这种建立在优势互补基础上的新运行机制，由于各方面的经营投入与利益获取有着不同的侧重点，很快将形成银行、旅游中介商、旅游产品生产者、旅游者四方得利的共赢局面。

旅游电子商务具有三个特性：

（1）无形性。旅游者在购买旅游产品之前，无法亲自了解，只能从别人的经历或介绍中寻求了解。随着信息技术的发展，网络旅游提供了大量的旅游信息和虚拟旅游产品，网络多媒体给旅游产品提供了"身临其境"的展示机会。这种全新的旅游体验，使足不出户畅游天下的梦想成真，并且培养和壮大了潜在的游客群。

（2）集成性。旅游产品是一个纷繁复杂，多个部分组成的有机整体，把众多的旅游供应商、旅游中介、旅游者联系在一起。通过建立旅游商务网站，景区、旅行社、旅游饭店及旅游相关行业，如租车业的利益都集成在一起，通过同一网站招徕更多的顾客，这样一来，原来市场分散的利润点被集中起来，提高了资源的利用效率。

（3）服务性。旅游业是典型的服务性行业，旅游电子商务也以服务为本，以客户为中心。据 CNNIC 报告，用户选择网络服务商（ISP）首先考虑的因素，第一位是连线速度（占43%），第二位就是服务质量（占24%）；用户认为一个成功网站须具备的最主要的因素，第一位就是信息量大，更新及时，有吸引人的服务（占63.35%）。因此，旅游网站要想具有较高的访问量，拥有越来越多的用户群，产生大量的交易，必须为用户搭建在线交易的平台，提供不同特色、多角度、多种类、高质量、个性化的服务来吸引各种不同类型的消费者。在国外，像 travelsource.com、triplel.com、travelweb.com 等旅游网站，它们以提供大量的旅游信息资源，完善的在线预定，高质量的服务而为广大游客所钟爱。

从某种意义上讲，一个旅游电子商务系统就是把相关旅游服务机构的营业柜台延伸到 Internet 这一新型和极具开发潜力的市场中去。一个完善的旅游电子商务至少应该提供以下四种功能：

（1）信息查询服务。包括旅游服务机构相关信息（如饭店、旅行社以及民航航班等信息）、旅游景点信息、旅游线路信息以及旅游常识；

（2）在线预定服务。主要提供酒店客房、民航班机机票、旅行社旅游线路等方面的实时、动态的在线预定业务；

（3）客户服务。提供可实施 Internet 在线旅游产品预订的客户端应用程序，这些程序使得进行预订的个人以及机关团体与代理人（指上述的酒店、民航、旅行社等相关旅游服务机构）可以进行实时的网上业务洽谈，管理自己的预定纪录；

（4）代理人服务。提供给酒店、民航、旅行社等多种旅游品的代理端应用程序，允许代理人与客户进行实时的网上业务洽谈，管理其旅游产品的预定记录、查阅各种账户信息。

通过上述服务，使旅游者坐在家中、办公室里就能凭借接入 Internet 的计算机进入该系统，查询到欲往城市的相关旅游信息，如城市简介及旅游常识、旅游景点和线路、酒店、票务代理中心、旅行社等；轻点鼠标，就可以根据自己的需要和旅行预算选择并预订入住酒店及相关服务，如客房、娱乐、餐饮、交通以及接待、旅行社的旅游线路和导游服务以及往返机票等。地域空间距离变为鼠标的移动距离，整个过程方便快捷，节省大量时间和费用。

据美国旅游业协会（the Travel Industry Association of America）调查，与旅行社销售额相比，Internet 网络旅游销售额所占市场份额在日益增多。1997 年初步统计 Internet 网络旅游销售额为 8.27 亿美元。到 2002 年，Internet 网络旅游销售额增至 89 亿美元。其中，旅游供应商直销总额占 Internet 网络旅游销售总额的 1/3，比 1997 年增长 22%。据美国康涅迪克州 PhoCusWright 市场调查公司对全球 50 家连锁旅游饭店的调查显示，1999 年通过 Internet 仅预订客房的市场规模就达到 11 亿美元，由于旅游者可在 Internet 网络上直接从旅游供应商那里选择到自己所需的服务，旅游供应商直接与游客接触，有时不再需要旅行代理商这一中间环节，因而又可节省一笔原先支付给旅行代理商的佣金，实现旅游供应商和游客的双赢。

我国旅游网站的建设最早可以追溯到 1996 年。经过几年的发展，国内已经有相当一批具有一定资讯服务实力的旅游网站，这些网站可以提供比较全面的，涉及旅游中食、住、行、游、购、娱等方面的网上资讯服务。这些旅游网站按照不同的侧重点大致可以分为以下五种类型：

（1）由旅游产品（服务）的直接供应商所建。如北京昆仑饭店、上海青年会宾馆、上海龙柏饭店等所建的网站就属于此类型。

（2）由旅游中介服务提供商所建。大致又可分为两类，一类由传统的旅行社所建，如云南丽江南方之旅（www.lijiansouth.com），它是由丽江南方旅行社有限责任公司推出的；另一类是综合性旅游网站，如中国旅游资讯网（www.chinaholiday.com），这类网站一般有风险投资性质，将以其良好的个性服务和强大的交互功能抢占网上旅游市场份额。

（3）政府背景类网站。如航空信息中心下属的以机票预订为主要服务内容的信天游网站（www.travelsky.com），它依托于 GDS（Global Distribution System）。

（4）地方性旅游网站。如金陵旅游专线（www.jltourism.com）、广西华光旅游网（www.gxbcts.com）等，它们以本地风光或本地旅游商务为主要内容。

（5）旅游信息网站。它们为消费者提供大量丰富的、专业性旅游信息资源，有时也提供少量的旅游预订中介服务。如中华旅游报价（www.china-traveller.com）、网上旅游（www.travelcn.com）等。

从服务功能看，旅游网站的服务功能可以概括为以下三类：

（1）旅游信息服务。包括旅游信息的汇集、传播、检索和导航等。这些信息内容一般都涉及景点、饭店、交通旅游线路等方面的介绍；旅游常识、旅游新闻、货币兑换、旅游目的地天气、环境、人文等信息以及旅游观感等；

（2）旅游产品（服务）的在线销售。网站提供旅游及其相关的产品（服务）的各种优惠、折扣，航空、饭店、游船、汽车租赁服务的检索和预定等。

（3）个性化定制服务。从网上订车票、预订酒店、查阅电子地图到完全依靠网站的指导在陌生的环境中观光、购物、娱乐，这种以自订行程、自助价格为主要特征的网络旅游将来会成为国人旅游的主流趋势。

10.3.3　电子商务在商贸中的应用

电子贸易是指国际贸易借助现代电子科技手段，如 EDI、Internet 等实现远程、多边、互连、互交、自动地完成各项交易，也就是通常说的国际电子商务。在国际贸易流程中，从出口前的准备工作到对外洽谈以及整个交易完成的全过程，都可以通过电子商务手段来实现。一般来讲，电子贸易的交易程序包括交易前的准备，交易谈判和签订合同，交易合同的履行和索赔。同时，电子贸易具有信息更"完全"、合作机会增加、商品交易虚拟化、交易透明化、竞争激烈化、交易低成本化、交易快捷化等特点。

1. 国际电子商务的应用

（1）交易前的准备

交易前的准备过程主要是指买卖双方在交易合同签订之前的准备活动。与传统国际贸易不同的是，以国际电子商务为基础的交易前准备，是交易双方通过 Internet 广泛寻找交易机会和交易伙伴，进行价格等成交条件的比较，了解国家和地区的贸易政策、政治和文化背景等的过程和活动。

传统的交易前准备的做法是这样的：买方通过广告等媒体了解所欲购商品的信息、供货商以及价格等等，再进行货源市场调查和市场分析，了解各个卖方国家的贸易政策，修改购货计划和进货计划。接下来是按计划确定购买商品的种类、数量、规格、购货地点、交易方式和双方的权利与义务等。买方一般都要千方百计地寻找自己所需要的产品信息，以充实自己的进货渠道，整个过程费时费力，加上所能得到的信息有限，很难获得最佳货源和最低价格。卖方的传统方法一般是用各种各样的广告、报纸、户外媒体来宣传自己，这种方法和内容就是我们通常所讲的营销策略。卖方也是千方百计地想办法推销自己的产品，除了上门直销以外，最多也只能是通过发布分类广告，然后坐等用户上门的方式来实现。从这个意义上讲，传统的交易前的准备实际上就是买卖双方通过广告等媒体进行商品信息发布、查询和匹配的过程。

而在网络环境中，整个准备过程发生了彻底的改变。在这个过程中，卖方利用 Internet 和各种贸易网络发布商品广告，积极地上网推出自己商品的信息资源，寻找贸易伙伴和交易机会，扩大贸易范围和商品所占市场的份额。买方则随时上网查询自己所需要的商品信息资源，推拉互动，共同完成商品信息的供需实现过程。在国际电子商务系统中，贸易信息的交流，通常都是通过双方的网址和主页来完成，我们把这种支持交易前准备的过程称为交易前支持系统。这种信息的沟通方式无论从效率上，还是从时间、空间的便利上都是传统方法无法比拟的。

（2）交易磋商和签订合同

交易磋商和签订合同主要是指买卖双方对所有交易细节进行谈判，将双方磋商的结果以书面文件形式固定下来，签订相关的电子贸易合同。

在商品买卖双方都了解了有关商品的供需信息后，具体商品交易磋商过程就开始了。在传统的贸易过程中，贸易磋商过程基本上是交易信息的传递过程。这些信息均反映了商品交易双方的价格意向、营销策略、管理要求及详细的商品供需情况。通过邮寄单证传递是贸易磋商中既费时又费力的过程，并且国际邮资昂贵，尤其是在贸易磋商回合较多的情况下更是如此。用电话联系虽然能够达到磋商的目的，但除了也存在费用昂贵的情况外，磋商的结果仍然需要用传递纸面单证的方式来完成。用传真虽然能够达到直接传递纸面单证的目的，但是传真的安全保密性和可靠性不足，一旦发生贸易纠纷，传真件不足以作为法庭仲裁的依据。故在传统的技术条件下，邮寄就成了重要贸易文件传递的惟一途径。

而以国际电子商务为基础的交易磋商的整个过程可以在网上完成。原来交易磋商中的单证交换，交易过程在国际电子商务中演变为记录、文件和报文在网络中的传递过程。各种各样的电子商务系统和专用数据交换协议自动地保证了网络信息传递过程的准确性和安全可靠性。各类商务单证、文件，如：价目表、报价单、发货通知、付款通知等，在国际电子商务中都变成了标准的报文形式，提高了整个交易过程的速度，减少了漏洞和失误，规范了整个商品贸易的过程。

在国际电子商务的应用过程中，以计算机和网络为主要工具的交易，具有很多无法预测的磋商和签订合同的过程，我们把这些支持磋商和签订合同的过程称为交易中支持系统。该系统实际上就是在交易前支持系统的基础上更进一步，它支持着买卖双方完成交易磋商直到合同签订的整个过程。

从商务和技术发展的角度来看，交易中支持系统大大地前进了一步，但是随之而来的问题和系统的复杂程度也大大地增加了。首先是系统必须从技术上确认用户的订货要求没有欺诈和恶作剧行为，其次是确认供应方确实是合法单位并且保证他人不会盗取用户的银行卡信息从事违法活动。因此，这类系统往往在运作机制上较为复杂，通常要求交易各方事先在制定的网络认证中心进行有效性和合法性的注册，只有已注册的用户才能从事网上交易，并且在交易过程中系统将会提供动态联机认证和保密措施。因此这类业务常常发生在一些买卖交易频繁、买卖关系相对比较固定的贸易伙伴之间。

使用国际电子商务的交易中支持系统，合同的签订不再以法律要求的书面文件形式确定磋商的结果，而是以电子合同的方式。交易双方可利用现代电子通讯手段，经过认真谈判和磋商后，将双方买卖商品的种类、数量、价格、交货地点、交货期、付款方式和运输方式、违约和索赔以及其他一些权利和义务等合同条款全部以电子交易合同做出全面详尽的规定，其程序如图 10-1 所示，合同双方可以利用 EDI 进行签约，也可以通过数字签名等方式签订合同。由于网络协议和应用系统自身已经保证了所有贸易磋商日志文件的确定性和安全可靠性，所以买卖双方都可以通过磋商文件来约束贸易行为和执行磋商结果。

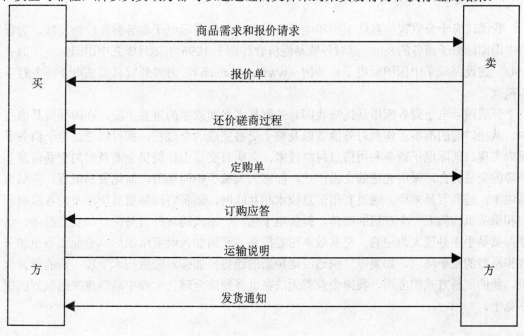

图 10-1 交易磋商程序

(3) 结算付款

买卖双方签订电子合同后,交易涉及的有关各方大大增加,如中介方、银行金融机构、信用卡公司、海关系统、商检系统、保险公司、税务系统、运输公司等。买卖双方要与国际电子商务有关的各方面进行各种电子票据和电子单证的交换,直到办理完可以将所购商品从卖方按合同规定开始向买方发货的一切手续为止。其间最重要的就是电子支付环节。

传统的现金和支票付款方式的资金支付过程在网络环境下将会有很大的改变。改变的结果是,原支票支付方式被电子支票方式所取代;原现金支付方式被信用卡方式所取代。这一切都以国际电子商务中心的电子支付系统即交易后支持系统为基础。该系统是在前两者的基础上再进一步,使之能够完成资金的支付、清算、承运、发/到货管理等。这类系统由于涉及到银行、运输等部门,所以运行机制的复杂程度和系统开发的难度会大大地增加,但用户操作运行的难度并不大。

在交易双方通过协议完成各种交易手续后,商品交付给运输公司起运,可以通过电子贸易系统跟踪货物;银行按照合同及相应的单证支付资金,出具相应的银行单证,最终完成整个交易过程。这一阶段是从买卖双方办完所有手续之后开始,卖方要备货、组货、保管、保险等,然后将所卖商品交付给运输公司方包装起运、发货,买卖双方可以通过电子贸易服务器跟踪发出的货物。银行和金融机构也按照合同处理双方收付款、进行结算,出具相应的银行单据等,直到买方收到自己所购商品,完成了整个交易过程。索赔是在买卖双方交易过程中出现违约时,需要进行违约处理的工作,由受损方向违约方索赔,具体的索赔方案在合同中应有明确的规定。

2. 我国国际电子商务的发展

我国政府十分重视信息化工作和电子商务应用,使国际电子商务得以较快发展,为促进中国国际电子商务的发展,原对外贸易经济合作部于 1996 年 2 月成立中国国际电子商务中心,建设完成了中国国际电子商务网(www.ec.com.cn),为对外贸易实施电子商务打下了基础。

开展国际电子商务应用是提高我国对外贸易水平和效率的重要手段。在国际贸易流程中,从出口前的准备工作到对外洽谈以及整个交易完成的全过程,都可以通过电子商务手段来实现。国际电子商务利用信息网络技术,向所有交易主体提供全面及时的交易信息和平等的交易机会,采用先进的交易模式,能够大大减少中间环节,简化贸易流程,降低贸易成本,提高贸易效率。通过利用信息技术和互联网,逐步将国际贸易所涉及的各政府部门和服务机构构成一个有机的整体,提供电子化、一站式的对外贸易信息与交易服务,这使得贸易手序办理大为便利,交易效率明显提高。我国加入世贸组织后,企业面临更加开放和激烈的竞争环境,如果不尽快适应这种新的趋势,加强对先进技术手段、新的贸易政策、新的贸易方式的应用,我国企业就无法在世界经济全球化大潮中赢得越来越激烈的国际竞争。

10.4 电子商务带来的新型行业

10.4.1 网上拍卖

网上拍卖市场是电子商务领域出现的最新的项目之一。一般来说，网上拍卖可以提高成交速度，扩展拍卖活动的规模和范围，改善整个拍卖过程，产生良好的经济效益。"拍卖室"一般都有一个大的显示牌，上面显示着开始价、商品拍卖信息，交易者向拍卖室中的终端插入会员卡，进行注册。正是这些终端使交易者得以加入到正在进行的拍卖中。注册后，按下终端上的开始钮，就可加入到拍卖程序中，接着，时钟上的价格开始下降。在这种被称为减价拍卖的拍卖方法，价格由开始时的高价逐渐下降，下降到任一交易者愿意接受的价格时，由其通过终端停止这种下降，卖掉的物品将被标上购买认可单。来自任何国家的任何人只要在系统中注册，就可以以买方或卖方身份加入市场开展交易。买方进入Internet 网站，浏览当日拍卖信息，根据这些信息，买者将对这些物品进行评估，并以美元竞标。这些标价被传递到卖者处，和其他顾客的标价一起被自动地分析处理，最后在买卖双方间成交。利用第三国的中介或财务公司确定了付款程序后，物品交由买方运输代理处理，财务公司将佣金给卖方，拍卖方付款给物品所有者。

1. Onsale 网上拍卖

Onsale 公司 从 1995 年开始，以在线拍卖的方式，向顾客提供过剩的和翻新的物品。起初，公司业务主要集中在电脑产品上，但如今，它拥有拍卖和网络超级市场两大业务，经营范围包括电脑产品、软件、电子产品、家庭和办公用品、运动和健康产品、甚至旅游和度假服务等。1996 年公司转亏为盈，此后，公司加大投资于营销和基础设施而在亏损的情况下进行运作。到 1998 年，虽然它仍不能与实力雄厚的网络经销商如 DELL、AMAZON 相提并论，Onsale 的销售收入已可与大的网络公司，如 YAHOO 匹敌！

到 1998 年底，Onsale 的登记顾客已接近 100 万，其中大多数是老顾客，他们平均每年竞拍 20 次。不管是为了竞拍，还是仅仅为了看看拍卖过程，平均每个到访者每次大约花 42 分钟。另外，在 Onsale 网站，虽然每个购买者每年平均花费仅 800 美元，但大约 10%的顾客平均花费高达 4400 美元。公司调查结果显示，66%的顾客访问 Onsale 是想买到某种特殊的、理想的东西；80%以上的购买是顾客自用或用作礼物，其余的则为小企业商用。到 1998 年底，它每天吸引的访问者多达 150000 人次，其中有一半以上是首次到访者。

Onsale 尽量保持拍卖对竞拍者的趣味性，通过经常改变商品的组合，并提供多种拍卖形式，吸引参与者来尝试。最基本的拍卖方式有如下五种：

(1) "英式拍卖"。在同一时间提供大量的相同的待售商品，当拍卖结束时，出价最高者将以其所出的价格赢得该商品。这样，每个赢家可能在最终付出的价格与其他赢家有所不同；

(2) "荷式拍卖"。在该方式下，Onsale 同时提供大量的待售商品，出价最高者可以以出价最低的成功竞拍者的价格获取该产品；

(3) "标准拍卖"。提供单一产品，并只能由出价最高者赢取；

（4）"买或拍买"。Onsale 允许顾客在竞拍时，出价等于甚至低于底价，以期以更低价格购买该产品；

（5）"直销"。Onsale 按标价推出商品，顾客照价下单即可成交。

2. 网上拍卖在中国

或许是受了 eBay 成功的启示，2000 年的时候，中国的拍卖网站一度也多达上百家，其中以雅宝、易趣、酷必得、网猎等最为知名，随着.com 泡沫的破灭，所有的拍卖网站几乎死亡殆尽，只有易趣存活了下来。但随着网络经济逐渐趋于理性，没有了竞争对手的易趣得到了迅速发展，成为中国拍卖网站事实上的霸主，也被称为"中国的 eBay"。而真正的 eBay 此时对于中国的网上拍卖市场也表示出了极大的兴趣。实际上 eBay 对亚洲市场始终相当重视，但是由于在日本市场的失利，eBay 在亚洲的动作变得更加务实和谨慎，eBay 进入韩国和我国台湾地区都是通过收购当地网上拍卖网站的方式进行的。2002 年 3 月，eBay 以 3000 万美元的代价取得了易趣 33%的股权，开始正式进军中国网上拍卖市场；2002 年 6 月 11 日，eBay 以 1.5 亿美元的现金购买了易趣网的剩余股份，一跃成为易趣网的最大股东，尽管双方表示这只是投资而非并购，但 eBay 显然已经取得了易趣事实上的控制权。

2003 年 7 月 8 日，已在 B2B 领域巩固地位的阿里巴巴突然宣布投资 1 亿元成立 C2C 电子商务网站淘宝网。阿里巴巴此举十分意外，因为此前首席执行官马云几乎在所有的场合都表示了阿里巴巴将专注于 B2B 领域，而 1 亿元的投资对阿里巴巴来说不可谓不大。但仔细考虑就会发现这是一个值得下的赌注，中国的电子商务市场，除了易趣以外，几乎已经没有 C2C 的拍卖网站了，而且易趣并不是在苦苦支撑，而是渐入佳境。这一切证明，拍卖网站在中国并不是不可行的，实际上仍然有足够的发展潜力，而中国网民的快速增长可以很好地支撑这一行业的发展。

10.4.2 网上购物与邮政联手

网上购物与邮政联手是具有中国特色的电子商务模式。

（1）网上购物与邮政联手是中国网民真正开始网上购物的最便捷的一步。1999 年北京出现的"网猎竞买"是美国网络加中国邮政的新模式，称为"邮政托收"。其过程如下：

消费者选定某种产品后，把货款存入托收邮局的指定账号，邮局作为买卖双方的中介，通知卖方发货；卖方通过 EMS 将货物交接至消费者。如果消费者认为实收的货物与网上描述的情况有出入，有权拒收货物，EMS 则负责将货物退回卖方，并通知邮政局将货款退回给买方，整个购物流程完全是通过"邮政"连接的。众所周知，电子商务在中国实施所遇到的一个很直接的问题就是消费者在网上购物信心不足。有数据表明，对网上购物持不信任态度者占 90%以上。而邮政可以说是中国最富知名度，在群众中信任程度最高的无形流通品牌，中国人在思想上早已形成了"汇款、寄包裹就找邮政"的思维惯性，这是国内任何其他组织都无法匹敌的，因此网络交易行为由邮政作为中介，最终实现货款交接在消费者心中是"最放心"的。所以，邮政将成为商务交易网站最为强大的后盾，借助这个巨大的品牌后盾，可以顺利地跨越从建立消费者信心到形成真正购买力之间的鸿沟。

（2）正如我们所熟悉的，中国邮政系统不仅仅提供单纯的邮递业务，而是经营包含着邮递、汇款、储蓄、报刊等在内的一系列业务，物流、信息流、货币流集于一体的中国特色邮政将使邮政在网络交易的后期交割中居于特殊的战略地位。同时，邮政储蓄强大的分布网深入民间，使人们在网上购物最担心的电子支付的安全性问题得到有效解决。事实上，中国的各类银行都有可能通过大量增加网点而成为网络购物支付程序的权威机构，但货物的配送，消费者对货物的满意程度，谁负责退货、退款，对于银行来说都是难以解决的问题，而这也正是邮政的优势所在。另外，中国消费者与发达国家尤其是美国有关支付的概念也有所不同。美国网络交易结算方式的70%是用私人支票，而在邮局办理汇款是中国人传统的"支票"，就其本质而言属于可靠度更高的现金支票。国内金融体系的呆板和不完善及银行与银行、银行与消费者之间的画地为牢，使得从电子信用消费设计到安全支付的系列要点问题在邮政这里得到解决。

（3）中国邮政的另一个优势则是它无人企及的覆盖范围，尤其是EMS。中国邮政一直不遗余力地投入个人服务设施的建设，大小分局在各地星罗棋布，EMS的天罗地网更是深入每一寸乡村僻壤，有这种良好的服务网络做后盾，邮政也就顺理成章地成为中国网民网上购物的首选。

10.4.3 新的贸易中介模式

电子商务的出现，在一定程度上改变了市场的基本结构。传统的交易链中的市场交易链，是在商品、服务和货币的交换过程中形成的，现在，电子商务强化了其中的信息因素，于是就出现了电子商务的一种重要参与者——中介机构。大致说来，电子商务中的中介机构一般可以分为三类：

（1）提供电子商务软、硬件服务、通讯服务的各种厂商、制造商和电子商务解决方案提供商；

（2）为商品所有权的转移支付服务的，如金融机构；

（3）为贸易服务的中介机构。下面介绍几个行业的典型中介机构。

① PartNet——零部件中介。PartNet最早于1992年就作为一个研究项目专门开发，主要目的就是使工程师们能够在Internet上方便地找寻零部件。该网络的零部件信息都是直接来自于供应商的数据库，所以提供的信息非常全面、准确。

② Industry.net——虚拟中介市场。Industry.net是位于美国匹兹堡的一家信息技术公司，该公司是目前所开发的中介模式中最著名的公司之一。该公司设立的Industry.net将众多制造厂商集成起来，使他们可以方便地与经销商或其他需要其产品的制造厂商建立联系，他们之间的交易可以直接用EDI成交。目前，在该网址提供产品销售的销售商有4200多家，聚集的采购商达18万家，通过这一虚拟市场进行潜在采购的能力可达1650亿美元。

③ The Paper Site——纸张业的报价网络中介。该网站（http://www.papersite.com）汇集了大量的纸张供应商和采购商，发布有关纸张的最新消息和新闻，向纸张制造厂家提供销售交易的机会。该网站不是就每笔交易收取佣金，而是收取固定的费用。根据目前的到期收费标准，加入该网站成为会员的销售商每月缴纳的服务费在150美元~250美元之间，每次至少要缴纳半年的费用。成为会员后，销售商可以取得软件并自动将其库存产品上传到网页上。客户可以在数据库中按产品的类型来搜寻制造厂家，并且可以比较不同厂家所

报出的出售价格以进行选择。

10.5 电子商务发展的新看点

10.5.1 栅格电子商务（G-commerce）

1. 栅格运算的含义

栅格运算（Grid Computing），源自"电力供应网（Power Grid）"的术语。"Power Grid"意思是根据用户的需要供应电力，而消费者只需支付自己所使用的那部分电费。与此相类似，在电脑的处理性能方面，栅格运算是指通过有效地调整位于全球不同地区的应用程序和资源，增强网络服务的能力，使得众多用户可在大范围的网络上共享处理能力、文件以及应用软件，而无需在意具体的执行和服务过程。栅格运算提供了一个可靠的、动态的、全面的基础设施，集成了超越地区及组织界限的资源、应用程序和服务，从而构建了网络服务的范围，使网络回归了本性。栅格主要由节点、数据库、贵重仪器、可视化设备、宽带骨干及栅格软件等六部分组成。

2. 栅格电子商务的应用

Internet 是计算机资源扩展的需要，而栅格技术的发展是 Internet 进一步发展的需要，构建在 Internet 基础之上的电子商务必然迎来自己的栅格商务时代。过去，Internet 主要提供电子邮件、网页浏览等通信功能，而栅格技术提供的功能则更多、更强，除能提供共享运算、存储及其他资源外，还包括通信、软件、硬件及知识等资源。栅格电子商务将带给企业最优化的资源配置，新型的商业模型和改进的管理模型，可以帮助企业创建虚拟组织等。

3. 发展栅格商务的领头羊——IBM 公司

美国 IBM 公司很早就开始进行栅格技术的商用开发，该公司确立了名为"Grid Computing Initiative"的项目，准备探索在企业中的应用问题。"Grid Computing Initiative"项目的目的是在客户企业需要时构筑必要的处理系统，该项目从技术角度看可分为两个侧面：

（1）Peer to Peer（或者叫做 Clustering）。

（2）Time Sharing 技术。对 IBM 而言，该开发设想是基于开拓国防部和情报机构等潜在的巨大市场，实现大量销售硬件的企业战略。而从长期来看，IBM 可以通过这一项目构筑起高速度的研发基础设施，不仅是以前的外包业务，就是 Web 服务等更大范围的项目也都可以使用，即使对于纯粹需要计算能力的用户（研究机构、设计及从事电影和电视特殊效果制作的人员），也将是非常有用的资源。

10.5.2 移动电子商务

移动电子商务是指通过手机、个人数字助理（PDA）和掌上电脑等手持移动终端进行的商务活动。与传统通过电脑平台开展的电子商务相比，拥有更为广泛的用户基础，市场前景更为广阔。

移动电子商务的主要特点是灵活、简单、方便。它能完全根据消费者的个性化需求进行定制，采用什么样的设备，需要什么样的服务完全由用户自己控制。通过移动电子商务，用户可随时随地获取所需的信息，享受定制的服务。服务付费可通过多种方式完成，可直接转入银行、用户电话账单或者实时在专用预付账户上借记，以满足不同需求。

一般来讲，移动电子商务主要提供以下服务：

1. 无线应用协议（WAP）

WAP 是开展移动电子商务的核心技术之一。通过 WAP，手机可以随时随地、方便快捷地接入互联网，真正实现不受时间和地域约束的移动电子商务。WAP 是一种通信协议，它的提出和发展是基于在移动中接入 Internet 的需要。WAP 提供了一套开放、统一的技术平台，用户使用移动设备很容易访问和获取以统一的内容格式表示的 Internet 或企业内部网信息和各种服务，它定义了一套软硬件的接口，可以使人们像使用 PC 机一样使用移动电话收发电子邮件以及浏览 Internet 网站。同时，WAP 提供了一种应用开发和运行环境，能够支持当前最流行的嵌入式操作系统。WAP 支持目前使用的绝大多数无线通信设备，包括移动电话、FLEX 寻呼机、双向无线电通信设备等等。在传输网络上，WAP 也支持目前流行的各种移动网络，如 GSM、CDMA、PHS 等，它也可以支持未来的第三代移动通信系统。WAP 最主要的缺陷在于应用产品所依赖的无线通信线路带宽。

2. 移动 IP

移动 IP 通过在网络层改变 IP 协议，从而实现移动计算机在 Internet 中的漫游。移动 IP 技术使得节点在从一条链路切换到另一条链路上时无需改变它的 IP 地址，也不必中断正在进行的通信。移动 IP 技术在一定程度上能够很好地支持移动电子商务的发展和应用，但是目前它的发展也面临一些问题，比如移动 IP 协议运行时的三角形路径问题，移动主机的安全性和功耗问题等。

3. "蓝牙"（Bluetooth）

Bluetooth 是由爱立信、IBM、诺基亚、英特尔和东芝共同推出的一项短程无线联接标准，旨在取代有线连接，实现数字设备间的无线互联，以便确保大多数常见的计算机和通信设备之间可方便地进行通信。"蓝牙"作为一种低成本、低功率、小范围的无线通信技术，可以使移动电话、个人电脑、PDA、便携式电脑、打印机及其他计算机设备在短距离内进行无线通信。例如，使用移动电话在自动售货机处进行电子支付，这是实现无线电子钱包的关键技术之一。

4. 通用分组无线业务（GPRS）

传统的 GSM 网中，用户除通话以外最高只能以 9.6kb/s 的传输速率进行数据通信，如 Fax、E-mail、FTP 等，这种速率只能用于传送文本和静态图像，但无法满足传送视频的需求。GPRS 突破了 GSM 网只能提供电路交换的思维定式，将分组交换模式引入到 GSM 网络中。它通过仅仅增加相应的功能实体和对现有的基站系统进行部分改造来实现分组交换，从而提高资源的利用率。GPRS 能快速建立连接，适用于频繁传送小数据量业务或非频繁传送大数据量业务。GPRS 是 2.5 代移动通信系统，由于 GPRS 是基于分组交换的，用户可以保持永远在线。

5. 移动定位系统

移动电子商务的主要应用领域之一就是基于位置的业务，如它能够向旅游者和外出办公的公司员工提供当地新闻、天气及旅馆等信息。这项技术将会为本地旅游业、零售业和餐馆业的发展带来巨大商机。

6. 第三代（3G）移动通信系统

经过 2.5G 发展到 3G 之后，无线通信产品将为人们提供速率高达 2Mb/s 的宽带多媒体业务，支持高质量的话音、分组数据、多媒体业务和多用户速率通信，这将彻底改变人们的通信和生活方式。3G 作为宽带移动通信，将手机变为集语音、图像、数据传输等诸多应用于一体的未来通信终端。这将进一步促进全方位的移动电子商务得以实现和广泛地开展，如实时视频播放。

移动电子商务经过数年的发展，在实际应用中也暴露出许多的问题和弊端，概括起来主要有以下几点：

（1）安全性。相对于传统的电子商务模式，移动电子商务的安全性更加薄弱。如何保护用户的合法信息不受侵犯，是一项迫切需要解决的问题。除此之外，目前我国还应解决好电子支付系统、商品配送系统等安全问题。可行的方法是吸收传统电子商务的安全防范措施，结合移动电子商务的特点，开发轻便高效的安全协议，如面向应用层的加密（如电子签名）和简化的 IPSEC 协议等，同时，建立健全有关移动电子商务的各项法律法规，为移动电子商务的发展保驾护航。

（2）无线信道资源匮乏、质量较差。与有线通信相比，对无线频谱和功率的限制使其带宽较小，带宽成本较高，同时分组交换的发展使得信道变为共享；时延较大；连接可靠性较低，超出覆盖区域时，服务则拒绝接入。所以服务提供商应优化网络带宽的使用，同时增加网络容量，提高连接稳定性以提供更加可靠的服务。

（3）改进移动终端的功能设计。为了吸引更多的人应用移动电子商务，必须向客户提供方便可靠和具备多种功能的移动终端设备，采用人性化的设计，让客户可以轻松、快捷地使用移动电子商务。

10.5.3 中间件

1. 什么是中间件

2000 年 5 月的某一天，美国司法部勉强同意再多给微软 60 天的时间，来完成它提出的行为补救措施。这些行为补救措施将迫使微软改造其产品，销售没有所谓"中间件"的 Windows 操作系统。按照美国司法部的定义，"中间件"不仅包括互联网浏览器和汇流媒体应用程序，还包括任何一种微软的竞争对手称为"中间件"的应用程序。

中间件其实是一个非常新的概念，不过实践往往会走在理论的前面，有些软件在中间件的概念产生以前可能就已经存在了。此外，有些软件虽然不是作为中间件开发出来的，但是符合中间件的定义。目前国内外有不少厂商都号称是中间件技术的开发商和产品提供商，但他们对技术的阐述和产品功能的介绍却是千差万别，这就给中间件的分类带来了一定的困难。在此，按照 IDC 的分类方法，中间件可分为六类。

（1）终端仿真/屏幕转换：用以实现客户机图形用户接口与已有的字符接口方式的服务器应用程序之间的互操作；

（2）数据访问中间件：是为了建立数据应用资源互操作的模式，对异构环境下的数据库实现联接或文件系统实现联接的中间件；

（3）远程过程调用中间件：通过这种远程过程调用机制，程序员编写客户方的应用，需要时可以调用位于远端服务器上的过程；

（4）消息中间件：用来屏蔽掉各种平台及协议之间的特性，进行相互通信，实现应用程序之间的协同；

（5）交易中间件：是在分布、异构环境下提供保证交易完整性和数据完整性的一种环境平台；

（6）对象中间件：在分布、异构的网络计算环境中，可以将各种分布对象有机地结合在一起，完成系统的快速集成，实现对象重用。

2．中间件在电子商务中的应用

电子商务的本质就是对处于分布环境中的各种计算机系统进行交流协调，从而开创新的商业运作模式。网络通信，尤其是互联网技术，是电子商务的通信基础，而管理和传输系统之间的业务信息、协调各个系统的处理模块的中间管理服务系统，是保证电子商务应用成功的关键。电子商务应用服务器、通用业务网关、支付网关、通信平台和安全平台，都可以纳入中间件构架的范畴。

从技术角度看，电子商务将由 Internet/Intranet 技术、传统 IT 技术以及具体的业务处理所构成。但是，系统的建立将会面临许多新的问题，包括应用系统能不能快速地建立，能不能适应大用户数、高处理量要求，能不能提供高效率、高可靠性的服务，能不能满足安全需要等等。

以上这些问题，仅仅依靠 Web 技术是不够的。目前常用的 Web 技术由于早期主要是面向信息发布的，因此存在并发访问瓶颈、难扩展、效率低、安全等诸多问题。为了解决这些问题，需要以 Web 的低层技术为基础，规划出一个整体的应用框架，并提供一个支持平台，用于 Internet 应用的开发、部署和管理。这已经发展成为一个能广泛适应的标准的支撑层，成为 Internet 应用的基础设施（Infrastructure），这一支撑层实际上就是基于 Internet 的中间件，也就是应用服务器。同时，由于企业并不能把业务一步跨到 Internet 上，而必须同传统的应用系统结合，因此也必须通过中间件来集成 Web 应用和传统应用，实现完整的电子商务。

在这种情况下，电子商务应用应包含以下层次：

（1）浏览器：这是进入电子商务的通道。

（2）电子商务应用平台：提供电子商务不同应用类型的生成工具软件，如网上商店、网络支付、虚拟社区等等。

（3）电子商务交换平台：对内集成企业内部的各种与电子商务相关的业务系统，对外连接商业合作伙伴，如银行、供应商、客户、配送系统等，完成整个供应链中各种不同业务系统之间的数据转换和整合。

（4）电子商务基础平台：用来支持大量 Internet 客户的并发访问，使应用开发商快速开发出灵活多变的电子商务应用，尽快把信息系统和商务活动移植到 Internet 中。

附 录

附录1："网络交易平台服务规范"(全文)

第1章 总 则

第一条 目的

为规范网络交易平台交易服务，保障交易安全，保护相关当事人的合法权益，营造公平、诚信的交易环境，促进电子商务快速、健康发展，依据中华人民共和国有关法律法规制定本服务规范。

第二条 相关定义

网络交易——指发生在信息网络中企业之间（Business to Business，简称 B2B）、企业和消费者之间（Business to Consumer，简称 B2C）以及个人与个人之间（Consumer to Consumer，简称 C2C）通过网络通信手段缔结的交易。

网络交易平台——指为各类网络交易（包括 B2B、B2C 和 C2C 交易）提供网络空间以及技术和交易服务的计算机网络系统。

网络交易平台提供商——指从事网络交易平台运营和为网络交易主体提供交易服务的法人。

网络交易服务——指网络交易平台提供商为交易当事人提供缔结网络交易合同所必需的信息发布、信息传递、合同订立和存管等服务。

网络交易辅助服务——指为优化网络交易环境和促进网络交易，由网络交易服务提供商或其他服务机构提供的安全认证、在线支付、交易保险等服务。

垃圾邮件——未经请求的邮件及非法邮件，指未经收件人同意大量发送的电子邮件，且所发送的邮件不具有退订功能或者收件人无法拒绝接收的，或在收件人向发件人提出退订请求或者拒绝接受其所发送的邮件后，发件人仍然发送的电子邮件。

第三条 基本规定

网络交易平台提供商和交易当事人应当遵守《中华人民共和国民法通则》、《中华人民共和国合同法》、《中华人民共和国电子签名法》、《互联网信息服务管理办法》及《消费者权益保护法》、《中华人民共和国广告法》等相关法律法规。

本规范由中国电子商务协会组织起草，并在企业中推广，鼓励企业自愿参与，实现行业自律。

第四条 本规范调整范围

本规范主要调整网络交易平台提供商及网络交易各方的网络交易行为。

第五条 网络交易标的的限制

凡中华人民共和国法律规定禁止流通的物品与服务,不得通过网络交易方式进行;限制流通及涉及不动产、证券交易和其他受管制交易的网络交易,必须遵守相关规定。网络交易服务提供商应当指导并督促交易当事人遵守相关规定。

第2章 网络交易平台提供商

第六条 制度建设

网络交易平台提供商应尽快建立健全其规章制度,包括:交易规则、交易安全保障与备份制度、信息披露与审核制度、隐私权与商业秘密保护制度、消费者权益保护制度、不良信息及垃圾邮件举报处理机制等。

网络交易平台提供商可以将以上相关规章制度报送中国电子商务协会备案。中国电子商务协会可以根据实际情况协助企业完善相关制度。

第七条 运营管理

网络交易平台提供商应采取必要的技术手段和管理措施以保证网络交易平台的正常运行,提供必要及可靠的交易环境和交易服务,维护网络交易秩序。

网络交易平台提供商应将交易信息和交易情况在不违反隐私保护及国家相关法律法规要求的前提下通过系统设置告知交易当事人;妥善保管交易当事人提交的资料;按照约定为交易当事人保守商业秘密。

网络交易平台提供商不得通过技术或者其他手段阻碍交易当事人实施查询商品信息和自由选择商品等行为;不得采取胁迫、欺诈、贿赂或恶意串通等手段,促成交易或者阻止交易。

网络交易平台提供商应高度重视交易的安全性,采取合理可行的措施保障交易的安全,包括技术措施、管理措施和法律措施。在发现其交易平台上有违法行为时,应采取适当措施及时制止并及时向有关部门反映。

网络交易平台如果只作为网络交易的信息传递渠道,责任承担以相应应尽义务范围为限。

第八条 信息监管

网络交易平台提供商不得主动制作、复制、传播《互联网信息服务管理办法》第15条规定的有害信息及国家相关法律法规规定的有害信息、不良信息;应当监控用户发布的商品信息、公开论坛和用户反馈栏中的信息,对于知道或被告知存在有害信息的应当立即删除,保存有关记录,并向国家有关机关报告。

如有第三人主张网络交易平台中的信息或公开论坛、用户反馈等栏目中的信息侵犯其合法权益，在第三人提供其身份证明及事实证明的情况下，网络交易平台提供商应当予以删除。

第九条 用户注册管理

网络交易平台应要求交易当事人进行用户注册。网络交易平台提供商应在可行的范围内采取合理措施对用户注册信息的真实性进行形式审查。

对于交易当事人注册时提供的信息，在系统条件允许及法律规定的范围内，交易当事人有权进行查询、浏览和修改，网络交易平台提供商不得设置不合理的障碍。对于经过验证的用户信息，交易当事人如果需要修改，应该提供相应的证明。

第十条 用户协议

网络交易平台须制定自己的用户协议，确定与用户之间的权利与义务。在用户注册时，交易平台应当提供充分的机会使用户知悉并同意用户协议，并采用合理和显著的方式提请用户注意用户义务和责任条款，尤其是限制用户权利、加重义务的条款。

经用户同意的用户协议在网络交易平台提供商与用户之间具有约束力，因违反法律而无效的除外。

第3章 网络交易服务

第十一条 交易规则的制定

网络交易平台须制定平台的交易规则，且交易规则不得违反《中华人民共和国合同法》及其他相关法律中关于格式条款的规定，不得损害消费者或其他当事人的合法权益。

第十二条 交易规则的显示

网络交易平台提供商应该在其网站主页面上链接或显示其网络交易平台的交易规则，并从技术上保证交易用户能够便利、完整地阅览和保存其交易规则。

第十三条 交易规则的修改

网络交易平台提供商可以在合适的时候修改其交易规则，但须至少提前10日以有效的方式，包括以数据电文方式或其他方式通知所有交易当事人。交易当事人可以选择接受或者不接受。如果当事人不接受，应注销其账户，停止使用网络交易平台提供商的服务；如果当事人继续使用网络交易平台的服务，视为其接受新的规则。

第十四条 电子签名的使用

网络交易平台可以为交易双方使用电子签名等技术手段确认交易者身份和确保交易信息安全提供便捷的渠道。

第十五条　网络广告管理

网络交易平台提供商发布的网络广告应符合《中华人民共和国广告法》和相关法律法规、部门规章的要求。

第十六条　资料存储管理

网络交易平台提供商应尽谨慎义务保存在其平台上发生的网络交易的相关信息、记录或资料，确保资料的完整性和准确性并使其日后可以调取查用，且保存时间不得少于3年，自交易完成之日起计算。

网络交易平台提供商应当采取数据备份、故障恢复等技术手段确保网络交易数据和资料的完整性和安全性。

第4章　网络交易辅助服务

第十七条　网络交易辅助服务的实施

网络交易平台提供商在依法取得相应资质后可为交易当事人提供网络交易辅助服务。

第十八条　网络交易辅助服务提供商的管理

其他网络交易辅助服务提供商利用网络交易平台提供服务的，网络交易平台提供商应与之签订协议。

第十九条　信用管理

网络交易平台提供商可为交易当事人提供科学合理的信用评估系统，与信用服务机构合作建立信用评价体系、信用披露制度以警示交易风险。

中国电子商务协会鼓励网络交易平台提供商之间针对缺乏诚信的交易者开展必要的信息交流。

第5章　交易安全保护

第二十条　消费者权益保护

本条适用于B2C电子商务交易。

在B2C交易中，网络交易平台提供商在其服务过程中应从技术和管理上充分尊重和保护消费者的合法权益。

网络交易平台提供商应尽合理谨慎义务定期核验其平台上的交易当事人的经营凭证，并根据相关法律要求通过适当方法公布，以使消费者可以查询和知悉。

在消费者合法权益受到侵害时，网络交易平台提供商应积极协助消费者向有关交易当事人追偿，尽可能为消费者提供必要的网上纠纷处理机制和申诉渠道。

第二十一条　隐私权保护

用户的个人信息归提供者所有，仅能被用于与网络交易、提供网络交易平台服务等相关的活动，不得用于其他目的。

网络交易平台提供商应当与用户签订隐私权保护协议，并采取妥善的安全保密措施保护所有涉及用户隐私的信息。

非经用户同意，网络交易平台提供商不得以营利为目的向任何第三方披露、转让、使用或出售交易当事人名单、交易记录等涉及用户隐私或商业秘密的数据，但法律、行政法规另有规定的除外。

第二十二条　垃圾邮件的控制

网络交易平台提供商不得发送垃圾电子邮件，并应采取必要的措施杜绝垃圾电子邮件的传播。

第6章　公平竞争及其他

第二十三条　鼓励公平竞争

鼓励网络交易平台提供商之间的公平竞争，网络交易服务商应遵守反不正当竞争法等有关国家法律法规的规定。

第二十四条　保护知识产权

网络交易平台提供商应尊重网上的知识产权，不得侵犯网上的知识产权并采取必要手段保护网上的版权、商标权、域名等权益。在明知网络用户通过网络实施侵犯他人知识产权的行为，并经知识产权权利人提出确有证据的警告，应采取移除侵权内容等措施以消除侵权后果。

如大量使用版权作品，可以与著作权集体管理组织取得联系，中国电子商务协会可以提供必要的帮助。

第二十五条　创新与研发

网络交易平台提供商应加强商业模式、服务模式和技术手段的创新，发展适合我国国情的网络交易服务模式。

第7章　罚则

第二十六条　处罚

网络交易平台违反本规范的相关条款，中国电子商务协会将通知网络交易平台提供商限期改正；中国电子商务协会将接受用户和社会各界的监督。

第8章 附则

第二十七条 条款修改

中国电子商务协会可视网络交易发展变化情况,组织网络交易平台提供商共同修改本规范有关条款。

第二十八条 实施

本规范自2005年4月18日起开始实施。

附录2:关于加快电子商务发展的若干意见

国办发[2005]2号

各省、自治区、直辖市人民政府,国务院各部委、各直属机构:

电子商务是国民经济和社会信息化的重要组成部分。发展电子商务是以信息化带动工业化,转变经济增长方式,提高国民经济运行效率和质量,走新型工业化道路的重大举措,对实现全面建设小康社会的宏伟目标具有十分重要的意义。近年来,随着信息技术的发展和普及,我国电子商务快速发展,应用初见成效,促进了国民经济信息化的发展。但是,与发达国家相比仍处在起步阶段,还存在着应用范围不广、水平不高等问题,促进电子商务发展的政策环境急需完善。为贯彻落实党的十六大提出的信息化发展战略和十六届三中全会关于加快发展电子商务的要求,经国务院同意,现就加快我国电子商务发展有关问题提出以下意见。

一、充分认识电子商务对国民经济和社会发展的重要作用

(1)推进电子商务是贯彻科学发展观的客观要求,有利于促进我国产业结构调整,推动经济增长方式由粗放型向集约型转变,提高国民经济运行效率和质量,形成国民经济发展的新动力,实现经济社会的全面协调可持续发展。

(2)加快电子商务发展是应对经济全球化挑战、把握发展主动权、提高国际竞争力的必然选择,有利于提高我国在全球范围内配置资源的能力,提升我国经济的国际地位。

(3)推广电子商务应用是完善我国社会主义市场经济体制的有效措施,将有力地促进商品和各种要素的流动,消除妨碍公平竞争的制约因素,降低交易成本,推动全国统一市场的形成与完善,更好地实现市场对资源的基础性配置作用。

二、加快电子商务发展的指导思想和基本原则

(4)加快电子商务发展的指导思想。按照科学发展观的要求,紧紧围绕转变经济增长方式、提高综合竞争力的中心任务,实行体制创新,着力营造电子商务发展的良好环境,

积极推进企业信息化建设，推广电子商务应用，加速国民经济和社会信息化进程，实施跨越式发展战略，走中国特色的电子商务发展道路。

（5）加快电子商务发展的基本原则。

（6）政府推动与企业主导相结合。完善管理体制，优化政策环境，加强基础设施建设，提高服务质量，充分发挥企业在开展电子商务应用中的主体作用，建立政府与企业的良性互动机制，促进电子商务与电子政务协调发展。

（7）营造环境与推广应用相结合。加强政策法规、信用服务、安全认证、标准规范、在线支付、现代物流等支撑体系建设，营造电子商务发展的良好环境，推广电子商务在国民经济各个领域的应用，以环境建设促进应用发展，以应用带动环境建设。

（8）网络经济与实体经济相结合。把电子商务作为网络经济与实体经济相结合的实现形式，以技术创新推动管理创新和体制创新，改造传统业务流程，促进生产经营方式由粗放型向集约型转变。

（9）重点推进与协调发展相结合。围绕电子商务发展的关键问题和关键环节，积极开展电子商务试点，推进国民经济重点领域的电子商务应用，探索多层次、多模式的中国特色电子商务发展道路，促进各类电子商务应用的协调发展。

（10）加快发展与加强管理相结合。抓住电子商务发展的战略机遇，在大力推进电子商务应用的同时，建立有利于电子商务健康发展的管理体制，加强网络环境下的市场监管，规范在线交易行为，保障信息安全，维护电子商务活动的正常秩序。

三、完善政策法规环境，规范电子商务发展

（11）加强统筹规划和协调配合。加紧编制电子商务发展规划，明确电子商务发展的目标、任务和工作重点。建立健全相互协调、紧密配合的组织保障体系和工作机制。

（12）推动电子商务法律法规建设。认真贯彻实施《中华人民共和国电子签名法》，抓紧研究电子交易、信用管理、安全认证、在线支付、税收、市场准入、隐私权保护、信息资源管理等方面的法律法规问题，尽快提出制订相关法律法规的意见；根据电子商务健康有序发展的要求，抓紧研究并及时修订相关法律法规；加快制订在网上开展相关业务的管理办法；推动网络仲裁、网络公证等法律服务与保障体系建设；打击电子商务领域的非法经营以及危害国家安全、损害人民群众切身利益的违法犯罪活动，保障电子商务的正常秩序。

（13）研究制定鼓励电子商务发展的财税政策。有关部门应本着积极稳妥推进的原则，加快研究制定电子商务税费优惠政策，加强电子商务税费管理；加大对电子商务基础性和关键性领域研究开发的支持力度；采取积极措施，支持企业面向国际市场在线销售和采购，鼓励企业参与国际市场竞争。政府采购要积极应用电子商务。

（14）完善电子商务投融资机制。建立健全适应电子商务发展的多元化、多渠道投融资机制，研究制定促进金融业与电子商务相关企业互相支持、协同发展的相关政策。加强政府投入对企业和社会投入的带动作用，进一步强化企业在电子商务投资中的主体地位。

四、加快信用、认证、标准、支付和现代物流建设,形成有利于电子商务发展的支撑体系

(15)加快信用体系建设。加强政府监管、行业自律以及部门间的协调与联合,鼓励企业积极参与,按照完善法规、特许经营、商业运作、专业服务的方向,建立科学、合理、权威、公正的信用服务机构;建立健全相关部门间信用信息资源的共享机制,建设在线信用信息服务平台,实现信用数据的动态采集、处理、交换;严格信用监督和失信惩戒机制,逐步形成既符合我国国情又与国际接轨的信用服务体系。

(16)建立健全安全认证体系。按照有关法律规定,制订电子商务安全认证管理办法,进一步规范密钥、证书、认证机构的管理,注重责任体系建设,发展和采用具有自主知识产权的加密和认证技术;整合现有资源,完善安全认证基础设施,建立布局合理的安全认证体系,实现行业、地方等安全认证机构的交叉认证,为社会提供可靠的电子商务安全认证服务。

(17)建立并完善电子商务国家标准体系。提高标准化意识,充分调动各方面积极性,抓紧完善电子商务的国家标准体系;鼓励以企业为主体,联合高校和科研机构研究制定电子商务关键技术标准和规范,参与国际标准的制定和修正,积极推进电子商务标准化进程。

(18)推进在线支付体系建设。加紧制订在线支付业务规范和技术标准,研究风险防范措施,加强业务监督和风险控制;积极研究第三方支付服务的相关法规,引导商业银行、中国银联等机构建设安全、快捷、方便的在线支付平台,大力推广使用银行卡、网上银行等在线支付工具;进一步完善在线资金清算体系,推动在线支付业务规范化、标准化并与国际接轨。

(19)发展现代物流体系。充分利用铁道、交通、民航、邮政、仓储、商业网点等现有物流资源,完善物流基础设施建设;广泛采用先进的物流技术与装备,优化业务流程,提升物流业信息化水平,提高现代物流基础设施与装备的使用效率和经济效益;发挥电子商务与现代物流的整合优势,大力发展第三方物流,有效支撑电子商务的广泛应用。

五、发挥企业的主体作用,大力推进电子商务应用

(20)继续推进企业信息化建设。企业信息化是电子商务的基础,要不断提升企业信息化水平,促进业务流程和组织结构的重组与优化,实现资源的优化配置和高效应用,增强产、供、销协同运作能力,提高企业的市场反应能力、科学决策水平和经济效益。

(21)重点推进骨干企业电子商务应用。要充分发挥骨干企业在采购、销售等方面的带动作用,以产业链为基础,以供应链管理为重点,整合上下游关联企业相关资源,实现企业间业务流程的融合和信息系统的互联互通,推进企业间的电子商务,提高企业群体的市场反应能力和综合竞争力。

(22)推动行业电子商务应用。紧密结合行业特点,研究制订行业电子商务规范,切实做好重点行业电子商务试点示范,推广具有行业特点的电子商务经验,探索行业电子商务发展模式;建立行业信息资源共享和交换机制,促进行业内有序竞争与合作,提高行业的信息化及电子商务应用水平。

(23)支持中小企业电子商务应用。提高中小企业对电子商务重要性的认识,扶持服务

中小企业的第三方电子商务服务平台建设,解决中小企业在投资、人才等方面存在的问题,促进中小企业应用电子商务提高商务效率,降低交易成本,推进中小企业信息化。

(24)促进面向消费者的电子商务应用。发展面向消费者的新型电子商务模式,创新服务内容,建立并完善企业、消费者在线交易的信用机制,扩大企业与消费者、消费者与消费者之间电子商务的应用规模。高度重视并积极推进移动电子商务的应用与发展。

六、提升电子商务技术和服务水平,推动相关产业发展

(25)发展电子商务相关技术装备和软件。积极引进、消化、吸收国外先进适用的电子商务应用技术,鼓励技术创新,加快具有自主知识产权的电子商务硬件和软件产业化进程,提高电子商务平台软件、应用软件、终端设备等关键产品的自主开发能力和装备能力。

(26)推动电子商务服务体系建设。充分利用现有资源,发挥中介机构的作用,加强网络化、系统化、社会化的服务体系建设,开展电子商务工程技术研究、成果转化、咨询服务、工程监理等服务工作,逐步建立和完善电子商务统计和评价体系,推动电子商务服务业健康发展。

七、加强宣传教育工作,提高企业和公民的电子商务应用意识

(27)加大电子商务宣传力度。充分利用各种媒体,采用多种形式,加强电子商务的宣传、知识普及和安全教育工作,强化守法、诚信、自律观念的引导和宣传教育,提高社会各界对发展电子商务重要性的认识,增强企业和公民对电子商务的应用意识、信息安全意识。

(28)加强电子商务的教育培训和理论研究。高等院校要进一步完善电子商务相关学科建设,培养适应电子商务发展需要的各类专业技术人才和复合型人才,加强电子商务理论研究;改造和完善现有教育培训机构,多渠道强化电子商务继续教育和在职培训,提高各行业不同层次人员的电子商务应用能力。

八、加强交流合作,参与国际竞争

(29)加强国际交流与合作。积极参加有关电子商务的国际组织,参与国际电子商务重要规则、条约与示范法的研究和制定工作。密切跟踪研究国际电子商务发展的动态和趋势,加强技术合作,推动市场融合,不断提高我国电子商务的整体水平。

(30)积极参与国际竞争。企业要强化国际竞争意识,积极应用电子商务开拓国际市场,提高国际竞争能力。有关部门要提高服务意识和服务水平,发挥信息资源优势,为企业走向国际市场提供及时准确的信息和优质的服务。

发展电子商务是党中央、国务院做出的完善社会主义市场经济体制、加速国民经济和社会信息化进程、提高国民经济运行效率和质量的战略决策,各地区、各部门要充分认识发展电子商务的重要性和紧迫性,积极发挥职能作用,密切协同配合,制定并不断完善加快电子商务发展的具体政策措施,推进我国电子商务健康发展。

中华人民共和国国务院办公厅
二〇〇五年一月八日

附录3：中华人民共和国电子签名法

中华人民共和国主席令第十八号

《中华人民共和国电子签名法》已由中华人民共和国第十届全国人民代表大会常务委员会第十一次会议于 2004 年 8 月 28 日通过，现予公布，自 2005 年 4 月 1 日起施行。

中华人民共和国主席　胡锦涛
2004 年 8 月 28 日

第 1 章　总则

第一条　为了规范电子签名行为，确立电子签名的法律效力，维护有关各方的合法权益，制定本法。

第二条　本法所称电子签名，是指数据电文中以电子形式所含、所附用于识别签名人身份并表明签名人认可其中内容的数据。

本法所称数据电文，是指以电子、光学、磁或者类似手段生成、发送、接收或者储存的信息。

第三条　民事活动中的合同或者其他文件、单证等文书，当事人可以约定使用或者不使用电子签名、数据电文。

当事人约定使用电子签名、数据电文的文书，不得仅因为其采用电子签名、数据电文的形式而否定其法律效力。

前款规定不适用下列文书：
（1）涉及婚姻、收养、继承等人身关系的；
（2）涉及土地、房屋等不动产权益转让的；
（3）涉及停止供水、供热、供气、供电等公用事业服务的；
（4）法律、行政法规规定的不适用电子文书的其他情形。

第 2 章　数据电文

第四条　能够有形地表现所载内容，并可以随时调取查用的数据电文，视为符合法律、法规要求的书面形式。

第五条　符合下列条件的数据电文，视为满足法律、法规规定的原件形式要求：
（1）能够有效地表现所载内容并可供随时调取查用；
（2）能够可靠地保证自最终形成时起，内容保持完整、未被更改。但是，在数据电文上增加背书以及数据交换、储存和显示过程中发生的形式变化不影响数据电文的完整性。

第六条　符合下列条件的数据电文，视为满足法律、法规规定的文件保存要求：
（1）能够有效地表现所载内容并可供随时调取查用；
（2）数据电文的格式与其生成、发送或者接收时的格式相同，或者格式不相同但是能够准确表现原来生成、发送或者接收的内容；

（3）能够识别数据电文的发件人、收件人以及发送、接收的时间。

第七条　数据电文不得仅因为其是以电子、光学、磁或者类似手段生成、发送、接收或者储存的而被拒绝作为证据使用。

第八条　审查数据电文作为证据的真实性，应当考虑以下因素：

（1）生成、储存或者传递数据电文方法的可靠性；

（2）保持内容完整性方法的可靠性；

（3）用以鉴别发件人方法的可靠性；

（4）其他相关因素。

第九条　数据电文有下列情形之一的，视为发件人发送：

（1）经发件人授权发送的；

（2）发件人的信息系统自动发送的；

（3）收件人按照发件人认可的方法对数据电文进行验证后结果相符的。

当事人对前款规定的事项另有约定的，从其约定。

第十条　法律、行政法规规定或者当事人约定数据电文需要确认收讫的，应当确认收讫。发件人收到收件人的收讫确认时，数据电文视为已经收到。

第十一条　数据电文进入发件人控制之外的某个信息系统的时间，视为该数据电文的发送时间。

收件人指定特定系统接收数据电文的，数据电文进入该特定系统的时间，视为该数据电文的接收时间；未指定特定系统的，数据电文进入收件人的任何系统的首次时间，视为该数据电文的接收时间。

当事人对数据电文的发送时间、接收时间另有约定的，从其约定。

第十二条　发件人的主营业地为数据电文的发送地点，收件人的主营业地为数据电文的接收地点。没有主营业地的，其经常居住地为发送或者接收地点。

当事人对数据电文的发送地点、接收地点另有约定的，从其约定。

第3章　电子签名与认证

第十三条　电子签名同时符合下列条件的，视为可靠的电子签名：

（1）电子签名制作数据用于电子签名时，属于电子签名人专有；

（2）签署时电子签名制作数据仅由电子签名人控制；

（3）签署后对电子签名的任何改动能够被发现；

（4）签署后对数据电文内容和形式的任何改动能够被发现。

当事人也可以选择使用符合其约定的可靠条件的电子签名。

第十四条　可靠的电子签名与手写签名或者盖章具有同等的法律效力。

第十五条　电子签名人应当妥善保管电子签名制作数据。电子签名人知悉电子签名制作数据已经失密或者可能已经失密时，应当及时告知有关各方，并终止使用该电子签名制作数据。

第十六条　电子签名需要第三方认证的，由依法设立的电子认证服务提供者提供认证服务。

第十七条 提供电子认证服务，应当具备下列条件：

（1）具有与提供电子认证服务相适应的专业技术人员和管理人员；

（2）具有与提供电子认证服务相适应的资金和经营场所；

（3）具有符合国家安全标准的技术和设备；

（4）具有国家密码管理机构同意使用密码的证明文件；

（5）法律、行政法规规定的其他条件。

第十八条 从事电子认证服务，应当向国务院信息产业主管部门提出申请，并提交符合本法第十七条规定条件的相关材料。国务院信息产业主管部门接到申请后经依法审查，征求国务院商务主管部门等有关部门的意见后，自接到申请之日起四十五日内作出许可或者不予许可的决定。予以许可的，颁发电子认证许可证书；不予许可的，应当书面通知申请人并告知理由。

申请人应当持电子认证许可证书依法向工商行政管理部门办理企业登记手续。

取得认证资格的电子认证服务提供者，应当按照国务院信息产业主管部门的规定在互联网上公布其名称、许可证号等信息。

第十九条 电子认证服务提供者应当制定、公布符合国家有关规定的电子认证业务规则，并向国务院信息产业主管部门备案。

电子认证业务规则应当包括责任范围、作业操作规范、信息安全保障措施等事项。

第二十条 电子签名人向电子认证服务提供者申请电子签名认证证书，应当提供真实、完整和准确的信息。

电子认证服务提供者收到电子签名认证证书申请后，应当对申请人的身份进行查验，并对有关材料进行审查。

第二十一条 电子认证服务提供者签发的电子签名认证证书应当准确无误，并应当载明下列内容：

（1）电子认证服务提供者名称；

（2）证书持有人名称；

（3）证书序列号；

（4）证书有效期；

（5）证书持有人的电子签名验证数据；

（6）电子认证服务提供者的电子签名；

（7）国务院信息产业主管部门规定的其他内容。

第二十二条 电子认证服务提供者应当保证电子签名认证证书内容在有效期内完整、准确，并保证电子签名依赖方能够证实或者了解电子签名认证证书所载内容及其他有关事项。

第二十三条 电子认证服务提供者拟暂停或者终止电子认证服务的，应当在暂停或者终止服务九十日前，就业务承接及其他有关事项通知有关各方。

电子认证服务提供者拟暂停或者终止电子认证服务的，应当在暂停或者终止服务六十日前向国务院信息产业主管部门报告，并与其他电子认证服务提供者就业务承接进行协商，作出妥善安排。

电子认证服务提供者未能就业务承接事项与其他电子认证服务提供者达成协议的，应当申请国务院信息产业主管部门安排其他电子认证服务提供者承接其业务。

电子认证服务提供者被依法吊销电子认证许可证书的，其业务承接事项的处理按照国务院信息产业主管部门的规定执行。

第二十四条　电子认证服务提供者应当妥善保存与认证相关的信息，信息保存期限至少为电子签名认证证书失效后五年。

第二十五条　国务院信息产业主管部门依照本法制定电子认证服务业的具体管理办法，对电子认证服务提供者依法实施监督管理。

第二十六条　经国务院信息产业主管部门根据有关协议或者对等原则核准后，中华人民共和国境外的电子认证服务提供者在境外签发的电子签名认证证书与依照本法设立的电子认证服务提供者签发的电子签名认证证书具有同等的法律效力。

第4章　法律责任

第二十七条　电子签名人知悉电子签名制作数据已经失密或者可能已经失密未及时告知有关各方、并终止使用电子签名制作数据，未向电子认证服务提供者提供真实、完整和准确的信息，或者有其他过错，给电子签名依赖方、电子认证服务提供者造成损失的，承担赔偿责任。

第二十八条　电子签名人或者电子签名依赖方因依据电子认证服务提供者提供的电子签名认证服务从事民事活动遭受损失，电子认证服务提供者不能证明自己无过错的，承担赔偿责任。

第二十九条　未经许可提供电子认证服务的，由国务院信息产业主管部门责令停止违法行为；有违法所得的，没收违法所得；违法所得三十万元以上的，处违法所得一倍以上三倍以下的罚款；没有违法所得或者违法所得不足三十万元的，处十万元以上三十万元以下的罚款。

第三十条　电子认证服务提供者暂停或者终止电子认证服务，未在暂停或者终止服务六十日前向国务院信息产业主管部门报告的，由国务院信息产业主管部门对其直接负责的主管人员处一万元以上五万元以下的罚款。

第三十一条　电子认证服务提供者不遵守认证业务规则、未妥善保存与认证相关的信息，或者有其他违法行为的，由国务院信息产业主管部门责令限期改正；逾期未改正的，吊销电子认证许可证书，其直接负责的主管人员和其他直接责任人员十年内不得从事电子认证服务。吊销电子认证许可证书的，应当予以公告并通知工商行政管理部门。

第三十二条　伪造、冒用、盗用他人的电子签名，构成犯罪的，依法追究刑事责任；给他人造成损失的，依法承担民事责任。

第三十三条　依照本法负责电子认证服务业监督管理工作的部门的工作人员，不依法履行行政许可、监督管理职责的，依法给予行政处分；构成犯罪的，依法追究刑事责任。

第5章　附则

第三十四条　本法中下列用语的含义：

（1）电子签名人，是指持有电子签名制作数据并以本人身份或者以其所代表的人的名义实施电子签名的人；

（2）电子签名依赖方，是指基于对电子签名认证证书或者电子签名的信赖从事有关活动的人；

（3）电子签名认证证书，是指可证实电子签名人与电子签名制作数据有联系的数据电文或者其他电子记录；

（4）电子签名制作数据，是指在电子签名过程中使用的，将电子签名与电子签名人可靠地联系起来的字符、编码等数据；

（5）电子签名验证数据，是指用于验证电子签名的数据，包括代码、口令、算法或者公钥等。

第三十五条　国务院或者国务院规定的部门可以依据本法制定政务活动和其他社会活动中使用电子签名、数据电文的具体办法。

第三十六条　本法自 2005 年 4 月 1 日起施行。

附录 4：电子认证服务管理办法

第 1 章　总则

第一条　为了规范电子认证服务行为，对电子认证服务提供者实施监督管理，依照《中华人民共和国电子签名法》和其他法律、行政法规的规定，制定本办法。

第二条　本办法所称电子认证服务，是指为电子签名相关各方提供真实性、可靠性验证的公众服务活动。

本办法所称电子认证服务提供者，是指为电子签名人和电子签名依赖方提供电子认证服务的第三方机构（以下称为"电子认证服务机构"）。

第三条　在中华人民共和国境内设立电子认证服务机构和为电子签名提供电子认证服务，适用本办法。

第四条　中华人民共和国信息产业部（以下简称"信息产业部"）依法对电子认证服务机构和电子认证服务实施监督管理。

第 2 章　电子认证服务机构

第五条　电子认证服务机构，应当具备下列条件：

（1）具有独立的企业法人资格；

（2）从事电子认证服务的专业技术人员、运营管理人员、安全管理人员和客户服务人员不少于三十名；

（3）注册资金不低于人民币三千万元；

（4）具有固定的经营场所和满足电子认证服务要求的物理环境；

（5）具有符合国家有关安全标准的技术和设备；

(6) 具有国家密码管理机构同意使用密码的证明文件;
(7) 法律、行政法规规定的其他条件。

第六条 申请电子认证服务许可的,应当向信息产业部提交下列材料:
(1) 书面申请;
(2) 专业技术人员和管理人员证明;
(3) 资金和经营场所证明;
(4) 国家有关认证检测机构出具的技术设备、物理环境符合国家有关安全标准的凭证;
(5) 国家密码管理机构同意使用密码的证明文件。

第七条 信息产业部对提交的申请材料进行形式审查,依法作出是否受理的决定。

第八条 信息产业部对决定受理的申请材料进行实质审查。需要对有关内容进行核实的,指派两名以上工作人员实地进行核查。

第九条 信息产业部对与申请人有关事项书面征求中华人民共和国商务部等有关部门的意见。

第十条 信息产业部自接到申请之日起四十五日内作出许可或者不予许可的书面决定。不予许可的,说明理由并书面通知申请人;准予许可的,颁发《电子认证服务许可证》,并公布下列信息:
(1)《电子认证服务许可证》编号;
(2) 电子认证服务机构名称;
(3) 发证机关和发证日期;
(4) 电子认证服务许可相关信息发生变更的,信息产业部应当及时公布;
(5)《电子认证服务许可证》的有效期为五年。

第十一条 取得电子认证服务许可的,应当持《电子认证服务许可证》到工商行政管理机关办理相关手续。

第十二条 取得认证资格的电子认证服务机构,在提供电子认证服务之前,应当通过互联网公布下列信息:
(1) 机构名称和法定代表人;
(2) 机构住所和联系办法;
(3)《电子认证服务许可证》编号;
(4) 发证机关和发证日期;
(5)《电子认证服务许可证》有效期的起止时间。

第十三条 电子认证服务机构在《电子认证服务许可证》的有效期内变更法人名称、住所、注册资本、法定代表人的,应自完成相关变更手续之日起五日内按照本办法第十二条的规定公布变更后的信息,并自公布之日起十五日内向信息产业部备案。

第十四条 《电子认证服务许可证》的有效期届满要求续展的,电子认证服务机构应在许可证有效期届满三十日前向信息产业部申请办理续展手续,并自办结之日起五日内按照本办法第十二条的规定公布相关信息。

第3章 电子认证服务

第十五条 电子认证服务机构应当按照信息产业部公布的《电子认证业务规则规范》

的要求，制定本机构的电子认证业务规则，并在提供电子认证服务前予以公布，向信息产业部备案。

电子认证业务规则发生变更的，电子认证服务机构应当予以公布，并自公布之日起三十日内向信息产业部备案。

第十六条　电子认证服务机构应当按照公布的电子认证业务规则提供电子认证服务。

第十七条　电子认证服务机构应当保证提供下列服务：

（1）制作、签发、管理电子签名认证证书；
（2）确认签发的电子签名认证证书的真实性；
（3）提供电子签名认证证书目录信息查询服务；
（3）提供电子签名认证证书状态信息查询服务。

第十八条　电子认证服务机构应当履行下列义务：

（1）保证电子签名认证证书内容在有效期内完整、准确；
（2）保证电子签名依赖方能够证实或者了解电子签名认证证书所载内容及其他有关事项；
（3）妥善保存与电子认证服务相关的信息。

第十九条　电子认证服务机构应当建立完善的安全管理和内部审计制度，并接受信息产业部的监督管理。

第二十条　电子认证服务机构应当遵守国家的保密规定，建立完善的保密制度。
电子认证服务机构对电子签名人和电子签名依赖方的资料，负有保密的义务。

第二十一条　电子认证服务机构在受理电子签名认证证书申请前，应当向申请人告知下列事项：

（1）电子签名认证证书和电子签名的使用条件；
（2）服务收费的项目和标准；
（3）保存和使用证书持有人信息的权限和责任；
（4）电子认证服务机构的责任范围；
（5）证书持有人的责任范围；
（6）其他需要事先告知的事项。

第二十二条　电子认证服务机构受理电子签名认证申请后，应当与证书申请人签订合同，明确双方的权利义务。

第4章　电子认证服务的暂停、终止

第二十三条　电子认证服务机构在《电子认证服务许可证》的有效期内拟终止电子认证服务的，应在终止服务六十日前向信息产业部报告，同时向信息产业部申请办理证书注销手续，并持信息产业部的相关证明文件向工商行政管理机关申请办理注销登记或者变更登记。

第二十四条　电子认证服务机构拟暂停或者终止电子认证服务的，应在暂停或者终止电子认证服务九十日前，就业务承接及其他有关事项通知有关各方。
电子认证服务机构拟暂停或者终止电子认证服务的，应当在暂停或者终止电子认证服务六十日前向信息产业部报告，并与其他电子认证服务机构就业务承接进行协商，作出妥善安排。

第二十五条　电子认证服务机构拟暂停或者终止电子认证服务，未能就业务承接事项与其他电子认证服务机构达成协议的,应当申请信息产业部安排其他电子认证服务机构承接其业务。

第二十六条　电子认证服务机构被依法吊销电子认证服务许可的,其业务承接事项的处理按照信息产业部的规定进行。

第二十七条　电子认证服务机构有根据信息产业部的安排承接其他机构开展的电子认证服务业务的义务。

第5章　电子签名认证证书

第二十八条　电子签名认证证书应当准确载明下列内容:
(1) 签发电子签名认证证书的电子认证服务机构名称;
(2) 证书持有人名称;
(3) 证书序列号;
(4) 证书有效期;
(5) 证书持有人的电子签名验证数据;
(6) 电子认证服务机构的电子签名;
(7) 信息产业部规定的其他内容。

第二十九条　有下列情况之一的,电子认证服务机构可以撤销其签发的电子签名认证证书:
(1) 证书持有人申请撤销证书;
(2) 证书持有人提供的信息不真实;
(3) 证书持有人没有履行双方合同规定的义务;
(4) 证书的安全性不能得到保证;
(5) 法律、行政法规规定的其他情况。

第三十条　有下列情况之一的,电子认证服务机构应当对申请人提供的证明身份的有关材料进行查验,并对有关材料进行审查:
(1) 申请人申请电子签名认证证书;
(2) 证书持有人申请更新证书;
(3) 证书持有人申请撤销证书。

第三十一条　电子认证服务机构更新或者撤销电子签名认证证书时,应当予以公告。

第6章　监督管理

第三十二条　信息产业部对电子认证服务机构进行年度检查并公布检查结果。年度检查采取报告审查和现场核查相结合的方式。

第三十三条　取得电子认证服务许可的电子认证服务机构,在电子认证服务许可的有效期内不得降低其设立时所应具备的条件。

第三十四条　电子认证服务机构应当按照信息产业部信息统计的要求,按时和如实报送认证业务开展情况及有关资料。

第三十五条　电子认证服务机构应当对其从业人员进行岗位培训。

第三十六条　信息产业部根据监督管理工作的需要，可以委托有关省、自治区和直辖市的信息产业主管部门承担具体的监督管理事项。

第7章　罚则

第三十七条　电子认证服务机构向信息产业部隐瞒有关情况、提供虚假材料或者拒绝提供反映其活动的真实材料的，由信息产业部依据职权责令改正，并处警告或者五千元以上一万元以下罚款。

第三十八条　信息产业部和省、自治区和直辖市的信息产业主管部门的工作人员，不依法履行监督管理职责的，由信息产业部或者省、自治区和直辖市的信息产业主管部门依据职权视情节轻重，分别给予警告、记过、记大过、降级、撤职、开除的行政处分；构成犯罪的，依法追究刑事责任。

第三十九条　电子认证服务机构违反本办法第十六条、第二十七条的规定的，由信息产业部依据职权责令限期改正，并处警告或一万元以下的罚款，或者同时处以以上两种处罚。

第四十条　电子认证服务机构违反本办法第三十三条的规定的，由信息产业部依据职权责令限期改正，并处三万元以下罚款。

第8章　附则

第四十一条　本办法施行前已从事电子认证服务的机构拟继续从事电子认证服务的，应在2005年9月30日前依照本办法取得电子认证服务许可；拟终止电子认证服务的，应当对终止业务的相关事项作出妥善安排。自2005年10月1日起，未取得电子认证服务许可，不得继续从事电子认证服务。

第四十二条　经信息产业部根据有关协议或者对等原则核准后，中华人民共和国境外的电子认证服务机构在境外签发的电子签名认证证书与依照本办法设立的电子认证服务机构签发的电子签名认证证书具有同等的法律效力。

第四十三条　本办法自2005年4月1日起施行。

附录5：国家税务总局关于加强海关完税凭证电子数据采集质量管理工作的紧急通知

国税函[2004]1424号

各省、自治区、直辖市和计划单列市国家税务局：

2004年2月以来，总局采取了一系列加强对用于增值税抵扣的海关完税凭证管理的措施，有效地堵塞了增值税征管的漏洞。但是海关完税凭证电子数据的比对相符率仍处于较低状态，其比对相符率的高低很大程度上决定于电子数据的采集质量，特别是专用缴款书号码的录入准确率。因此，为提高海关完税凭证电子数据的采集质量和比对相符率，特通知如下：

一、各地税务机关，在收到本通知后，应将通用税务数据检查软件下发纳税人使用，供纳税人在进行数据申报之前对海关完税凭证电子数据进行检查。

二、自2005年1月1日起，在使用通用税务数据采集软件（一般纳税人版、国税机关版）进行海关完税凭证电子数据第一联和第五联采集时，须遵循如下采集规则：

（1）在进行专用缴款书号码录入时，号码中的数字、字母和字符须采用半角输入状态进行输入，倒数第四位不得出现下划线；

（2）专用缴款书号码在输入过程中不得有空格，号码位数不得超位、缺位；

（3）专用缴款书号码倒数第三位字母"L"必须为大写字母；

三、海关完税凭证专用缴款书号码格式及填写规则

规范的海关完税凭证专用缴款书号码格式及正确的填写方法如下：

（1）由海关H2000系统开具的完税凭证缴款书号码格式为：

XXXXXXXXXXXXXXXXXX-LXX，共22位，其中"X"表示0－9的阿拉伯数字。填写规则：1－4位须填写口岸代码；5－8位须按票面实际内容填写四位年份，如2005年，须填写2005；第9位必须为数字"1"；10－18位须填写数字；第19位只能填写"-（横杠）、/（反斜杠）、*（星号）"当中的一种；第20位须填写大写的英文字母L；21－22位只能填写数字。 （2）由海关H883系统开具的完税凭证缴款书号码格式为：

(XXXX)XXXXXXXXXX-LXX，共19位，其中"X"表示0－9的阿拉伯数字。填写规则：第1位和第6位的括号，必须在输入法的半角状态下输入；2－3位为年份，须按照票面实际内容填写，例如：2005年须填写05，4－5位为月份，须按照票面实际内容填写，例如：1月份须填写01；7－15位须填写数字；第16位只能填写"-（横杠）、/（反斜杠）、*（星号）"当中的一种；第17位须填写大写的英文字母L；18－19位只能填写数字。

四、自2005年2月份起，总局将对各省上报的海关完税凭证电子数据，在入库时按照本通知第一、二条规定的填写规则，对海关完税凭证专用缴款书号码进行审核，并对审核的正确率进行统计，在每月下发的稽核结果中增加"正确率"数据项，对正确率较低的省市予以通报。

五、各地在收到通知后，应尽快组织力量，采取各种措施，对基层税务机关及所属纳税人，在海关完税凭证第五联和第一联进行数据采集时进行详细辅导。税务机关在接收由企业报送的数据后，应派专人对海关完税凭证第一联电子数据明细进行检查，对于不符合填写规则的数据，应及时通知纳税人进行修改、重报；税务机关在进行海关完税凭证第五联数据采集时，应严格按照填写规则进行填写，对不符合填写规则的数据，应及时修改正确后才能汇总上报。

如有问题，请及时与总局（信息中心）取得联系。

国家税务总局
二〇〇四年十二月三十日

参 考 文 献

1. 费名瑜. 电子商务解决方案. 高等教育出版社，2002年
2. 陈月波. 电子商务解决方案. 电子工业出版社，2002年
3. 陈春，侯晓华. 电子商务技术和应用. 科学出版社，2004年
4. 胡桃，吕廷杰. 电子商务技术基础与应用. 北京邮电大学出版社，2002年
5. 梅绍祖，万晓，李卫. 网络营销. 北京：人民邮电出版社，2001年
6. 姜旭平. 电子商务与网络营销. 北京：清华大学出版社，1998年
7. 屈云波. 网络营销. 北京：企业管理出版社，1999年
8. 朴春慧. 网络经济与电子商务. 北京：中国经济出版社，2002年
9. 张铭洪. 网络经济学教程. 北京：科学出版社，2002年
10. 张小蒂，倪云虎. 网络经济概论. 杭州：浙江大学出版社，2002年
11. 刘列励. 信息网络经济与电子商务. 北京：北京邮电大学出版社，2002年
12. 乌家培.《网络经济》. 长春：长春出版社，2000年
13. 张润彤. 电子商务概论. 北京：电子工业出版社，2003年
14. 高家望. 电子商务概论. 武汉：华中师范大学出版社，2002年
15. 张李义. 李枫林. 电子商务概论. 武汉：武汉大学出版社，2003年
16. 吴应良. 电子商务原理与应用. 广州：华南理工大学出版社，2003年
17. 卢国志，董兴林，杨磊. 新编电子商务物流，北京：北京大学出版社，2005年